일생의례로 보는
근대 한국인의 삶

일생의례로 보는 근대 한국인의 삶

1판 1쇄 펴낸날 2013년 07월 10일
1판 2쇄 펴낸날 2014년 07월 20일

편저자 단국대학교 동양학연구원

펴낸이 서채윤
펴낸곳 채륜
책꾸밈이 Design窓

등록 2007년 6월 25일(제25100-2007-000025호)
주소 서울 광진구 능동로23길 26
대표전화 02-465-4650 | **팩스** 02-6080-0707
E-mail book@chaeryun.com
Homepage www.chaeryun.com

© 단국대학교 동양학연구원, 2013
© 채륜, 2013, printed in Korea

책값은 뒤표지에 있습니다.
ISBN 978-89-93799-74-3 93380

※ 잘못된 책은 바꾸어 드립니다.
※ 저작권자와 출판사의 허락 없이 책의 전부 또는 일부 내용을 사용할 수 없습니다.
※ 저작권자와 합의하여 인지를 붙이지 않습니다.

이 저서는 2011년 정부(교육과학기술부)의 재원으로 한국연구재단의 지원을 받아 수행한 연구임.
(NRF-2011-413-A00003)

이 도서의 국립중앙도서관 출판시도서목록(CIP)은 서지정보유통지원시스템 홈페이지(http://seoji.nl.go.kr)와
국가자료공동목록시스템(http://www.nl.go.kr/kolisnet)에서 이용하실 수 있습니다. (CIP제어번호: CIP2013009141)

일생의례로 보는
근대 한국인의 삶

단국대학교 동양학연구원 편

채류
CHAE RYUN

'문화전통'이란 과거 문화유산의 정체성을 밝히는 데 초점을 둔 '전통문화'와는 그 의미를 달리한다. 문화전통은 전통문화를 지속적으로 향유하면서도 새로 유입된 외래문화를 주체적으로 수용하여 자기화하는 과정 속에서 형성되는 것이다.

오랜 역사를 거쳐 형성된 우리의 문화전통은 개화기 이후 서구의 충격과 동아시아 국제질서의 재편 과정에서 큰 혼란을 겪었고, 이어 일제강점기라는 민족적 시련에 의해 새로운 국면을 맞이하게 되었다. 특히 일제강점기 우리의 문화전통은 내적 발전의 역량이 억압된 채 점차 일방적 수용 및 왜곡의 양상으로 '변용'되었다. 그러나 그 가운데에서도 일부에서 우리의 문화전통을 지키고자 하는 노력은 계속되었다.

변화와 왜곡이 가장 극심했던 개화기에서 일제강점기까지의 한국 문화전통의 지속과 변용의 양상을 면밀하게 조사·연구하는 작업은 오늘날 우리 문화전통의 정체성과 지향점을 모색함에 있어 구체적인 정보를 제공할 수 있을 것이다. 한국의 개화기 민속 문화에 대한 연구는 극히 미흡하고, 일제강점기에 대한 연구 역시 해방과 함께 단절된 면이 있다는 점에서 이 시기 한국 사회 전반에 걸친 문화전통의 실상 파악은 매우 긴요하다.

본 연구원은 그동안 '동양학총서'를 간행하여 한국학 연구자들과 동양학 연구자들의 연구에 실질적인 자료를 제공하여 왔다. 이번에 간행하는 『일생의례로 보는 근대 한국인의 삶』 역시 이러한 작업의 일환으로 이루어진 것이다. 본 연구서에서는 개화기에서 일제강점기를 거쳐 근대에 이르는 과정에서 우리 민족의 일생의례가 어떠한 변화 속에서 새로운 문화전통을 창출해 나갔는지를 밝혀내고자 하였다.

본 연구서의 발간에 즈음하여 〈'개화기에서 일제강점기까지' 한국 문화전통의 지속과 변용〉의 공동연구원으로 과제를 이끌어 주신 최인학, 송재용, 신종한 교수에게 연구원을 대표하여 감사의 말씀을 전한다. 또한 연구과제의 수행을 위해 열성을 다해 준 서종원, 이영수, 염원희를 비롯한 연구교수와 김민지, 김태환, 심민기 이 외의 연구원에게도 감사의 마음을 전한다. 아울러 본 연구원의 연구 과제와 도서의 발간 취지에 공감하여 옥고를 건네주신 필자 여러분께 진심으로 감사의 말씀을 전한다.

개화기에서 일제강점기 한국 문화전통의 지속과 변용 양상을 다각도로 조명하는 연구를 통해 관련 학문분야에 구체적인 기여를 할 수 있기를 기대하면서, 지원을 아끼지 않은 한국연구재단 관계자와 이 책의 출판을 맡아준 '채륜' 관계자 여러분께도 감사의 마음을 드린다.

2013년 6월
단국대학교 동양학연구원장 서영수

차례

발간사   4

개화기에서 일제강점기까지 일생의례의 지속과 변용   9
송재용_단국대학교 교수

근대적 사고를 통해 본 일생의례의 변화 양상 고찰   47
-특히 일제강점기를 중심으로-
서종원_단국대학교 동양학연구원 연구교수

1930~1940년대 출산 풍속에 대한 사례 연구   77
김주희_성신여자대학교 교수
구영본 · 신미경_성신여자대학교 강사

출산의례의 변용(變容)과 근대적 변환(變換): 1940~1990   111
주영하_한국학중앙연구원 한국학대학원 교수

한말 일제강점기 국가제례(國家祭禮) 공간의 변화   143
최석영_국립극장 공연예술박물관장

개화기에서 일제강점기까지 혼인유형과 혼례식의 변모양상　175
이영수_단국대학교 동양학연구원 연구교수

일제강점기 혼례문화의 지속과 변용　217
-'택일·궁합·피로연·신혼여행'을 중심으로-
이영수_단국대학교 동양학연구원 연구교수
최인학_인하대학교 명예교수

전통 상례의 변화를 통해 본 일제의 조선 인식　257
-일제강점기 신문, 잡지 기사를 중심으로-
염원희_단국대학교 동양학연구원 연구교수

현대 한국 상례문화의 변화　297
김시덕_대한민국역사박물관 전시운영과장

개화기에서 일제강점기까지
일생의례의 지속과 변용

송재용_단국대학교 교수

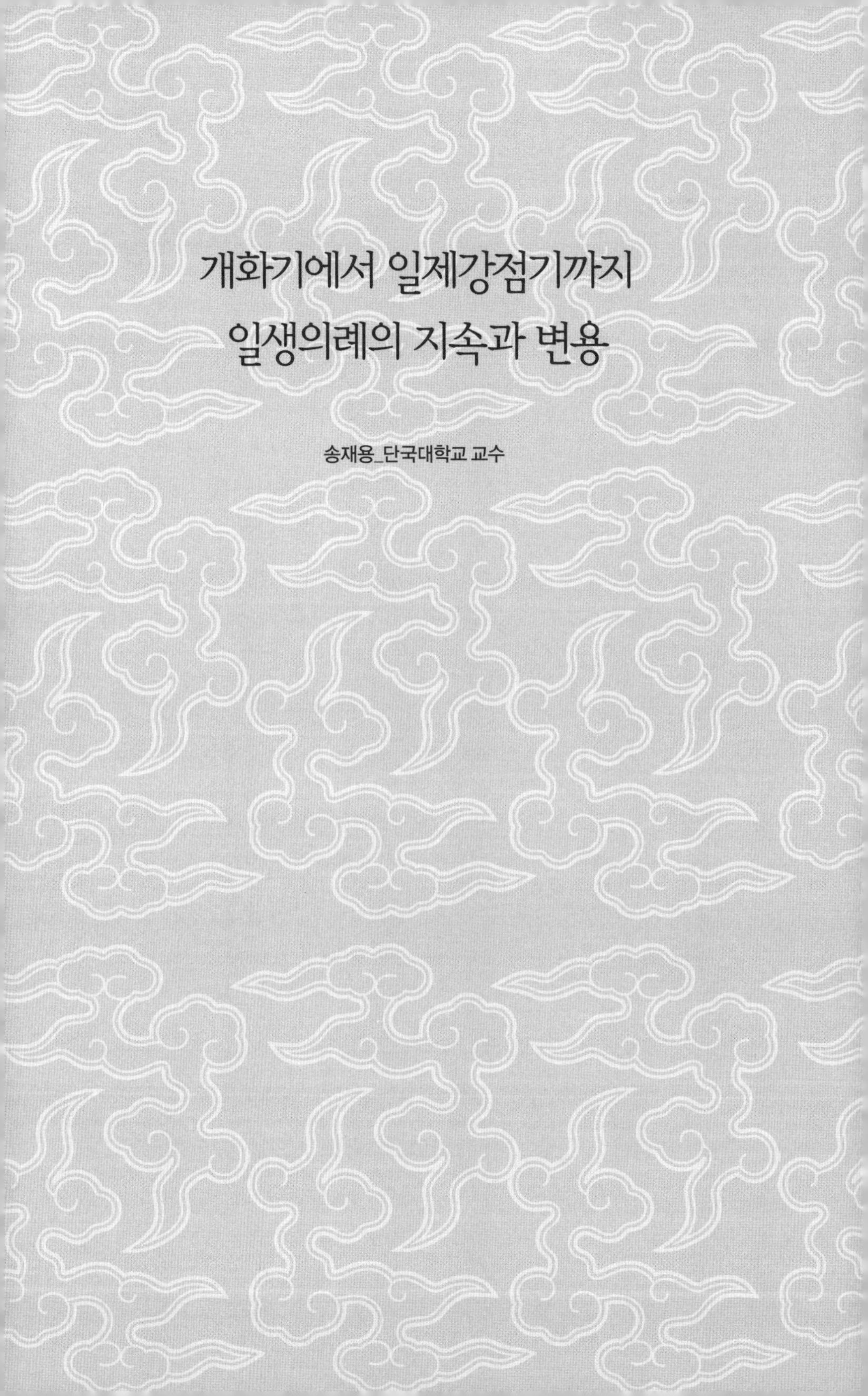

1. 머리말

문화전통이란 전통문화를 지속적으로 향유하면서 새로 유입된 외래문화를 주체적으로 수용하여 자기화하는 과정에서 형성되는 것이다. 따라서 문화전통은 주변 민족과의 접촉과정에서 재래문화와 외래문화의 대립과 수용과정을 통해 다양한 지속과 변용의 양상을 보이는 것이 일반적이다. 그러나 이러한 과정이 자생적 적응 속도를 넘어서 단기간에 급격하게 이루어지거나 타자에 의해 강요될 경우, 그 지속과 변용은 전면적인 자기부정이나 폐쇄적 수구, 정신적 공황 등의 양상으로 심하게 굴절될 수 있다.

주지하다시피 개화기와 일제강점기는 역사적으로 볼 때 우리 민족에게는 격변과 암흑·치욕의 시기였다고 해도 지나치지 않다. 이러한 시기에서 오랜 역사를 거쳐 형성·발전되어 온 우리의 문화전통은 개화기 이후 서양의 충격과 동아시아 국제질서의 재편과정에서 큰 혼란을 겪었고, 이어 일제강점기라는 민족적 시련에 의해 새로운 국면을 맞이하게 되었다. 이 시기 우리의 문화전통은 내적 발전의 역량이 억압된 채 점차 일방적 수용 및 왜곡의 양상으로 변용되었다. 그러나 그 가운데에서도 우리의 문화전통을 지키고자 하는 노력은 계속되었고, 이러한 의도적 노력 여부를 떠나서도 문화의 각 층위와 요소마다 배어있는 전통적 면모들이 면면히 지속되어 왔음 또한 주지의 사실이다.[1]

1　강재철, 「개화기에서 일제강점기까지 한국 관계 민속 문헌자료 연구 방향과 의의」, 『개화기에서 일제강점기까지 한국 문화전통의 자료와 해석』, 단국대학교 출판부, 2007, pp.14~15. 참고로 '전통문화'는 전래된 과거 문화유산의 정체성을 밝히는 데 초점을 둔 것인바, '문화전통'과는 의미가 다르다.
　　그리고 여기서 '개화기'란 명칭과 시기(특히 시기)는 논란이 있을 수 있다. 그러나 이에 대해서는 나름대로의 이유가 있다. 현재 수행 중인 한국연구재단 중점연구소 지원 연구과제(과제명: 개화기에서 일제강점기까지 한국 문화전통의 지속과 변용. 2005년 12월 1일~2014년 11월 30

이 글에서는 이 같은 시기에 우리 일생의례가 어떻게 지속·변용되었는지 살펴보겠다. 논의는 출산의례·관례·혼례·상례·제례 순으로 언급하겠다. 이를 통해 개화기에서 일제강점기까지의 일생의례의 실상도 밝혀질 것이다.

2. 개화기에서 일제강점기까지 일생의례의 지속과 변용

논의에 앞서 먼저 개화기에서 일제강점기까지의 국내외 주요 사건이나 상황, 배경 등을 간단히 살펴볼 필요가 있다, 이는 이 시기가 격변과 변혁의 시기요, 근대화되는 시기이기 때문이다. 그런데 근대화도 자주적 근대화가 아니라 외세 의존적인 상충과 침략적 일제가 야합하여 근대적 개혁을 시도하면서 비롯되었다.[2] 이러한 시대상황은 우리 문화전통의 지속과 변용에 영향을 준 것으로 판단되며, 일생의례도 예외일 수 없다.

1860년대의 아시아는 서구 열강의 침략으로 식민지화된 상태였다. 이 같은 시기에 우리의 주변국인 중국과 일본의 상황을 살펴보기로 하자. 중국의 경우 1860년 영·불군에 의한 북경 함락은 중국 중심의 세계관을 무너뜨림과 동시에 전통적으로 내려온 전근대적 가치관을 일

일)는 한국학술진흥재단 중점연구소 지원 연구과제(과제명: 개화기 대외 민간 문화교류 자료초. 1999년 12월 1일~2005년 11월 30일)의 연장선상에서 진행하고 있는 연구과제이다. 1999년 '개화기 대외 민간 문화교류 자료초' 중점연구소 지원 연구과제 신청·연구 시 개화기를 1860년~1910년으로 잡았다. 이는 황패강 교수가 근대·근대문학의 기점을 1860년대로 제시한 견해(황패강, 『한국문학의 이해』, 새문사, 1991, pp.428~437)를 수용·참고한 것이다. 그러므로 현재 수행 중인 연구과제의 개화기도 1860년~1910년 경술국치 이전까지로 잡을 수밖에 없다.

2 황패강, 앞의 책, p.430.

조에 흔들어 놓았다. 한편, 일본에서도 1854년 미국의 무력에 굴복하여 문호를 개방하면서 서구의 군사적 위력을 느낀 하층 무사들이 주동이 되어 에도 막부를 타도하고 1867년 왕정복고를 하였고, 1868년 메이지 유신(明治維新)을 단행하였다. 일본의 근대화는 메이지 유신에서 비롯되었다고 할 수 있는데, 결과적으로는 국수주의·군국주의·제국주의로 치닫게 되었고, 결국 우리나라는 일본에게 강점되고 만다.

이 같은 상황 속에서 국내에서는 수많은 사건들이 일어났다. 이를 간단히 제시하면 다음과 같다. 1862년 임술 농민봉기, 1866년 병인박해와 병인양요, 1871년 신미양요, 1876년 강화도조약(병자수호조약), 1882년 임오군란, 1884년 갑신정변과 갑신의제개혁, 1894년 동학혁명과 갑오개혁(1차 개혁: 반상제도 폐지, 천인 면천, 노비매매 금지, 조혼 금지, 과부재가 허용), 청일전쟁 발발, 1895년 을미시해와 단발령 선포, 1896년 아관파천과 독립협회 설립, 1897년 대한제국 선포, 1899년 광무개혁, 1904년 러일전쟁 발발 및 한일의정서 강제 체결, 1905년 을사늑약 강제 체결, 1906년 통감부 설치, 1907년 정미7조약 및 군대해산, 1908년 동양척식주식회사 설립, 1909년 기유각서, 1910년 경술국치 등을 들 수 있다.

한편, 일제강점기 때 식민통치 일환으로 일제가 취한 조치들을 대략 살펴보면, 1912년 토지조사령 공포·화장취체규칙 공포·경찰범처벌규칙 제정, 1914년 도로규칙 공포·시장규칙 제정·관국폐사이하신사제사령(官國幣社以下神社祭祀令) 공포, 1916년 주세령 공포, 1934년 조선농지령 공포·조선시가지계획령 제정·의례준칙 제정, 1936년 주택정책 공포, 1940년 창씨개명 실시 등을 들 수 있는데, 이들은 우리 문화전통·민속과 관련이 있다. 특히 1912년 묘지, 화장장, 매장 및 화장취체규칙 공포, 1934년 의례준칙 제정 등은 1895년 단발령과 함께 일생의례의 지속과 변용(특히 우리 일생의례 말살)에 깊이 관여하고 있다. 이처럼 개화기에서 일제강점기까지의 이 같은 시대상황 속에서 당대인들은 일생의례를 어떻게 인식하고 행하였을까? 개화기의 경우, 보수·수구 집권세력에 비판적이고 개혁적인 사대부와 개화파, 그리고 중인 출신의 진보적 지식인들을 염두에 둘 필요가 있다. 이들 가운데 상당수는 전통적인 일생의례에 대해 비판적이었지만, 그럼에도 불구하고 이 시기에는 이들 중 대부분이 전통적인 일생의례를 따른 것으로 보인다. 이는 당시의 분위기나 상황이 전통적인 일생의례를 따를 수밖에 없었기 때문으로 짐작된다. 그러나 1894년 갑오개혁 이후부터 특히 일제가 우리나라를 강점하면서부터 친일파 내지 친일 성향의 지식인들 태반은 일제의 우리 전통의례 말살정책에 동조하는(자의적이든 타의적이든 간에) 입장을 취했던 것으로 보인다. 그리고 당시의 우리 민중들 가운데 일부(특히 시골보다 서울 등의 도시 거주자)는 일제의 강압에 의해 어쩔 수 없이 따르거나, 이에 동조하는 입장을 취했던 것으로 보인다. 결국 개화기에서 일제강점기까지의 일생의례는 서구문물의 유입이나 근대화 등으로 변모의 조짐이 보인 것은 사실이다. 그럼에도 개화기에는 어느 정도 지속되었지만, 일제강점기에는 특히 일제의 강압으로 인해 크게 변용될 수밖에 없었다고 하겠다. 그러면 출산의례·관례·혼례·상례·제례 순으로 살펴보기로 하자.

1) 출산의례

개화기에서 일제강점기까지의 출산의례는 관·혼·상·제례보다 크게 변모되지 않고 지속된 것으로 보인다. 조선후기 헌종~고종 때의 대표적인 관인·학자·문인 가운데 한 사람인 이유원(1814~1888)이 1884년에 저술한 『임하필기』를 살펴보자.

산실을 설치할 때는 정시(正時) 전 일각(一刻)에 약원의 세 제조가 대령의관(待令醫官), 별장무관(別掌務官), 범철관(泛鐵官) 등을 거느리고 교태전(交泰殿)으로 나아가고 본원(本院)의 아전 또한 따른다. 이때 여러 집사들은 방에 나아가서 24방위도를 각 해당 방위에 붙이고 또 당월도(當月圖)와 차지부(借地符)를 붙이는데 모두 주홍색으로 쓴 것이다. 그렇게 하고 나서 길방(吉方)에 먼저 볏짚을 깐다. 그다음에는 고석(藁席), 다음에는 백교석(白絞席), 다음에는 양모전(羊毛氈), 다음에는 유둔(油芚), 다음에는 흰 말가죽, 다음에는 세고석(細藁席)을 깔고, 또 다람쥐가죽과 삼실을 말가죽 밑에 둔다. 조금 가까이 위에 태의(胎衣)가 놓일 방위에는 또한 붉은 글씨의 부적을 붙인다. 그리고 의관이 차지법 부적을 세 번 읽는다. 말고삐를 방의 벽에 거니, 해산할 때 잡는 것이다. 구리 방울은 청 난간에 거니 일이 생기면 흔들어 의관을 부르는 것이다. 이러한 절차를 홀기(笏記)에 모두 기재한다. 상이 헌창(軒窓)에 임하여 보고, 여러 사람들은 제각기 거행하고 물러난다. 그날은 당저 8년 신미(1871) 10월 7일 갑자였다. 도제조는 나이고, 제조는 조성교(趙性敎)이고, 부제조는 김원식(金元植)이었다.[3]

궁중에서 아이를 낳으면 권초하는 예가 있어서 아이를 낳은 날에 볏짚으로 새끼를 꼬아서 문에다 달아매고 상이 대신(大臣)과 여러 신하들 중 재해(災害)가 없는 자에게 명하여 사흘 동안 소격전(昭格殿)에서 재계하고 초제(醮祭)를 지내도록 하는데, 이때 상의원(尚衣院)에서는 오색 비단을 공상(供上)하며 남자 아이의 경우에는 복두(幞頭)와 포홀(袍笏) 및 오화(烏靴)와 금대(金帶)를, 여자 아이의 경우에는 비녀

---

3 「춘명일사」, 〈産室의 설치〉, 『국역 임하필기 6』, 민족문화추진회, 1999, pp.98~99.

와 배자(背子) 및 신발 등의 물건을 노군(老君 노자(老子)) 앞에 올린다. 그러고는 헌관(獻官)이 새끼줄을 걷어서 칠함(漆函)에 담아 붉은 보자기에 싸서 내자시 정(內資寺正)에게 주면 내자시 정은 이를 받아서 곳간 안에 봉납(奉納)한다. 그런데 만약 여자 아이일 경우에는 내섬시(內贍寺)에서 주관한다.[4]

첫 번째 인용문은 이유원이 산실청 도제조로 임명되어 산실 설치와 절차 등을, 두 번째 인용문은 권초(捲草)에 대하여 기록한 내용이다. 궁중에서 산실 설치 시 그 의식절차와 방법 등이 매우 엄격하였음을 알 수 있다. 그리고 이러한 산실 설치 의식과 절차와 방법 등은 사대부들의 저술에서는 흔히 볼 수 있는 기록이 아닌바 나름대로 의미가 있다. 그런데 여기서 주목할 것은 주로 도교의례를 따르고 있다는 점이다. 이는 두 번째 인용문의 권초지례(捲草之禮)에서도(특히 醮祭) 마찬가지이다. 유교를 국시로 하는 조선시대에 왕실에서 도교의례를 행하는 것에 대하여 일부 사대부들은 이를 못마땅하게 생각하거나 비판적이었다.[5] 그러나 이유원은 이에 대한 찬반의 언급을 하지 않고 자신이 목도한 사실들만을 기술하였다. 이로써 짐작컨대 이유원은 궁중에서 행했던 이러한 도교의례에 대하여 암묵적으로 수긍했던 것 같다.

두 번째 인용문은 권초지례에 대한 내용인데, '권초'란 비빈의 산실에 깔았던 짚자리를 해산 후에 걷어치우는 것을 말한다. 그리고 그 의식절차를 행함에 있어, 왕명을 받은 대신이 소격전에서 사흘 동안 초제를 지내는 것이 핵심 절차이다. 이러한 도교의례의 초제는 16세기에

4　「문헌지장편」, 〈捲草〉, 『국역 임하필기 3』, 민족문화추진회, 1999, pp.261~262.

5　송재용, 「임란 전 의례 연구–사대부가의 의례를 중심으로」, 『동아시아고대학』 제20집, 동아시아고대학회, 2009, p.346.

이르면 일부 사대부가에서 왕실의 영향을 받아 행하였으며,[6] 임란 이후에는 사대부가 태반은 초제를 지냈던 것으로 보인다.[7] 그렇다면 왕실에서 왜 산실 설치나 권초지례를 도교적 의례절차와 방법을 따랐을까? 이는 도교에서 지향하는 무병장수, 벽사 등과 연관이 있을 것이라는 생각에서 행했던 것은 아니었는지. 아무튼 왕실의 권초지례는 조선 전기뿐만 아니라 후기까지도 별로 변모됨이 없이 계속 지속되어 왔다.[8] 위의 인용문의 산실 설치와 권초지례의 의식절차와 방법은 개화기 조선왕실의 출산의례의 일면을 엿볼 수 있다. 그러나 왕실의 권초지례는 일제강점기 때 사라지고 만다. 그런데 개화기 때의 출산의례는 왕실의 권초지례 외에는 사대부가나 서민의 경우 찾아보기가 흔치 않다.

일제강점기 때의 출산의례는 개화기 때와 비교하여 어떠했을까? 한국어 신문 자료를 보면, 일제강점기의 출산의례의 일면을 엿볼 수 있다.

〈일제강점기 출산의례 관련 한국어 신문 자료 목록〉

연번	제목	기고자	신문명	게재일	게재면
1	初妊婦의 注意할일	玄德信	동아일보	1925. 01. 03.	5
2	學窓散話-重複姙娠	홍명희	동아일보	1925. 03. 06.	3
3	배속에 드러잇는 어린아해에 대한 미신과 전설		동아일보	1925. 11. 14.	3
4	어머니의 영양과 태아의 남녀별(一)		동아일보	1927. 12. 02.	3
5	어머니의 영양과 태아의 남녀별(二)		동아일보	1927. 12. 03.	3
6	어머니의 영양과 태아의 남녀별(三)		동아일보	1927. 12. 04.	3

---

6   송재용, 「용재총화에 나타난 민속 연구」, 『동양고전연구』 제38집, 동양고전학회, 2010, p.234.

7   송재용, 「임란 전 의례 연구-사대부가의 의례를 중심으로」, p.349.

8   『용재총화』와 『임하필기』에 수록된 권초지례를 비교한 결과, 그 내용이 거의 동일하였다. 그런데 그 의식절차와 방법은 『임하필기』에 더 구체적으로 기록되어 있다. 송재용, 「임하필기에 나타난 의례 연구」, 『동아시아고대학』 제24집, 동아시아고대학회, 2011, pp.305~308.

연번	제목	기고자	신문명	게재일	게재면
7	태교란 미들 것인가		동아일보	1928. 03. 27.	3
8	婦人漫評-태중엔 더욱 자중하자	R生	동아일보	1928. 05. 02.	2
9	妊娠中 지켜야할 攝生에 對한 問答		동아일보	1928. 05. 08.	3
10	녀름을 당하여서의 妊婦産婦의 注意(上)		동아일보	1928. 06. 30.	3
11	녀름을 당하여서의 妊婦産婦의 注意(下)		동아일보	1928. 07. 01.	3
12	입덧나는 증세는 임신중독에서		동아일보	1928. 08. 16.	3
13	임부의 주의할… 流産만흔 녀름철		동아일보	1928. 08. 22.	3
14	임신부의 부주의는 큰 죄악(一)		동아일보	1928. 10. 28.	3
15	임신부의 부주의는 큰 죄악(二)		동아일보	1928. 10. 29.	3
16	임신중의 경험담, 일본 어느부녀회에서 됴사		동아일보	1929. 01. 23.	3
17	조흔자녀낫는 태교란 무엇?(一)		동아일보	1929. 09. 29.	7
18	조흔자녀낫는 태교란 무엇?(二)		동아일보	1929. 09. 30.	5
19	조흔자녀낫는 태교란 무엇?(三)		동아일보	1929. 10. 01.	5
20	神主먹고 孕胎		동아일보	1930. 12. 25.	2
21	소원대로 아들딸 낳는 법(上)		동아일보	1933. 12. 12.	6
22	소원대로 아들딸 낳는 법(下)		동아일보	1933. 12. 13.	6

위의 자료에서 보듯, 임산부의 주의할 일, 태교, 태아 남녀감별법 및 아들딸 낳는 법 등을 언급하고 있는데, 개화기 보다 좀 더 과학적인 인식을 바탕으로 기술하고 있다는 점 이외에는 개화기와 큰 차이는 없는 것 같다.

그리고 1920년대 이후 서울·경기·충청·강원지역의 출생의례복을 살펴보면, 대개 백일은 간소하게 치르고 의복은 생략하는 경우가 많았다. 그러나 돌 때는 이와 달리 새 옷을 지어 입히고, 돌잡이 등의 행사를 하였다. 그리고 대체적으로 돌 이전에는 흰색의 옷을, 돌 이후에는 색깔 있는 옷을 입히기 시작하였다.[9]

9 김정아·홍나영, 「1920~1950년대의 출생의례복-중부지방을 중심으로」, 『복식』 제59집, 한

이상에서 보듯, 개화기에서 일제강점기까지의 출산의례는 대체적으로 큰 변모없이 지속되어온 것으로 보인다.

2) 관례

18세기 이후 조선 후기의 예학은 『주자가례』가 생활화되는 시기로, 특히 사대부는 물론 서민들도 대부분 『사례편람』에 근거하여 가례를 행하였다.[10] 그런데 경화사족(京華士族)이나 힘 있고 부유한 사대부가에서는 관례를 정식으로 행했지만, 가난한 사대부가에서는 경제적인 사정으로 인해 약식으로 행하는 이들이 태반이었다. 더구나 19세기는 세도정치의 폐해와 경제적 피폐, 사회적 혼란과 민란 및 외세의 침략 등으로 조선 왕조의 멸망 직전의 시기였던 바, 사대부가에서 실제로 행했던 관례에 대한 기록을 찾아보기가 쉽지 않다.[11]

아무튼 개화기에서 일제강점기까지의 관례는 1895년 단발령 선포를 기점으로 크게 변모된다. 1895년 단발령이 강제적으로 시행되기 이전까지는 조선 후기와 별 차이 없이 관례(여자는 계례)를 행하였다. 그러나 단발령은 우리의 전통적인 관례를 없애버리는 계기가 되었다. 단발령은 1895년(고종 32) 음력 11월 15일에 공포한 성년 남자의 상투를 자르고 서양식 머리를 하라는 내용의 칙령이다. 당시 정권을 잡은 김홍집 내각이 내세운 단발의 이유는 '위생에 이롭고 작업에 편리하기 때문'이라는 것이었다. 즉, 조선의 근대적 개혁을 내세우기 위함이었는데, 여기에는 조선의 전통을 끊음으로써 민족정서를 약화시키려는 일본의 의

국복식학회, 2009, pp.1~16.

10 이문주, 「주자가례의 조선 시행과정과 가례주석서에 대한 연구」, 『유교문화연구』 제16집, 성균관대학교 유교문화연구소, 2010, p.57.

11 송재용, 「임하필기에 나타난 의례 연구」, pp.308~310.

도가 숨어 있었다. 일본 관리와 유길준의 강요에 의해 고종이 태자와 함께 먼저 머리를 자르고, 관리들과 백성들에게 단발하도록 했으나, 일반 백성들에게 잘 받아들여지지 않았다. 단발령 강요에 대한 백성들의 반감은 마침내 개화 그 자체를 증오하는 감정으로까지 발전했고, 또 단발령이 일본을 본 따 만든 제도라는 인식이 전국적으로 확산돼 반일 감정으로 이어졌다. 단발령으로 촉발된 반일 분위기는 전국 각지의 의병운동으로 확산 전개되었다. 결국 당시의 실정을 고려하지 않은 상태에서 발표된 단발령 강요와 이에 대한 백성들과 유생들의 저항으로 김홍집 내각은 국정개혁을 결실시킬 대중적 지지기반을 상실하고 말았다. 대신에 이범진, 이완용, 윤치호 등을 중심으로 한 친러 내각이 등장하게 되었다. 새 내각은 그동안 흐트러진 민심을 수습하고자 단발령을 철회하고, 각 개인의 자유의사에 맡기도록 함으로써 비로소 단발령은 일단락됐다. 그러나 그 뒤 1899년 광무개혁 때 단발령 문제는 다시 거론이 되어 1902년 8월 일제의 강압에 의해 군부·경부청에 소속된 군인·경찰·관원 등 제한된 범위의 인물들에 한하여 재차 강제 단발을 명하였으며, 그 해 10월에 가서는 이도재 등 정부 대신들에게도 역시 이러한 명령이 하달되어 이에 불응하는 사람은 그 머리를 자르게 할 정도로 강경한 입장을 천명하였다. 이후 우리의 관례는 점차적으로 사라지게 되었으며, 단발로 인해 갓·망건 대신 모자를 쓰기도 하였다.

한편, 우리나라에 온 서양인들의 기록을 보면, 개화기 당시 양반계층 일부에서 친영례를 치르기 전에 관례를 행했다는 사실과, 주로 평민계층에서 혼인식 전날 밤 신부의 친구가 계례를 행했다는 사실, 그리고 일본의 단발령 강제 시행에 대해 비판적 인식태도를 보이고 있어 나

름대로 의미가 있다.[12]

　1929년 신동식가(辛東植家)에서 발행한 예서 『가례즙해(家禮檝解)』를 보면, "주자가례야말로 진실로 만세에 통용되는 제도"라고 하면서 과거의 예법 준수를 강조하고 있다. 이 책은 1934년 조선총독부에서 제정한 〈의례준칙〉과 대비되고 있어 눈길을 끈다. 이는 일제의 강압적 조치에 대한 저항이라 할 수 있다. 그런데 조선총독부의 〈의례준칙〉에는 애초부터 관례 항목이 없었다. 그러나 지방에 따라 관례에 대해 언급하기도 하였는데, 관례 시 일본복이나 양복의 착용을 지시하기도 했으며,[13] 충청도에서 발행한 『의례궤범』(의례준칙을 달리 지칭한 것임)을 보면, 관례 시 상투를 올리는 의례가 없다고 하더라도 성인에 대한 책무를 의식하도록 하는 것이므로 이를 잘 활용하는 것이 중요하고, 새로운 개량 한복을 예복으로 활용하도록 제안하기도 했다.[14] 그리고 1940년대 일제강점기에 발간된 예서를 보면, 관례를 중시하고 있는데 당시의 대표적인 지식인 가운데 한사람인 최남선은 관례가 사례 중 가장 중요하다고 하면서 그 의의를 높이 평가하였다. 그러나 그 상투와 복식들은 이미 없어졌기 때문에 옛 절차를 따르되 시대에 맞는 격식을 제안했다. 그것은 전통적인 복식이 아니라 일가는 관복이지만, 재가에서는 모자와 일본옷을 착용하고, 삼가에서는 양복과 구두를 착용할 것을 적시하고 있다. 여성의 경우, 계례할 수 있는 나이를 특정하지 않고 결혼을 결정했으면 비녀를 꽂는 의식을 하는 것으로 정리했다.[15] 단발령 이후

---

12 송재용, 「개화기 서양인의 한국 의례에 대한 인식과 그 의미」, 『개화기 대외 민간문화교류의 의미와 영향』, 국학자료원, 2005, pp.267~268.

13 김진효, 『儀禮備要』, 의례비요사, 1939, pp.4~7.

14 『儀禮軌範』, 충청남도, 1936, pp.5~11.

15 김진효, 앞의 책, pp.2~10.

일제강점기에는 남자의 머리 모양이 상투가 없는 단발로 인해 기혼자와 미혼자의 구별이 모호하게 되었으며 양복의 착용이 늘어남에 따라 관례의 의의도 점차 쇠퇴하게 되었다.[16]

뿐만 아니라 복식도 1884년 갑신의제개혁으로 관복은 흑단령을 착용하게 하였고, 관민 구분 없이 주의를 사복으로 착용토록 하여 도포 및 창옷 등의 광수포(廣袖袍)가 착수(窄袖)로 간소화되었다. 그리고 흑색 주의에 답호를 진궁(進宮) 시 통상복으로 정하였고, 공사예복은 주의만 착용토록 하여 그 영향이 일반인들에게까지 수용되었다. 관례 또한 이 일련의 개혁 영향으로 상투가 없어짐에 따라 상징적 절차가 축소되어야 했고, 조혼의 폐단이 개선되면서 관례는 점차 혼례의 한 부분으로 포함되어 행해질 뿐이었다. 일부 사대부가에서는 삼가를 단가로 치르고 절차 또한 간소하게 행하다가 차츰 사라지게 되었다.[17]

이처럼 관례는 개화기뿐 아니라 단발령 이후 일제강점기, 특히 일제강점기에 행하지 않는 사람들이 많았지만, 행하는 경우 새롭게 변용되거나 또는 혼례의 선행의식으로 약식화 되거나 흡수되고 말았다(관례는 극히 일부이지만 해방된 후 1940년대 말까지도 행했던 것으로 보인다).[18]

3) 혼례

조선이 안정되고 예학이 발달하면서 『주자가례』에 대한 보완과 재해석이 조선 후기부터 이루어졌다. 그리고 시의에 따른 변용까지 겸하

---

16 이희재, 「일제강점기의 유교의례 변화양상–1930년대 의례준칙에서의 가정의례를 중심으로」, 『일본연구』 제15집, 고려대학교 일본연구센터, 2011, pp.573~575.

17 김혜경, 「전통관례와 현대 성년례 복식 연구」, 성균관대학교 대학원 박사학위논문, 2008, pp.85~86.

18 박대순, 「조선시대 관례의 사적연구」, 단국대학교 대학원 석사학위논문, 1987, pp.1~63.

여 재구성된 보다 실생활에 알맞은 실천적 성격의 가례서에 관심을 가지게 되었다. 이런 영향으로 이재가 제가의 예설 및 당시의 예제와 시속을 보충하여 현실적으로 적응이 가능하도록 편술한 『사례편람』은 조선 사회의 규범서로서 그 역할을 감당하게 되었다. 『사례편람』은 1900년 황필수(黃泌秀, 1842~1914)에 의해서 더 쉽고 편리성을 도모한 『증보사례편람』이 간행되고, 1924년에는 『현토주해사례편람』이 간행되었다.

그러면 개화기에서 일제강점기까지의 혼례는 어떻게 지속 변용되었을까? 이 시기는 혼례의 경우 많은 변모가 있었다. 이는 가례서라든지 당시의 혼례 관련 자료들을 살펴보면 알 수 있다. 그러므로 먼저 조선 후기와 개화기에 간행된 가례서의 혼례 부분을 비교하여 살펴보겠다. 여기서는 정약용(1762~1836)이 실학자답게 당시의 사회를 직시하고 백성들의 빈곤함을 정확하게 파악하여 혼례에 있어서 형편에 맞게, 고례의 정신에 어긋남이 없도록 하기 위하여 1810년에 저술한 『가례작의』와 권혁수(權赫洙)가 1884년에 저술한 『광례람』, 황필수가 1900년에 쓴 『증보사례편람』 등을 간단히 비교하면서 살펴보겠다.

먼저 혼례절차를 비교해 보면, 『가례작의』는 납채→문명→납길→청기→납징→친영(초례→전안→교배례·합근례→현구고례→예부지례→관궤지례→향부지례→묘견) 순, 『광례람』은 사주단자→택일→의양단자→납폐→전안례→합근례→서견지부모→해견례→부견구고례 순, 『증보사례편람』은 의혼→납채→납폐→친영(초례〈신랑〉→초례〈신부〉→전안례→교배례→합근예→현구고례→예부지례→총부의 시부모님 음식대접→향부지례→묘견→서견부지부모) 순이다. 『가례작의』는 『의례』의 혼례절차를 따르고 있는 반면, 『광례람』은 사주단자·택일·납폐·전안·교배례·해현례의 혼례절차를, 『증보사례편람』은 『주자가례』를 따르는 『사례편람』을 삭한 부분은 없고, 단지 의혼에 2회, 납채에 1회, 납폐에 2회, 친영에 1회의 신증(新增)만 했을 뿐이다. 그리고 『가례작의』와 『광례람』은 의혼절차를 생략했으며, 납채 부분에서는 『가례작의』의 경우, 요즘 풍속은 사자를 천인으로 쓰기 때문에 읍하는 예도 필요 없으며 성복할 필요도 없다고 하였다. 반면 『광례람』에서는 납채에 신랑의 사주는 사성(四性)을 써서 보냈으며, 심부름 온 이에게 오전(五錢)을 준다고 하였으며, 『증보사례편람』에서는 『사례편람』에서와 같이 서식을 갖추어 사당에 이를 알린다고 하였다. 납폐의 경우, 『가례작의』에서는 납폐를 납징으로 고쳐 부르고 채단으로 증백(繒帛)이나 면포(棉布)를 쓴다고 하며, 채단은 색 있는 보자기로 싸서 작은 칠함에 넣고 다시 채복(采袱)으로 싼다고 하였으며, 『광례람』에서는 함을 홍주보로 싸고 보자기의 네 귀가 근봉지 위에 나오게 하여 드리우게 한다고 하였다. 초례의 경우, 『가례작의』에서는 신랑이 도착하기 전 신부의 아버지가 딸에게 초례를 하는 반면, 『광례람』에서는 색시 집에서 혼례를 치러 초례의 절차가 없다고 하였다. 그리고 『광례람』에서는 신랑이 기러기 머리가 왼쪽으로 가게 하여 전안석에 놓고 혼례석으로 나아간다고 하였는바 눈길을 끈다. 또 묘견(廟見)의 경우, 『가례작의』에서는 고례에는 석 달 만에 묘견하지만 풍속에 따른다고 하였으며, 『증보사례편람』에는 돌미나리를 올린다고 하였고, 『광례람』에서는 사당 고유가 없다.[19] 이는 저자인 권혁수가 시속을 따른다는 것과 연관이 있는 것으로 보인다. 그것은 당시에는 반상과 존비가 철폐되고, 사당이 없는 집도 많았기 때문으로 짐작된다. 그런데 여기서 주목할 것은 『광례람』이다. 이 책은 19세기말 대중들이 시속에서 행하는 혼례를 적고 있는데, 그 내용은 규범의 제시보다 편리성과 행례에 도움을 줄

---

19 이정숙, 「조선후기 의례서에 나타난 혼례 연구」, 원광대학교 동양학대학원 석사학위논문, 2010, pp.1~89.

목적으로 작성되었다. 그러므로 기존의 의례서와는 다른 양식을 보여주고 있다. 특히 이 책은 반친영제이며 그 스스로 예에 벗어났다는 비난은 면키 어렵지만, 대중을 따른다고 하며 일반 대중의 전용속례만을 적고 있어 갑오개혁 즈음의 일반대중들의 혼인의례를 소상히 확인할 수 있다는 점에서 가치가 있다. 그리고 갑오경장으로 반상과 적서의 구별이 철폐되고, 새로운 지식층의 대두와 상업행위로 얻어지는 재화는 사회에 새로운 계층이 형성되었다. 이러한 과정에서 이들의 사회장악력이 커지면서 행례에 있어서도 변화는 불가피하였을 것이다. 과도기를 맞이하여 권혁수가 당시에 비웃음을 무릅쓰고 대중을 따르려는 선구적인 태도는 나름대로 조명할 가치가 높다고 판단된다.[20]

이번에는 당시 실제로 행했던 혼례를 기록으로 남긴 자료들과 신문·잡지 등에 대하여 살펴보기로 하자.

> 나는 아들의 혼사(婚事)를 치르면서 한결같이 주자(朱子)의 《가례(家禮)》를 준행하여, 사단(紗緞)이나 주취(珠翠)를 가까이하지 않고 오직 토산(土産)의 물건만으로 줄이고 절약하여 혼수를 마련하였으며, 여피(儷皮)로 폐백(幣帛)을 삼아 친영의(親迎儀)를 거행하고는, 그것을 그대로 법식으로 정하여 후손으로 하여금 준행하게 하였다. 할아버지인 효정공(孝貞公)께서 항상 말하기를, '나이 어린 아이들에게 비단옷을 입히고 귀한 음식을 먹이는 것은 양복(養福)하는 방도가 아니다.' 하셨는데, 가정(家庭)에서 익히 들어온 것이 이와 같았으므로 지금까지도 가슴에 새겨 두고 잊지 않고 있다.[21]

---

20 위의 논문, p.82.
21 「춘명일사」, 〈혼례의 신부복〉, 『국역 임하필기 6』, 민족문화추진회, 1999, p.42.

이유원이 『주자가례』에 의거하여 아들의 혼례를 치른 내용이다. 조선시대의 경우, 왕실이나 사대부들의 혼례 기록들을 보면, 태반은 사치스러웠고 과다한 혼례비용으로 인해 국가 및 가정 경제에 심각한 문제를 야기시킬 지경에까지 이르렀던 것이 사실이다.[22] 그리고 이러한 과다한 혼례비용은 개화기에도 마찬가지였다.[23] 위의 기록에서 이유원이 혼수를 절약했을 뿐만 아니라 『주자가례』의 준행과 친영의을 거행했다는 사실 등을 알 수 있다.[24] 그런데 친영례의 경우 조선 후기까지도 제대로 행해지지 않았던 것으로 보인다. 그리고 신행 역시 그러했던 것 같다. 이는 18세기말 경상도 선산의 사대부 가문이었던 노상추(盧尙樞, 1746~1829)의 여동생의 사례에서 짐작할 수 있다. 안동 하회 유씨 유안춘 집안과 혼인했던 노상추의 여동생은 신행을 혼인한 지 1년이 될 무렵 시아버지가 친정아버지를 찾아와 두 사람이 상의한 후 시댁으로 갔다.[25]

갑오개혁 이후 서구의 문화와 개신교가 들어와 혼례에 영향을 미치기 시작하였는데, 일본과 서구 문물의 유입으로 신식혼례가 주류를 이루게 되었다. 신식 혼례, 즉 서양식 혼례는 1888년 3월 선교사 아펜젤러의 주례로 정동교회에서 한용경과 과부 박씨의 결혼식이 우리나라에서 최초로 거행된 것이라고 한다.[26] 그 뒤, 천주교에서도 신부의 집전으

---

22 송재용, 「의례와 경제-관·혼·상·제례를 중심으로」, 『비교민속학』 제27집, 비교민속학회, 2004, pp.239~262 참고.

23 19세기 중·후반에서 1950년대까지의 혼례 관련 물목을 살펴보면, 예물의 경우 예물을 마련해야 하는 친척의 범위가 후대로 갈수록 넓어지고 예단으로 보내는 물품도 현금과 물건이 혼용되는 양상을 보이고 있다(김정녀, 「婚禮物目類 고문헌 자료를 활용한 민간 전통혼례 문화 연구」, 『한민족문화연구』 제38집, 한민족문화학회, 2011, pp.361~389 참고).

24 송재용, 「임하필기에 나타난 의례 연구」, pp.310~314.

25 문숙자, 『68년의 나날들, 조선의 일상사-무관 노상추의 일기와 조선후기의 삶』, 너머북스, 2009, pp.55~59.

26 신영숙, 「신식 결혼과 변화하는 결혼 양상」, 『혼인과 연애의 풍속』, 두산동아, 2005, p.200.

로 혼배성사라는 이름으로 혼례를 치렀다. 그리고 천도교에서는 독자적 신식 혼례방식으로 치르기도 하였고, 불교도 1900년대 들어 법사의 주례로 불교식 불식화혼이란 개량 혼례를 치르기도 하였다.[27] 한편, 우리나라 최초로 신식혼례를 올린 사람은 일본 경도대학 출신 변호사 김우영과 동경여자미술학교 출신 화가 나혜석이 1920년 4월 15일 정동예배당에서 서양식 모닝코트와 면사포를 쓰고 결혼식을 올렸다고 한다. 1920년 후반기에 들어 많은 사람들이 간편한 서양식 혼례를 선호하게 되는데 종교단체에서 이들을 모두 수용할 수 없을뿐더러 종교를 싫어하는 지식인 사이에서 종교의 냄새를 배제한 서양식 혼례를 올리려는 풍조가 나타났다. 그래서 식장으로 예배당이나 절보다 부민관(府民館, 시민회관), 동아일보와 조선일보 등 신문사 강당 또는 식도원(食道園)·명월관(明月館) 등의 요릿집에서 호사스런 혼례식을 올리기도 하였다. 그리고 1930년대에 전문 혼례식장이 출현하는데 백화점 같은 곳에서 예식부를 차리거나 영업 목적의 예식장이 생기기 시작하였다.[28] 그런데 이런 신식혼례를 올리고도 다시 구식혼례, 즉 전통혼례를 올리는 경우도 있었는데, 관습에 의해 만들어진 혼례가 쉽게 변하는 것이 아니었다.[29]

다음은 일제강점기 신문·잡지 자료를 살펴보자.

---

27 오지석, 「한국교회 초기 혼인관에 대한 연구」, 『기독교사회윤리』 제12집, 한국기독교사회윤리학회, 2006, p.81.

28 권광욱, 『육례이야기』, 도서출판 해돋이, 2000, pp.99~100.
1920년 4월 28일 일본에 볼모로 끌려갔던 왕세자 李垠과 일본 왕족 마사꼬(方子)의 결혼식이 있었는데, 일본식으로 행해진 예식은 일본 동경에서 하면서, 서울의 창덕궁 인정전에 署名簿를 갖춰 놓고 하객을 받는 東行閣에서 일본식 披露宴을 베풀었다.

29 김선령, 「일제강점기 이후 한국혼례 양상의 변화에 관한 연구」, 원광대동양학대학원, 석사학위논문, 2011, p.27. 우리의 전통혼례인 구식혼례는 일제강점기뿐 아니라 해방 이후까지 (특히 시골에서)도 계속 행하였다.

<일제강점기 혼례 관련 한국어 신문 자료 목록>

연번	제 목	기고자	신문명	게재일	게재면
1	新婚旅行		황성신문	1909. 05. 26.	2
2	신혼여행을 구라파(유럽)로 발향		국민보	1913. 12. 06.	4
3	신혼여행에 얼빠져		시대일보	1924. 12. 09.	1
4	結婚內容公開 (一) 장차 결혼할 분들을 위하야 여섯 가지의 回答		매일신보	1928. 04. 13.	3
5	結婚內容公開 (二) 장차 결혼할 분들을 위하야 여섯 가지의 回答		매일신보	1928. 04. 14.	3
6	結婚內容公開 (三) 장차 결혼할 분들을 위하야 여섯 가지의 回答		매일신보	1928. 04. 15.	3
7	結婚內容公開 (四) 장차 결혼할 분들을 위하야 여섯 가지의 回答		매일신보	1928. 04. 16.	3
8	結婚內容公開 (五) 장차 결혼할 분들을 위하야 여섯 가지의 回答		매일신보	1928. 04. 18.	3
9	結婚內容公開 (六) 장차 결혼할 분들을 위하야 여섯 가지의 回答		매일신보	1928. 04. 19.	3
10	結婚內容公開 (七) 장차 결혼할 분들을 위하야 여섯 가지의 回答		매일신보	1928. 04. 20.	3
11	新興中國 「스피드」 婚式		동아일보	1930. 01. 03.	2
12	K. Mansfield 원작, 短篇-신혼여행(1)	李弘魯譯	조선중앙일보	1933. 09. 22.	3
13	K. Mansfield 원작, 短篇-신혼여행(2)	李弘魯譯	조선중앙일보	1933. 09. 23.	3
14	K. Mansfield 원작, 短篇-신혼여행(3)	李弘魯譯	조선중앙일보	1933. 09. 24.	3
15	K. Mansfield 원작, 短篇-신혼여행(4)	李弘魯譯	조선중앙일보	1933. 09. 26.	4
16	K. Mansfield 원작, 短篇-신혼여행(5)	李弘魯譯	조선중앙일보	1933. 09. 27.	3
17	K. Mansfield 원작, 短篇-신혼여행(完)	李弘魯譯	조선중앙일보	1933. 09. 28.	3
18	신혼여행은 「로마」로		동아일보	1933. 10. 26.	6
19	納幣와 惡習		동아일보	1936. 04. 09.	5
20	新婚家에 送需式을 廢하자		동아일보	1936. 06. 12.	5
21	"나의 結婚"과 "結婚觀"(1) 결혼식은 간단하고 엄숙하게 피로연 폐지	趙東植談	매일신보	1936. 09. 16.	3
22	"나의 結婚"과 "結婚觀"(2) 결혼이 가선 세 가지 의의 종교적 의식이 필요	金昶濟談	매일신보	1936. 09. 18.	3
23	"나의 結婚"과 "結婚觀"(3) 집안일에 불과하는 결혼예식	具滋玉談	매일신보	1936. 09. 19.	3
24	"나의 結婚"과 "結婚觀"(4) 불교에서는 불교식결혼식	朴允進談	매일신보	1936. 09. 22.	3
25	"나의 結婚"과 "結婚觀"(4) 무어니무어니하여도 신구절충이제일	俞珏卿談	매일신보	1936. 09. 25.	3

연번	제목	기고자	신문명	게재일	게재면
26	"나의 結婚"과 "結婚觀"(5) 관혼상제에 돈을 너무 씁니다 피로연대신 긔념품을	宋今旋談	매일신보	1936. 09. 26.	3
27	"나의 結婚"과 "結婚觀"(6) 피로연은 절대로 불가	朴勝彬談	매인신보	1936. 09. 29.	3
28	"나의 結婚"과 "結婚觀"(7) 이왕남의것을 본바드랴면	梁柱三談	매일신보	1936. 09. 30.	3
29	"나의 結婚"과 "結婚觀"(8) 속임업는결혼 이해잇는결혼	金泰洽談	매일신보	1936. 10. 01.	3
30	"나의 結婚"과 "結婚觀"(9) 상대자의외화만보지말고 인격을볼것	崔奎東談	매일신보	1936. 10. 03.	3
31	"나의 結婚"과 "結婚觀"(10) 참된결혼은 상대를리해하고공명해야한다	朴貞姬談	매일신보	1936. 10. 04.	3
32	"나의 結婚"과 "結婚觀"(10) 책임감을느끼는 결혼이라야	鄭求忠談	매일신보	1936. 10. 06.	3
33	"나의 結婚"과 "結婚觀"(12) 외화만보지말고 신의잇는마음을	李鐘麟談	매일신보	1936. 10. 07.	3
34	"나의 結婚"과 "結婚觀"(13) 서로잘리해한뒤에 경제적인결혼을	李晄圭談	매일신보	1936. 10. 08.	3
35	"나의 結婚"과 "結婚觀"(14) 인생의행진곡은 결혼에서부터	金敬注談	매일신보	1936. 10. 09.	3
36	"나의 結婚"과 "結婚觀"(完) 먼데사람끼리 결혼하는게조타	朴榮喆談	매일신보	1936. 10. 10.	3

〈일제강점기 혼례 관련 한국어 잡지 자료 목록〉

연번	제목	기고자	잡지명	권/호	수록일자	수록면
1	結婚하기前과 結婚한 後	金善	별건곤	제2-2	1927. 02. 01.	84~89
2	장가難!시집難!	春坡	별건곤	제2-2	1927. 02. 01.	121~124
3	新婚旅行	李瑞求	삼천리	제8-2	1936. 02. 01.	472~479

〈일제강점기 혼례 관련 일본어 잡지(朝鮮 · 朝鮮及滿洲) 자료 목록〉

연번	제목	기고자	잡지명	권/호	수록일자	수록면
1	朝鮮婚禮風俗	一記者	조선급만주	제6권 제57호	1912. 08. 15.	26~27
2	朝鮮の婚姻に就いて	小田幹次郎	조선급만주	제8권 제75호	1913. 10. 01.	47~52
3	朝鮮の舊慣と離婚	浅見倫太郎	조선급만주	제8권 제73호	1913. 11. 01.	78~84
4	朝鮮人痛婚の狀態如何	難波可水	조선급만주	제16권 제125호	1917. 11. 01.	77~83

연번	제 목	기고자	잡지명	권/호	수록일자	수록면
5	内鮮結婚者と其の家庭	天来生	조선급만주	제16권 제125호	1917.11.01.	84~87
6	内鮮人通婚民籍手續に就いて	原正鼎	조선		1921.09.01.	95~102
7	著しく增加の傾向を辿る内鮮人の結婚		조선		1925.07.01.	38
8	内鮮人配偶者の趨勢	文書課	조선	제123	1925.08.01.	121~122
9	だんだん植えゆく内地人と朝鮮人の配偶者		조선	제136	1926.09.01.	116~119
10	朝鮮の結婚離婚趨勢	善生永助	조선		1928.01.01.	45~58
11	朝鮮の於ける同族不婚の原則	伊藤憲郎	조선		1928.10.01.	1~8
12	内地人と朝鮮人の配偶者	總務課	조선	제161	1928.10.01.	130~131
13	朝鮮の結婚に関する慣習	李能和	조선		1929.06.01.	71~93
14	朝鮮に於ける王家及び庶民の婚制	李能和	조선	제170	1929.07.01.	35~42
15	朝鮮婚姻制の 一面觀察	今村鞆	조선	제190	1931.03.01.	111~127
16	統計上より觀たる朝鮮の結婚と離婚	真鍋半八	조선	제206	1932.07.01.	95~101
17	内鮮인의 通婚狀態	善生永助	조선급만주	제46권 제326호	1935.01.01.	32~34
18	内鮮一體と内鮮相婚	玄永燮	조선급만주	제52권 제365호	1938.04.01.	63~67
19	朝鮮人の婚礼風景	XYZ	조선급만주	제50권 제353호	1937.04.01.	105~107
20	「朝鮮古代社会に於ける拜火思想と婚姻制度の淵源に関する考察」	張承斗	조선	제279	1938.08.01.	81~88
21	「朝鮮古代社会に於ける拜火思想と婚姻制度の淵源に関する考察」(承前)	張承斗	조선	제280	1938.09.01.	94~104
22	朝鮮原始諸種族の婚姻	張承斗	조선	제281	1938.10.01.	131~142
23	朝鮮原始諸種族の婚姻(承前)	張承斗	조선	제282	1938.11.01.	86~99
24	李朝社會の婚姻儀式に就いて	張承斗	조선	제289	1939.06.01.	47~60
25	李朝社會の婚姻儀式に就いて(五)	張承斗	조선	제290	1939.07.01.	96~104
26	李朝社會の婚姻儀式に就いて(承前)	張承斗	조선	제291	1939.08.01.	108~117
27	李朝社會の婚姻儀式に就いて(完)	張承斗	조선	제292	1939.09.01.	90~98
28	李朝社會に於ける再婚の禁制(上)	鶴山憲	조선	제348	1944.05.01.	27~38
29	李朝社會に於ける再婚の禁制(下)	鶴山憲	조선	제349	1944.06.01.	36~46

위의 자료에서 보는 바와 같이, 한국어 신문 자료에는 주로 신혼여행, 결혼할 사람들의 유의사항, 결혼식 방식, 피로연 등이, 한국어 잡지 자료에는 장가·시집가기 어렵다는 사실과 신혼여행 등이, 일본어 잡지

자료에는 조선의 혼인과 이조사회 혼인의식 및 재혼 금지 등을 언급하고 있는데, 여기서 우리 혼례의 변모된 일면을 엿볼 수 있다.

이번에는 일제강점기, 특히 1934년 조선총독부의 의례준칙 제정 등을 중심으로 살펴보겠다. 논의에 앞서 일본인들과 서양인들의 한국의 전통의례, 특히 혼례에 대한 인식태도를 살펴보기로 하자. 19세기말 당시 일본인들 중에는 우리의 전통의례를 사대주의로 보는 사람들이 많았다. 뿐만 아니라 일본인들은 조선의 조혼풍속에 대하여 기이한 풍속이라고 하면서 이해하지 못하였다.[30] 그러므로 일본인들은 조선을 강점한 후 조혼풍습을 고치고자 하였다. 그리하여 1915년 8월 7일 관통첩 제240호 '혼인에 관한 사항'에서 "남 17세 미만, 여 15세 미만인 자의 혼인신고를 수리하지 말 것"이라고 하여 제한을 가하기 시작하였다.[31] 한편, 서양인들도 우리의 조혼 풍습에 대하여 모순을 지적하면서 비판하였다.[32]

마침내 일제는 우리나라를 강점한 후 본격적으로 우리의 전통의례를 말살하고자 하였다. 그 첫 번째로 시도한 것이 1912년 〈묘지, 화장

---

30 혼마규스케(本間九介) 저, 최혜주 역, 『朝鮮雜錄』(1894년 발행), 김영사, 2008, p.73.

31 이희재, 앞의 논문, pp.575~576. 민적상 혼인 연령의 제한은 결혼의 법률적 효력과는 무관하게 민적 등재만을 거부한 것으로서 결혼관계 자체를 부정한 것은 아니었다.

32 송재용, 「개화기 서양인의 한국 의례에 대한 인식과 그 의미」, 272쪽. 서양인들이 우리의 혼례를 기록으로 남긴 것은 자기들의 혼례 의식절차와 다르고, 한국의 독특한 특징으로 인식했기 때문에 기록으로 남겼던 것 같다. 그런데 대부분 문화적 우월감이나 종교적 선입견이 은연중 내재되었던 것으로 보인다. 특히 선교사나 신부의 기록에는 종교적 선입견이 작용하고 있음을 감지할 수 있다. 그리고 미국 선교사 제이콥 로버트 무스가 쓴 시골 체험기 『1900, 조선에 살다』(제이콥 로버트 무스 지음, 문무홍 외 옮김, 푸른역사, 2008, pp.148~151)를 보면, "대부분 딸이 12세가 되기 전에 약혼을 시켜 일단 남편 될 사람의 집으로 보내어 일을 하다가 나중에 혼례를 하거나, 12세 이전의 소녀가 혼례를 종종 올리는 경우도 있으며, 자기가 고용한 조선인이 돈을 주고 12살짜리 소녀를 사서 집으로 내리고 와 5년 후 정식으로 혼례를 올렸다"고 한다. 이로써 짐작컨대 조혼풍습은 일제강점기에도 완전히 사라진 것은 아니었던 것 같다.

장, 매장급화장취체규칙〉 공포이다.[33] 우리전통의례에서는 화장은 없었다. 일제는 국민의 건강과 위생, 근대화 등을 운운하면서 우리 전통의례에 대해 탄압과 말살정책을 자행하기 시작하였다. 근대화 과정과 시대적 흐름, 여러 가지 여건이나 상황 등으로 볼 때, 우리 전통의례 가운데 일부(조혼 등)는 시대에 맞게 변모할 필요도 있었다. 그러나 그것이 자발적인 것이라기보다는 일제의 의해 강제적으로 변용되었다는 데 문제가 있는 것이다. 그 대표적인 것이 1934년 조선총독부가 제정한 〈의례준칙〉이다. 당시 조선총독부 학무국장이었던 와타나베 도요니치코(渡辺豊日子)가 쓴 의례준칙의 서문을 보면, 의례준칙의 주된 목적은 농산어촌의 진흥사업과 자력갱생사업에 방해가 되는 의례의 낭비적 요소를 줄이는 것이었다. 물론 그 이면에는 식민지배의식에 바탕을 한 피식민국의 동화정책이라는 거대 담론이 자리하고 있었지만, 표면적으로는 근대화를 위한 의례형식의 합리적 변화를 강조했던 것이다.[34]

의례준칙을 보면, 관례는 없고 혼·상·제례만 있는데, 혼례의 경우, 혼인연령(남자 20세, 여자 17세), 약혼(신랑신부 사주 교환), 납폐, 초례(장소: 신부의 집, 신사, 절 또는 교회당), 의식, 축연 순으로 규칙을 정하였다. 여기서 조혼의 습속을 규제하기 위해 혼인이 가능한 연령을 남자 20세, 여자 17세로 명시한 것이라든지, 혼례장소로 신부의 집·신사·절 또는 교회당으로 명시한 것, 특히 신사를 혼례 장소로 지정했다는 것은, 의례준칙의 제정목적이 근대화를 명분으로 내세운 피식민국에 대한 동화정책이

---

33 〈墓地, 火葬場, 埋葬及火葬取締規則〉, 『조선법령집람』, 조선총독부, pp.163~165.

34 김미영, 『유교의례의 전통과 상징』, 민속원, 2010, p.404.
　　당시 조선총독이었던 宇垣一成의 〈儀禮準則欄〉 '諭告'(pp.4~5)를 보면, "조선 민중의 건강과 복리, 국가 발전 등을 위해 형식적이고 비용이 많이 드는 우리의 의례, 특히 혼·상·제례를 긴급히 개혁해야 한다."라고 역설하고 있다. 여기서 그 의도가 무엇인지 간파할 수 있다.

었음을 잘 드러내 준다. 또 혼인예복으로 바지저고리(도포 포함) 및 치마저고리 외에 기모노를 권장한 것에서도 이러한 의도를 엿볼 수 있다.[35]

의례준칙 전문에 제시된 혼례는 전통혼례절차와 많은 차이를 보인다. 혼례절차에서부터 명칭을 완전히 바꾸어 바뀐 용어로 기존의 행례(行禮)를 대신하려는 흔적이 보인다. 의례준칙에서 부부의 교배·합근례를 초례라 하였는데, 이는 정약용에 의해 그 오류가 지적된 바 있다. 뿐만 아니라, 신부 집에서만 행했던 것을 신사, 절 또는 교회당으로 늘렸다. 혼례복은 한복은 축소시키고 일제식과 서양식을 더했다. 전안례 절차에 전안만 행한다 하여 유명무실로 만들어버렸으며, 신부 사배를 재배로 축소시키고 땅 신과 조상에 고하는 제주(祭酒)의 의미를 완전히 없애고 술잔교환 3회로 바꾸어 놓았다. 의례준칙으로 일제의 간섭이 있었지만 그대로 행해진 것은 아니었다. 집집마다 간섭할 수는 없었다. 의례준칙 발표 이후 지역별로 의례에 대한 간섭이 계속되었는데 『생활개선의례요람』(1935)과 『의례요람』(1937)을 통해서 알 수 있었다. 『생활개선의례요람』과 『의례요람』에서는 의례준칙에서 간단히 언급했던 전안례에 대하여 구체적으로 언급을 하였고, 신부 집에서 날짜를 잡아 신랑 집에 통보해 주는 연길을 연종(涓終)으로 바꾸었다. 그리고 행례주의와 용비 폐지에 대한 언급이 새로 나타났다. 의례 준칙과는 크게 다르지는 않지만 지역적인 특성들을 감안하여 항목들을 추가함으로써 강제로 제안한 의례를 따르도록 하기 위한 것으로 보인다.[36] 하지만 그것이 쉽게 바뀌는 것은 아니다.

한편, 혼인에 대한 가치관의 변화는 여성의 권익을 위해 이혼과 재

---

35 위의 책, pp.404~405.
36 김선령, 앞의 논문, pp.29~37.

혼을 할 수 있도록 한 것이다. 일제강점기에서는 이혼 청구소송이 매년 증가하였다.[37] 재판상 이혼의 증가는 관습의 변화를 의미할 수 있다. 그리고 재판상의 이혼도 이미 1910년대에 이르러 하나의 새로운 관습으로 정착했다.[38]

혼례복의 경우, 일제강점기에도 서양식 혼례복보다는 한복 착용이 많았지만, 1930년대 이후 양장의 파급과 함께 한복에 veil을 쓰던 신부복에는 큰 변화가 없었고, 이 무렵은 화관을 머리 위에 쓰고 veil은 따로 떨어져 머리 뒤에 부착시킨 것이 일반적인 모습이다. 그리고 손에 든 꽃다발이 가장 컸던 시대이기도 하다.[39]

개화기에서 일제강점기까지의 혼례에서 개화기의 경우, 일제강점기와는 달리 변모는 되었지만 크게 변모되지는 않았던 것으로 보인다. 그러나 갑오 1차 개혁과 함께 서양문물의 유입과 근대화 과정, 그리고 당시의 시대적 상황과 흐름, 당대인들의 인식태도 등에서 변화는 필연적이었다고 본다. 그런데 그것이 자의에 의한 것이 아니라는 데 문제가 있다. 일본의 조선 강점은 우리 전통혼례에 대한 강제적 전환이라 할 수 있다. 결국 일제강점기의 경우, 일본의 강압에 의해 우리의 전통혼례는 변용될 수밖에 없었다. 비록 일본에 의해 변용되었지만, 나름대로 개선하려는 노력도 있었고, 또 일부(주로 지방이나 시골)에서는 우리의 전통혼례를 고수하려고도 하였다.

---

37 강병식, 「일제하 한국에서의 결혼과 이혼 및 출산 실태연구」, 『사학지』 제28집, 단국대학교 사학회, 1995, p.425. 1930년대 한국인의 평균 초혼연령은 남자 21세, 여자 18세였다. 그런데 1940년대에는 민징용령, 징병제, 여자정신대근무령의 공포로 결혼을 더욱 서두르는 경향을 띠게 된다. 그리고 한국인과 일본인의 결혼도 1925년 말부터 매년 증가하여 1933년에는 2.5배로 증가하였다.

38 이승일, 『조선총독부 법제정책』, 역사비평사, 2008, p.187.

39 은영자, 「우리나라 혼례복의 변천에 관한 연구-개화기 이후를 중심으로」, 『과학논집』 제26집, 계명대학교 생활과학연구소, 2000, pp.102~103.

4) 상례

개화기의 상례는 조선후기와 별 차이가 없어 보인다. 그런데 류치명 (1777~1861)의 임종에서부터 부제까지의 과정을 기록한 상례일기 『고종록(考終錄)』(1861년 9월 9일~1862년 4월 19일)을 보면, 실제의 상례 행례절차에서는 예서에 명확한 지침이 없는 경우 정례를 뛰어 넘어 새로운 변례를 사용하기도 하였는바[40] 눈길을 끈다.

아무튼 우리의 전통상례는 1910년 일제의 강점 이후 인위적인 변화가 시작되었다. 이 시기 전통적 상례의 변화과정에서 주목할 것은 서구 기독교식 장례의 도입과 전통적 상례 외에 연합장과 사회장의 출현이 이루어지고, 조선총독부의 법령에 따라 공동묘지와 화장의 확산이 이루어졌다는 점이다. 새롭게 등장한 연합장과 사회장의 경우, 유교적 전통을 근간으로 하면서도 서구 기독교적 방식을 다소 가미한 양태를 보인 반면, 1912년 6월 총독부령으로 공포된 〈묘지, 화장장, 매장 및 화장취체규칙〉은 공동묘지와 화장장 문화를 확산시키는 시초가 되었다. 특히 일제강점기 전통상례의 변화를 가져온 획기적인 계기는 1934년에 반포된 〈의례준칙〉이다. 의례준칙은 상복의 간소화와 상장(喪章)의 착용, 장일(葬日)의 제한과 우제의 1회로의 축소, 졸곡 생략, 상여소리 금지와 구식 상여 운반 시 호창(呼唱)을 폐하고 정숙 명시, 상기(喪期)의

---

40 김미영, 「조선후기 상례의 미시적 연구―정재 류치명의 상례일기 고종록을 중심으로」, 『실천민속학연구』 제12집, 실천민속학회, 2008, pp.237~275. 임종에서 부제까지의 의례를 치르면서 빚어진 논쟁은 대략 7가지 절차에 관한 것인데, 그 배경을 살펴보면 3유형으로 정리된다. 첫째, 예서에서 명확한 근거를 찾을 수 없는 탓에 논쟁이 초래된 경우로서, 스승에 대한 服制, 발인 당일의 上食, 祭主奠의 헌작 등이 해당한다. 둘째, 텍스트에 명시된 규범적 예(正禮)와 현실적 상황에 바탕을 둔 俗禮가 대립하는 경우로서, 朝祖의 예를 수행할 때 영구를 받들어야 하는가 아니면 혼백으로 대신해야 하는가를 두고 논쟁을 벌인 사례이다. 사실 이는 예서의 명백한 지침에도 불구하고 전주 류씨 가문에서 행해온 독자적 예법, 곧 속례로 인해 초래된 것이었다. 셋째, 망자에 대한 애틋한 情에 의해 정례를 수용하기 힘든 상황이 발생한 경우이다.

단축, 신주에서 지방 혹은 사진으로의 변화 등 전통적인 유교적 상례의 형식을 변화시키고 간소화하는 방향을 구체화 했다. 그런데 애통을 한 경우에만 곡을 하라는 것의 명시는 한일 양국 간의 문화적 차이를 드러내는 것이라 하겠다. 일본은 우리와 달리 눈물을 보이지 않는 것이 일반적이며, 슬픔을 최대한 억제하는 것이 바람직한 것으로 여겼다. 여기서 우리의 전통상례를 일본화시키려는 일면을 엿볼 수 있다. 그리고 일본인들은 풍수지리설을 부정하고 풍수지리설에 의해 개장하는 것을 잘못된 것으로 보았다.[41]

한편, 서양인들은 우리 전통상례의 복잡한 절차와 상례비용의 과다 지출 등에 대하여 부정적이었고 비판적이었다.[42]

다음은 일제강점기 신문 자료에 대하여 살펴보겠다.

〈일제강점기 상례 관련 한국어 신문 자료 목록〉

연번	제목	기고자	신문명	게재일	게재면
1	死後葬禮는 팔천호의 친척들이 시테를 안장한다고		동아일보	1920. 05. 28.	3
2	虎疫治療方協議: 避病院에로의 隔離, 死亡者의 火葬 例를 廢止		동아일보	1920. 07 .21.	4
3	墨國의 新葬式, 뎐차로 상여를 대신		동아일보	1920. 07. 31.	3
4	埋火葬許可는 먼저 경찰의 승인 필요		동아일보	1920. 08. 08.	3
5	敎會葬으로 牛耳洞에, 손병희씨의 장례절차결뎡		동아일보	1923. 05. 20.	3
6	街上의 初冬(五) 朝鮮葬儀社		동아일보	1924. 11. 26.	2
7	葬禮式 行列 沮止타가 數百群衆 亂鬪, 미신으로 일어난 싸움, 重經傷者는 七名		동아일보	1930. 10. 09.	6

---

41 박종천, 「상·제례의 한국적 전개와 유교의례의 문화적 영향」, 『국학연구』 제17집, 한국국학진흥원, 2010, pp.374~376; 이희재, 앞의 논문, pp.578~580; 김미영, 앞의 책, pp.405~407. 그런데 일본인들은 풍수지리설을 부정하면서도 우리의 산과 대지의 맥과 혈처를 태반은 끊어 놓았다.

42 송재용, 「개화기 서양인의 한국 의례에 대한 인식과 그 의미」, pp.272~277.

연번	제 목	기고자	신문명	게재일	게재면
8	葬禮라는 喪人 낫으로 亂刺		동아일보	1931. 10. 21.	2
9	喪輿行列妨害, 大邱서 取調中: 達城張元希, 조상墓所 앞을 못 지나가게		동아일보	1932. 09. 15.	4
10	喪禮를 簡便히 하라		동아일보	1932. 11. 04.	3
11	喪禮變改案		동아일보	1933. 02. 21.	1
12	啓明俱樂部 喪禮變改案		동아일보	1933. 07. 30.	2
13	喪禮 간이화를 토의결정, 계명 구락부 총회에서		조선중앙일보	1933. 07. 31.	2

위의 자료를 보면, 화장과 상여, 상례 간소화 및 개혁 등을 언급하고 있어 우리 상례의 변화의 일면을 감지할 수 있다.

개화기에서 일제강점기까지의 상례는 개화기는 큰 변모가 없는 편인 듯하다. 그러나 일제강점기에는 일본에 의해 강제적으로 많은 변모를 하였다. 특히 1934년에 공포한 의례준칙은 결정적이라 할 수 있다. 그렇지만 우리의 전통상례는 변용은 있었지만, 쉽게 바뀌지는 않았던 것 같다.[43]

5) 제례

개화기에서 일제강점기까지 제례의 지속과 변용은 어떠했을까? 먼저 조선 후기 서울 반가의 제례, 특히 기제사와 제수를 중심으로 살펴보면, 기제사의 절차를 비롯하여 제복(祭服)과 제구(祭具) 등이 매우 정형화된 특징을 갖고 있다. 이는 조선 후기에 들어 유교가 우리의 가정 의례생활에 토착화됨으로써 우리 고유의 제례문화를 형성하게 되었기 때문이다. 그리고 제수의 경우 여성들의 부공(婦功)이 반영되는 것으

---

43 권광욱, 앞의 책, p.168.

로, 살아계신 어른이 드시는 진짓상 차림과 같이 준비한다는 것이다.[44]
그러면 개화기 때를 살펴보자.

먼저 〈담복(禫服)으로 제사를 거행한 일〉에 대하여 살펴보겠다.

예(禮)에 담복은 제사를 거행할 때 쓴다고 하였는데, 경산(經山)은 담제(禫祭) 때의 옷을 침실(寢室)에 간직해 두고서 매양 기일(忌日)을 당할 때마다 이를 입고서 제사를 거행하였다. 50년이나 되어 옷이 해져서 쓰지 못하게 되자 깁고 꿰매어 입었는데, 사람들이 다들 이 옷을 귀하게 여겼다. 나도 담복을 제사를 거행할 때 입는데, 비록 시제(時祭)를 제명(齊明)하게 하는 의절(儀節)에는 어긋나지만, 이로써 추모(追慕)하는 성의를 부친 것이다.[45]

이유원이 담복을 입고 제사를 지낸다는 내용이다. 담복은 원래 복을 다 벗는 제사인 담제 때까지 입으면 된다. 그러나 이유원은 처 백부인 정원용이 담복을 입고 제사 지내는 것을 칭송하면서, 자신도 비록 예에 어긋나지만 담복을 입고 제사를 지내는데, 이는 추모의 성의 때문이라고 하였다.

다음은 〈이씨 영당(影堂)〉과 〈선영을 성묘하다〉에 대하여 언급하겠다.

양호영당(陽湖影堂)에는 이씨 여섯 선생의 유상(遺像)이 모셔져 있는데, 이들은 모두 일찍이 제향을 받은 분들이다. 그런데 아직 사사(祀

---

44 최배영, 「조선후기 서울 반가의 제례-기제의 준비 및 제수를 중심으로」, 『유교사상연구』 제16집, 한국유교학회, 2002, pp.107~127.

45 「춘명일사」, 〈禫服으로 제사를 거행한 일〉, 『국역 임하필기 6』, 민족문화추진회, 1999, p.42.

事)를 거행하는 일이 없으니, 그 후손들이 빈한한 것을 알 수 있다. 내가 가오곡(嘉梧谷)에도 당(堂) 하나를 건립하여 조선(祖先)의 유상을 봉안하였는데, 모두 11위(位)이다. 혹은 초본(初本)을 모시기도 했고 혹은 이모(移模)하여 모시기도 하였는데, 첩책(貼册)으로 장성(粧成)하여 같은 함에 넣어서 선적(先蹟)과 함께 소장하였다. 이는 제향을 위한 것이 아니고 대체로 후세에 전하려는 나의 정성이다.[46]

위의 인용문은 이유원이 말년에 거처했던 가오곡에다 조상의 영당을 봉안했는데, 이는 제향을 위한 것이 아니라 후세에 전하려는 정성 때문이라는 내용이다. 조선시대 사대부들은 대부분 가묘를 설치하여 위패를 모셨다. 16세기 때의 인물인 이문건(李文楗)은 절에다 영당을 마련하여 조상의 영정을 봉안하고 매년 영당제를 지냈지만, 이러한 불교색 짙은 영당제는 매우 드문 경우였다.[47] 물론 여기서는 이문건의 경우와 다르지만 영당을 만들어 조상의 유상(遺像)을 봉안했다는 사실은 19세기에도 흔했던 것은 아닌 듯하다.

이번에는 〈관북(關北)의 유풍(儒風)〉에 대하여 살펴보자.

함관(咸關) 이북 지방은 가옥(家屋)이 토굴(土窟)과 같고 사람들이 짐승의 가죽을 입고 산다. 그러나 평소 유풍(儒風)을 숭상하여 남자들은 모두 글을 읽을 줄 알고 여자들은 다 길쌈을 할 줄 안다. 제사(祭祀)는 반드시 정성스레 지내되, 탁의(卓椅)를 설치하는 일이 없고 땅바닥에 척포(尺布)를 펴고 그 위에 과일과 어포(魚脯) 등의 제물을 벌

---

46 「춘명일사」, 〈이씨 影堂〉, 『국역 임하필기 5』, 민족문화추진회, 1999, pp.315~316.

47 송재용, 「묵재일기와 미암일기를 통해 본 16세기의 관·혼·상·제례」, 『한문학논집』 제30집, 근역한문학회, 2010, p.316.

39

여 놓는데, 멀리서 바라보면 마치 수달이 물고 기를 제사 지내는 것
처럼 보인다.[48]

이유원이 함경도 관찰사로 있을 때 본 것을 기록한 내용이다. 이유
원은 함관 이북 지방의 사람들이 유풍을 숭상하고 글을 읽을 줄 알 뿐
만 아니라, 제사도 정성스레 지내는데, 제사상에 진설하지 않고 제사지
내는 것에 대하여 못마땅하게 여겼다. 이로써 짐작컨대 함경도 지방에
서는 제사를 『주자가례』에 의거하여 지내되, 일부 집안에서는 변칙적
으로 행했던 것으로 추정된다.

다음은 1934년에 공포된 의례준칙에 대하여 살펴보기로 하자. 의례
준칙에 나타난 두드러진 특징은 4대 봉사를 폐지하고 조부모까지 2대
봉사로 제한한 것이다. 기제와 묘제를 제외한 나머지 조상의례를 모두
생략했으며, 음복은 제례에 참여한 사람들에게만 허용하고 이튿날 친
족이나 이웃에게 돌리는 준(餕)의 습속을 금지하였다.[49] 또 제수를 간소
하게 하고 지방 대신 사진을 제사상에 게시하자고 하였다. 이러한 변용
은 일제가 제사를 호주제와 연계시키려 했기 때문이다.[50]

한편, 서양인들도 우리의 기제사에 대하여 딱 벌어지게 상을 차려야
이웃에게 존경을 받는다는 인식과 제사상 마련으로 많은 집안들이 엄
청난 빚더미에 빠진 것에 대하여 비판하였다.[51]

그러면 이번에는 일제강점기 신문·잡지 자료를 살펴보자.

---

48 「춘명일사」, 〈關北의 儒風〉, 『국역 임하필기 6』, 민족문화추진회, 1999, p.47.

49 김미영, 앞의 책, p.407. 참고로 1934년 일제에 의해 공포된 의례준칙은 1969년 우리 정부에
   의해 제정된 가정의례준칙을 통해 이어진다. 아이러니가 아닐 수 없다.

50 이희재, 앞의 논문, pp.580~582.

51 제이콥 로버트 무스 지음, 문무홍 외 옮김, 앞의 책, p.265.

〈일제강점기 제례 관련 한국어 신문 자료 목록〉

연번	제 목	기고자	신문명	게재일	게재면
1	耶蘇敎와 祭祀問題, 耶蘇敎側의 觀察	梁柱三	동아일보	1920. 09. 04.	3
2	祭祀와 偶像崇拜, 朝鮮의 祭祀는 一神思想에 違反이 되지아니한다		동아일보	1920. 09. 10.	1
3	祭祀폐지에 대한 耶蘇敎의 主張, 진리로된 정신적도덕	梁柱三	동아일보	1920. 09. 11.	4
4	安城敎會懇親會 開催코 복음전도:基督敎와 祭祀問題	朴喜鼎	동아일보	1920. 09. 21.	4
5	祭祀問題를 再論하노라(一)		동아일보	1920. 09. 24.	1
6	祭祀問題를 再論하노라(二)		동아일보	1920. 09. 25.	1

〈일제강점기 제례 관련 일본어 잡지(朝鮮 · 朝鮮及滿洲) 자료 목록〉

연번	제 목	기고자	잡지명	권/호	수록일자	수록면
1	内鮮共通せる祭祀に就いて	星野輝興	조선	제253	1936. 06. 01.	114~125
2	朝鮮舊式의 祭祀槪要(其一)	小田省吾	조선급만주	제50권 제354호	1937. 05. 01.	79~82
3	朝鮮舊式의 祭祀槪要(其二)	小田省吾	조선급만주	제50권 제355호	1937. 06. 01.	43~45
4	朝鮮舊式의 祭祀槪要(其三)	小田省吾	조선급만주	제51권 제356호	1937. 07. 01.	53~55
5	朝鮮舊式의 祭祀槪要(其四)	小田省吾	조선급만주	제51권 제357호	1937. 08. 01.	45~49
6	朝鮮舊式의 祭祀槪要(其五)	小田省吾	조선급만주	제51권 제358호	1937. 09. 01.	58~62
7	文廟の釋尊祭儀	金完鎭	조선	제269 (祭特輯號)	1937. 10. 01.	104~118
8	李王家の祭祀	李鍾龍	조선	제269	1937. 10. 01.	82~103
9	朝鮮神宮の年中祭祀	吉田貞治	조선	제269	1937. 10. 01.	27~46
10	朝鮮部落祭	村山智順	조선	제269	1937. 10. 01.	119~131
11	朝鮮に於ける神社の祭と附帶行事	小山文雄	조선	제269	1937. 10. 01.	3~26
12	京城神社の恒例大祭	市秋弘	조선	제269	1937. 10. 01.	47~67
13	儒教以前 祖先崇拜	秋葉隆	조선	제297	1940. 02. 01.	50~55

위의 자료에서 보듯, 한국어 신문 자료에는 종교와 제사(제사폐지 포함), 제사문제를 주로 다루고 있고, 일본어 잡지 자료에는 조선의 제사 개요, 문묘 석전제의, 이왕가 제사, 조선신궁 연중제사, 조선의 신사 제사, 조선의 부락제, 유교 이전 조선(祖先)숭배 등을 다양하게 언급하고 이다. 이로써 짐작컨대 당시 한국어 신문에는 기독교와 제사문제에 대하여 관심이 있었던 것 같고, 일본어 잡지에는 조선의 구식 제사, 왕실 및 국가 제례, 신사 등에 대하여 관심을 가진 듯하다.

개화기에서 일제강점기의 제례는 개화기 때는 큰 변모가 없었던 것으로 보인다. 그리고 일제강점기의 경우, 변용은 있었지만 혼례나 상례보다는 변용이 적었다고 하겠다.

이 외 수연례의 경우, 일제강점기 한국어 신문 자료를 보면, 우리식 회갑잔치와 회갑잔치 유행풍조, 이와는 반대로 회갑연 대신 그 비용으로 수재민이나 가난한 사람들에게 구호성금을 기탁하거나 세금을 대납하는 경우 등을 언급하고 있어 그 양면성을 엿볼 수 있다.

3. 맺음말

필자는 개화기에서 일제강점기까지 일생의례의 지속과 변용에 대하여 살펴보았다. 앞에서 논의한 사항들을 종합 요약하여 결론으로 삼겠다.

개화기와 일제강점기는 격변과 굴욕의 시기요 근대화되는 시기이기도 하다. 이러한 시기에 국내외 상황이나 배경, 기독교와 천주교의 포교 활동과 서양문물의 유입, 그리고 국내의 주요 사건이나 정책, 당대인들의 인식태도 등은 우리 일생의례의 지속과 변용에 영향을 줄 수밖에 없었다.[52] 특히 일본의 조선 강점은 일생의례의 변용에 결정적인 계기가 되었다. 그런데 그 변용이 급박하게 변화하는 시대 흐름 속에서 자발적이 아닌 강압적이라는데 문제가 있는 것이다. 그럼에도 불구하고 우리 일생의례는 이 같은 상황 속에서 나름대로 지속과 변용을 하였다고 본다. 그러면 이를 출산의례, 관례, 혼례, 상례, 제례 순으로 언급하겠다.

출산의례는 대체적으로 큰 변모없이 지속되어온 것으로 보인다. 반면 관례는 개화기 뿐 아니라 단발령 이후 특히 일제강점기에 행하지 않는 사람들이 많았지만, 행하는 경우 새롭게 변용되거나 또는 혼례의 선행의식으로 약식화되거나 흡수되고 말았다. 혼례의 경우 개화기에는 일제강점기와는 달리 변모는 되었지만 크게 변모되지는 않았던 것으로 보인다. 그러나 갑오 1차 개혁과 함께 서양문물의 유입과 근대화과정, 그리고 당시의 시대적 상황과 흐름, 당대인들의 인식태도 등에서 변화는 필연적이었다고 본다. 그런데 그것이 자의에 의한 것이 아니라는데 문제가 있다. 일본의 조선 강점은 우리 전통혼례에 대한 강제적

----

52 참고로 개화기에 한국을 방문한 서양인들은 우리의 전통의례에 대해 긍정적 평가 또는 부정적 평가를 내리고 있다. 이러한 평가는 기록자에 따라 차이를 보이고 있다. 그 요인으로는 체류기간과 체험의 깊이, 성별, 정보수집 경로, 직업이나 여행목적, 식견이나 개인적 태도 등을 들 수 있다. 문제는 이들 대부분이 근본적으로 서양 중심적 사고 내지는 오리엔탈리즘 등과 같은 서양우월주의 시각을 보이고 있다는 점이다. 특히 부정적 시각의 경우 문화적·인종적·지적 우월감과 종교적 선입견 등이 작용한 때문으로 보인다. 따라서 이러한 요인들이 한국의 전통의례를 잘못 이해했던 주원인이었던 것 같다. 아무튼 서양인들은 우리 전통의례의 근원적인 의미나 본질 등에 대해서는 전문가 수준의 랜디스를 제외하고는 대부분 이해하지 못한 것으로 보인다. 그리고 서양인들이 쓴 한국의 일생의례 관련 기록물들을 검토하는 데에는 매우 신중한 접근태도가 요망된다. 그것은 기록자가 의도적이었든 아니었든 간에 소위 오리엔탈리즘과 서양 중심의 편향된 인식태도 등을 기초로 기술하였다면 상당한 위험성을 내포하고 있기 때문이다. 그리고 그리피스나 케난, 커즌처럼 민속 관련 기록물(대부분 소략)이 직접적인 관찰이나 체험이 아니라 주로 일본을 통해서 수집하여 쓴 것이라면(특히 그리피스) 굴절된 정보에 의한 기록으로 객관성이 결여된바 신빙성이 없다(일제강점기에 서양인들이 쓴 기록물 대부분이 그러한바 참고 시 주의를 요하거나 참고할 필요가 없다.)고 하겠다(송재용, 「개화기 서양인들과의 민간문화 교류: 평가와 제안-민속분야」, 『퇴계학연구』 제22집, 단국대학교 퇴계학연구소, 2008, pp.37~50).

전환이라 할 수 있다. 결국 일제강점기의 경우, 일본의 강압에 의해 우리의 전통혼례는 변용될 수밖에 없었다. 비록 일본에 의해 변용되었지만, 나름대로 개선하려는 노력도 있었고, 또 주로 지방이나 시골에서는 우리의 전통혼례를 고수하려고도 하였다. 상례는 개화기에는 큰 변모가 없는 편이었던 것 같다. 그러나 일제강점기에는 일본에 의해 강제적으로 많은 변모를 하였다. 특히 1934년에 공포한 〈의례준칙〉은 결정적이라 할 수 있다. 그렇지만 우리의 전통상례는 변용은 있었지만, 쉽게 바뀌지는 않았던 것 같다. 제례는 개화기 때는 그렇게 큰 변모는 없었던 것으로 보인다. 그리고 일제강점기의 경우, 변용은 있었지만 혼례나 상례보다는 변용이 적었다. 끝으로 짚고 넘어갈 것은 일제에 의해 비록 강제적으로 시행된 〈의례준칙〉이지만, 조혼의 습속을 없애려 했고, 번거로운 상례절차를 간소화하려고 했다는 점 등은 어찌되었든 시대적 추이로 볼 때도 나름대로 인정할 필요가 있다고 본다.

참고문헌

『국역 임하필기』 3·5·6, 민족문화추진회, 1999.

『儀禮軌範』, 충청남도, 1936.

『조선법령집람』, 조선총독부.

강병식, 「일제하 한국에서의 결혼과 이혼 및 출산 실태연구」, 『사학지』 제28집, 단국대학교 사학회, 1995.

강재철, 「개화기에서 일제강점기까지 한국 관계 민속 문헌자료 연구 방향과 의의」, 『개화기에서 일제강점기까지 한국 문화전통의 자료와 해석』, 단국대학교 출판부, 2007.

권광욱, 『육례이야기』, 도서출판 해돋이, 2000.

김미영, 「조선후기 상례의 미시적 연구-정재 류치명의 상례일기 고종록을 중심으로」, 『실천민속학연구』 제12집, 실천민속학회, 2008.

______, 『유교의례의 전통과 상징』, 민속원, 2010.

김선령, 「일제강점기 이후 한국혼례 양상의 변화에 관한 연구」, 원광대학교 동양학대학원, 석사학위논문, 2011.

김정녀, 「婚禮物目類 고문헌 자료를 활용한 민간 전통혼례 문화 연구」, 『한민족문화연구』 제38집, 한민족문화학회, 2011.

김정아·홍나영, 「1920~1950년대의 출생의례복-중부지방을 중심으로」, 『복식』 제59집, 한국복식학회, 2009.

김진효, 『儀禮備要』, 의례비요사, 1939.

김혜경, 「전통관례와 현대 성년례 복식 연구」, 성균관대학교 대학원 박사학위논문, 2008.

문숙자, 『68년의 나날들, 조선의 일상사-무관 노상추의 일기와 조선후기의 삶』, 너머북스, 2009.

박대순, 「조선시대 관례의 사적연구」, 단국대학교 대학원 석사학위논문, 1987.

박종천, 「상·제례의 한국적 전개와 유교의례의 문화적 영향」, 『국학연구』 제17집, 한국국학진흥원, 2010.

송재용, 「개화기 서양인들과의 민간문화 교류: 평가와 제안-민속분야」, 『퇴계학연구』 제22집, 단국대학교 퇴계학연구소, 2008.

______, 「개화기 서양인의 한국 의례에 대한 인식과 그 의미」, 『개화기 대외 민간문화교류의 의미와 영향』, 국학자료원, 2005.

______, 「묵재일기와 미암일기를 통해 본 16세기의 관·혼·상·제례」, 『한문학논집』 제30집, 근역한문학회, 2010.

______, 「용재총화에 나타난 민속 연구」, 『동양고전연구』 제38집, 동양고전학회, 2010.

______, 「의례와 경제-관·혼·상·제례를 중심으로」, 『비교민속학』 제27집, 비교민속학회, 2004.

______, 「임하필기에 나타난 의례 연구」, 『동아시아고대학』 제24집, 동아시아고대학회, 2011.

______, 「임란 전 의례 연구-사대부가의 의례를 중심으로」, 『동아시아고대학』 제20집, 동아시아고대학회, 2009.

신영숙, 「신식 결혼과 변화하는 결혼 양상」, 『혼인과 연애의 풍속』, 두산동아, 2005.

오지석, 「한국교회 초기 혼인관에 대한 연구」, 『기독교사회윤리』 제12집, 한국기독교사회윤리학회, 2006.

은영자, 「우리나라 혼례복의 변천에 관한 연구-개화기 이후를 중심으로」, 『과학논집』 제26집, 계명대학교 생활과학연구소, 2000.

이문주, 「주자가례의 조선 시행과정과 가례주석서에 대한 연구」, 『유교문화연구』 제16집, 성균관대학교 유교문화연구소, 2010.

이승일, 『조선총독부 법제정책』, 역사비평사, 2008.

이정숙, 「조선후기 의례서에 나타난 혼례 연구」, 원광대학교 동양학대학원 석사학위논문, 2010.

이희재, 「일제강점기의 유교의례 변화양상-1930년대 의례준칙에서의 가정의례를 중심으로」, 『일본연구』 제15집, 고려대학교 일본연구센터, 2011.

제이콥 로버트 무스 지음, 문무홍 외 옮김, 『1900, 조선에 살다』, 푸른역사, 2008.

최배영, 「조선후기 서울 반가의 제례-기제의 준비 및 제수를 중심으로」, 『유교사상연구』 제16집, 한국유교학회, 2002.

혼마규스케(本間九介) 저, 최혜주 역, 『朝鮮雜錄』(1894년 발행), 김영사, 2008.

황패강, 『한국문학의 이해』, 새문사, 1991.

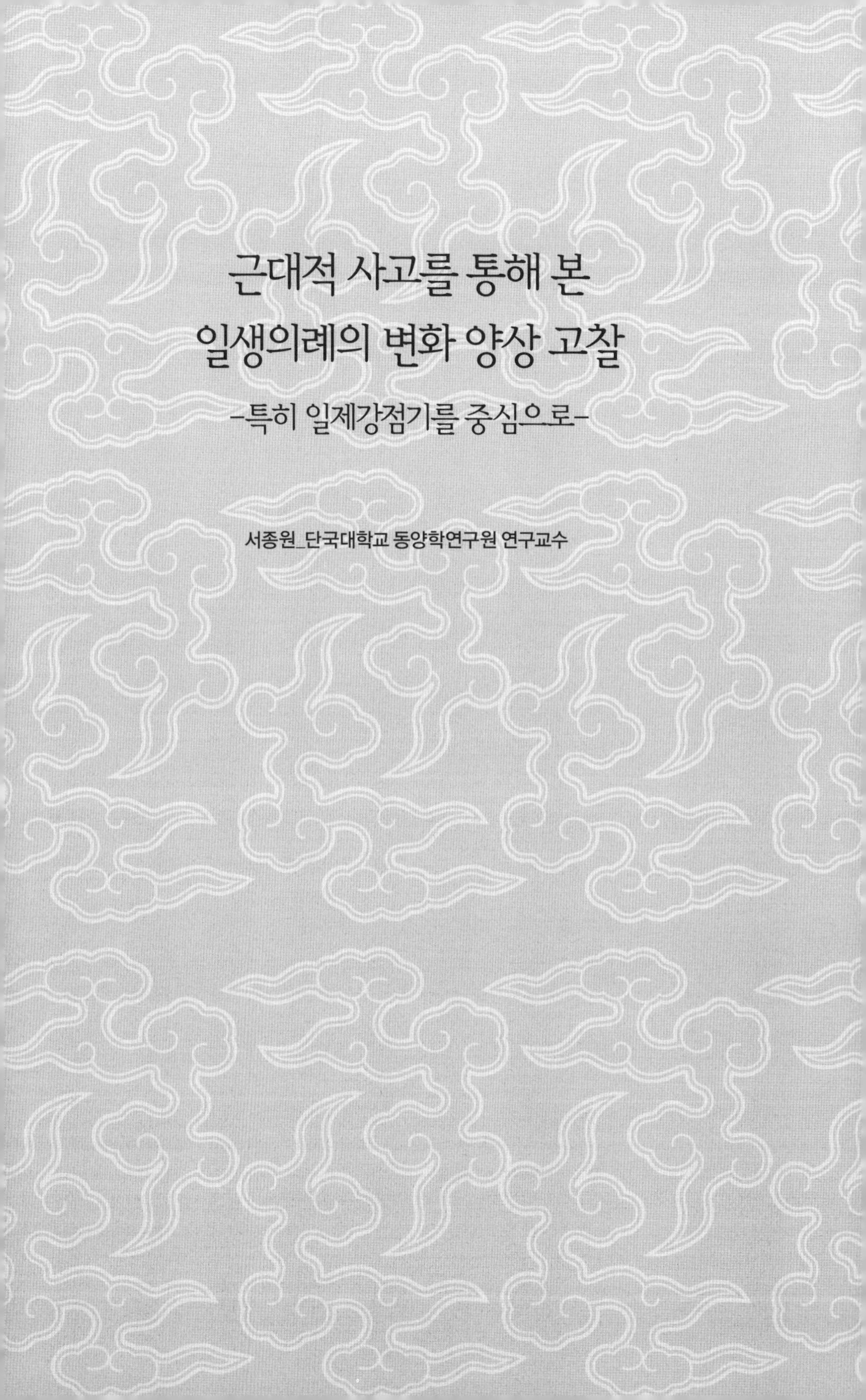

근대적 사고를 통해 본
일생의례의 변화 양상 고찰

-특히 일제강점기를 중심으로-

서종원_단국대학교 동양학연구원 연구교수

1. 서론

오랜 기간 동안 이어져 온 전통문화가 특정 시기에 오면서 변화하게된 연유는 다양한 측면에서 고민해 볼 수 있다. 시기에 따라 변화 요인들이 차이를 보이겠지만, 어떤 요인이 전통문화의 변화에 영향을 주었는지를 밝히는 작업은 결코 쉬운 일이 아닐 것이다.

이 글에서 대상으로 삼은 개화기에서 일제강점기라는 기간 동안 전통문화의 변화에 영향을 준 요인은 다양하다. 그중에서도 특히 서구에서 들어온 외래의 사상과 문물, 그리고 일제강점기라는 시대적 배경으로 인한 일본의 영향을 중요한 요인으로 꼽을 수 있다. 이 시기에 두드러진 이러한 요인들은 실제로 다양한 방면에 많은 영향을 주었고, 이 과정에서 전통문화는 많은 변화를 겪었다. 의식주와 민간신앙을 비롯해 여기에서 집중적으로 다루고 있는 일생의례 역시 마찬가지라 할 수 있다.

그렇지만 일생의례는 여타의 전통문화와 달리 지속과 변화 과정에서 이 시기 외부에서 소개된 사상이나 제도 등의 영향을 많이 받았다. 그 이유는 일생의례는 시대적 변화에 매우 민감할 뿐만 아니라 당시의 시대적 상황에 따라 절차와 의미 등이 수시로 바뀌기 때문이다. 실제로 개화기에서 일제강점기에 단발령이 생겨나면서 관례가 소멸되고 새로운 형태의 성인식 의례가 등장하였다.[1]

일생의례는 또한 일정한 규칙에 의해 행해지고, 의식과 절차가 무엇보다 중요하기 때문에 각 시기마다 시대적 상황이나 이를 행하는 사람들의 사고에 따라 많은 차이를 보인다. 전통시대의 일생의례는 절차가

---

1 민속학회, 「일생의례」, 『한국민속학의 이해』, 문학아카데미, 1994, p.171.

복잡하고 번거롭지만 현대사회에서는 좀 더 편리하거나 간소하게 의례
가 행해지고 있다는 것이 이를 잘 보여준다. 그렇다고 해서 동시대의 일
생의례가 반드시 이러한 양상으로 변한 것은 아니다. 일생의례의 개별
적인 내용과 가문이나 개인의 성향에 따라 전통의 방식을 고수하기도
하고, 그렇지 않은 경우도 있다. 따라서 특정 시기의 일생의례는 보다
다양한 형태로 변화되었을 가능성 또한 결코 배제할 수는 없다.

이 글은 이러한 내용을 참고하여 개화기에서 일제강점기까지 일생
의례의 변화에 영향을 준 주요 요인으로 근대적 사고를 소개하고, 이
로 인해 이 시기의 일생의례가 구체적으로 어떻게 변화되었는지를 살
펴보는 데 목적이 있다. 여기에서는 기존의 연구는 물론 이 시기의 실
상을 엿볼 수 있는 잡지와 신문자료를 참조하여, 일생의례의 변화에 영
향을 준 근대적 사고를 소개하고, 이를 토대로 개화기에서 일제강점기
까지 일생의례의 변화 양상에 주목하여 논의를 진행하고자 한다.[2]

물론 근대적 사고만이 개화기에서 일제강점기까지라는 기간 동안
일생의례의 변화에 영향을 준 것은 아니다. 시간이 흐르는 과정에서
자연스레 변화된 내용도 있을 수 있으며, 생업 환경이나 기타 다른 요
인으로 인해 이전 시기와 다른 양상으로 변화할 수도 있다. 또한 여러
요인들이 상호 작용하여 일생의례가 변화되었을 가능성도 결코 배제
할 수 없다. 이런 점에서 본 연구는 많은 한계를 지닐 수밖에 없다. 그렇
지만 개화기에서 일제강점기까지 일생의례의 변화를 외부 요인이라 할
수 있는 근대적 사고를 통해 이 시기에 행해졌던 일생의례의 실상을 구
체적으로 살펴보았다는 점에서 나름대로 의미가 있을 것이다.

---

2 본 연구에서는 자료를 수집하는 과정에서의 어려움을 감안하여 일제강점기라는 시기에 초
  점을 맞춰 논의를 진행하고자 한다.

2. 일생의례 변화의 주요 요인: 근대적 사고

일반적으로 일생의례 등의 예속은 외적 규범으로써 풍습을 의미하는데, 예속이 변천하는 데는 Tufts가 말한 바와 같이 경제적 노력, 과학 및 예술의 진보, 군사상의 세력 및 심리 작용 등이 원인이 되겠지만, 그 밖에 정치상의 변혁, 사회적 변혁, 외래문화의 접촉 등이 영향을 준다고 할 수 있다.[3] 따라서 특정 시기의 일생의례의 변화 양상을 살펴보기 위해서는 당시의 시대적 배경 내지 사상 등을 면밀히 분석하고, 그것이 일생의례의 변화에 어떤 식으로 영향을 주었으며, 그로 인해 당시의 일생의례가 어떻게 변화되었는지를 주목해야 한다.

한국 사회에서 근대, 특히 근대 시기의 시점에 대한 논의는 끊임없이 진행되고 있다. 조선후기 실학이 대두되기 시작한 무렵을 근대 시기의 출발점으로 보는가 하면, 강화도조약이 체결된 이후를 근대 시기의 출발점으로 보는 견해도 있다. 이 두 가지 관점 이외에도 다양한 의견이 있지만, 여기에서는 근대의 출발점에 대한 고민은 잠시 접어두고 개화기에서 일제강점기까지를 대상으로 논의를 진행하고자 한다.[4]

우리가 흔히 이야기하는 '근대'라는 용어에는 여러 가지 의미가 내포되어 있다. 19세기 서구 중엽에서 생겨난 근대화는 자유·평등·박애를 기치로 내건 프랑스혁명의 이념이 선포된 후를 말하고 있는데, 이는 산업과 기계의 가차 없는 전진이라는 자본주의의 사회·경제 변화가 야기한 충격의 산물이었다. 마샬버만은 근대화란 현대생활의 소용돌이

---

3 이규창, 「가정예속행사가 국어 고등교육에 간접적으로 미치는 영향에 관한 연구―전라북도 내 도시 농촌을 대상으로」, 『논문집』 11, 군산교육대학, 1977, p.13.

4 이 글에서 대상 시기를 근대시기로 하지 않고 개화기에서 일제강점기로 정한 이유는 바로 근대시기에 대한 논의가 활발한 연유와 관련이 있다. 아울러 다양한 형태의 근대적 사고가 개화기에서 일제강점기에 소개되거나 널리 퍼졌다는 점에서 보다 폭넓게 시기를 설정한 것이다.

를 가속화한 여러 가지 요인, 우주에 대한 인간의 이미지 변화, 자연과의 위대한 발견, 과학지식에 의한 새로운 환경의 창조, 폭발적인 인구 증가, 급속한 도시의 발전, 역동적 매스컴 체계, 관료적이고 강한 강력한 국가, 거대한 사회운동, 자본주의 세계시장에 의한 근본적인 변화로 20세기의 소용돌이를 가능케 하고, 그러한 상태를 영원히 유지하는 사회과정을 근대화라 부르고 있다.[5]

한국의 경우에는 근대로의 이행 과정에서 일상을 살아갔던 개개인들은 동양적 전통으로부터 서구적(또는 일본을 통한) 근대로의 편입이라는 엄청난 충격을 경험했다. 그렇다고 해서 후자의 압도적 영향력과 충격 앞에서 형해화(形骸化)됐다거나 또는 완전히 소멸된 것으로 볼 수만은 없다. 전통과 근대로 대표되는 양자는 어떤 방식으로든 상호 작용을 통한 서로의 변용을 거치면서 한국적 근대를 형성해 왔기 때문이다.[6]

개화기에서 일제강점기까지는 그것이 자발적이든 강제적이든 간에 다양한 근대적 사고가 지배하였다. 이들 근대적 사고는 다양한 관점에서 살펴봐야 하는데, 그 이유는 근대적 사고에는 앞서 마샬버만이 언급한 내용 이외에 다양한 것들이 포함되어 있기 때문이다.

개화기에서 일제강점기까지의 일생의례의 변화 양상을 살펴보는 과정에서 근대적 사고를 언급하는 이유는 일생의례가 당시의 사상과 제도 등의 영향을 많이 받은 것과 관련이 있어서다. 이 시기에 접한 개인주의와 합리주의, 그리고 과학적 사고 등은 분명 이전 시기에는 크게 부각되지 않은 것들이다. 여기에 근대식 학교 교육의 시작과 서양의 사상과 제도 등이 유입되면서 일생의례를 포함한 우리네 문화전통은 끊

---

5 김경일, 『한국의 근대와 근대성』, 백산서당, 2003, pp.69~70.
6 위의 책, pp.25~26.

임없이 지속과 변화 과정을 겪었다.

이 시기의 근대적 사고를 총체적인 관점에서 정리하기란 쉽지 않다. 다만 근대적 사고와 유사한 개념인 근대성이라는 용어를 통해 근대적 사고를 정리할 수는 있다. 여기에서 말하는 근대성은 자아의 확실성, 논리 중심주의, 합리성, 단일 체계의 확신, 수학적 정밀성, 인권, 개인주의 등으로 설명된다.[7] 전통시대에서 볼 수 없었던 각종 제도와 사상 등도 이 범주에 포함시킬 수 있을 것이다. 가령 제도의 경우 이 시기에 등장한 태양력을 들 수 있는데, 태양력이 소개되면서 음력으로 지내던 제사가 줄어들었다는 것이 근대적 사상과 제도가 유입됨으로 인해 일생의례가 변화된 하나의 예이다.[8] 사상의 경우에는 앞서 언급한 내용 이외에 이 시기 외부에서 소개된 서양의 종교 등이 있다.

근대적 사고의 개념과 범주는 논의가 더 필요한 부분이지만 근대시기 일생의례의 지속과 변화 양상을 살펴보기 위해서는 무엇보다 근대적 사고의 하나인 '합리화(혹은 합리성)'를 반드시 주목해야 한다.

일반적으로 합리화란 우리의 삶에 이성(理性)을 적극 활용하는 것을 말한다. 여기에서 이성의 활용은 다시 두 가지 측면에서 고민할 수 있다. 하나는 이성적 인식으로 주술적·신비적 측면으로부터 탈피하여 생활을 합리화하는 것을 말한다. 예를 들면 질병을 마귀나 원혼 등의 소행으로 단정하고, 기도나 굿을 하던 것에서 벗어나 과학적으로 접근하는 것이다. 다른 하나는 이성적 계산으로 최소의 노력(고통)으로 최대의 효과(쾌락, 행복)를 얻고자 하는 것을 말하는데, 이는 근대적 효율성의 관념이다. 그리고 근대적 효율성의 관념은 두 측면에서 사회를 근본적

---

7 정대현, 「머리글」, 『근대성과 한국 문화의 정체성』, 철학과 현실사회, 1998.
8 宋鎭禹, 「陰曆祭祀를 陽曆으로」, 『별건곤』 26, 1930. 2. 1, p.78.

으로 변화시켰다. 전자는 과학 기술에 의해 뒷받침되는 상공업 중심의 사회를 초래한 것이요, 후자는 기존의 명분론적 사고방식을 비능률적인 것으로 단조하고 경쟁의 체제로 사회를 재편하는 것이다.[9]

이러한 관점에서 볼 때 개화기 이전 우리의 전통문화는 비합리적일 뿐만 아니라 개혁 혹은 개선해야 할 대상으로 인식되었다. 개화기에서 일제강점까지는 이러한 모습을 비교적 여러 분야에서 확인할 수 있다. 흰옷을 입지 못하게 한 사례, 전통적으로 행해오던 풍습이 없어지고 새로운 풍습이 생겨난 사례 등이 이러한 사고의 영향이다. 이 시기의 일생의례 역시 이런 흐름과정에서 많은 변화가 있었다. 일생의례의 절차를 간소화하는 것이 대표적인 사례이다. 또한 합리적 사고가 등장하면서 이전 시기와 달리 의식 비용을 줄이고자 노력하기도 했다. 이 시기에 자주 언급되었던 '허례의식(虛禮儀式)의 철폐'도 합리적인 사고의 영향이라 할 수 있다.

다른 한편으로는 일제강점기 일본이 주도적으로 진행한 문화운동도 합리적 사고의 영향을 받았을 가능성이 높다. 이 운동은 초창기 개조의 중요한 목표를 '현대문명의 수립' 같은 추상적이고 일반적인 방식으로 설정하였다. 개조의 목표를 위한 방법으로는 낡은 사회의 관습과 가치를 개혁하면서 다른 한편으로는 신사상, 신지식을 수용·보급하고 근대적 교육제도를 수립하며 산업과 실업을 진흥할 것을 주장하였다. 1920년대 전반기의 문화운동에서는 전통은 근대의 달성을 위하 장애로 인식되었는데, 근대를 열렬하게 추구한 만큼이나 전통은 혐오했기 때문이다. '구악(舊惡)한 사회를 벗고 신선한 사회를 作'한다는 표현에

---

9 이상익, 「한국 사상에 있어서의 근대성의 발흥」, 『한국사회와 모더니티』, 이학사, 2001, pp.12~13.

서 보듯(동아일보, 1920년 4월 7일, "世界改造의 劈頭를 當하야 朝鮮의 民族運動을 論하노라")이 낡은 것과 새로운 것의 대조는 선과 악이라는 윤리적·도덕적 가치판단으로 발전했던 것이다. 계급주의자들의 계급에 대한 맹목적 추종과 유사한 방식으로 문화운동자들의 근대에 대한 일방적인 추구가 나타났다고 할 수 있다.[10] 이 과정에서 전통적으로 행해졌던 일생의례의 문화전통이 소멸되거나 개혁 혹은 개선의 대상으로 인식되는 경우가 많았다. 아래의 기사를 통해 당시에는 개선 작업이 쉽지는 않지만, 시대의 변천이므로 반드시 순응해야 할 내용임을 알 수 있다.

> 大體數千年傳來하야 오는 風習을 一朝一夕에 改善하기는 용이치못한 일이지만, 시대의 變遷이라는 것을 考慮하야 어대까지는디 그 世代에 順應한 風習을 짓지안으면 안될 것이다.[11]

개화기에서 일제강점기에 볼 수 있었던 근대적 사고 중에서 일생의례 관련된 것으로 개인주의와 자유주의를 들 수 있다. 두 사상은 모두 서구에서 주창하던 평등사상과도 관련이 있는데, 이들이 등장하게 된 연유는 개화기에 본격적으로 시작된 서구식 교육의 영향을 무시할 수 없다. 자유주의는 외부적인 구속 등에 얽매이지 않고 자기 마음대로 행동하는 것으로, 그 어떤 속박이나 강압에 구속되지 않아 몸과 마음이 자유로운 상태를 말한다. 이 사상은 특히 이 시기 혼례문화에 영향을 주었다. 이전의 전통 혼례에서는 찾아 볼 수 없었던 자유연애가 등

---

10 김경일, 앞의 책, p.40.

11 金合羅 외, 「生活改善과 具體案」, 『新東亞』 2권 11호, 1932. 11. 1, p.481.
     이 글은 생활개선의 목표로 婚禮 및 잔치를 어떤 식으로 개선해야 하는지를 소개하고 있다.
     이 내용은 혼례의 개선을 이야기하면서 지은이가 마지막 부분에서 언급한 글이다.

장했다는 점이 대표적인 사례이다.

개화기에서 일제강점기까지 자주 언급된 또 다른 근대적 사고에 과학적 사고가 있다. 그리고 이 사고와 관련된 위생(衛生) 역시 이 시기의 일생의례를 살펴보는 과정에서 반드시 주목해야 할 내용이다. 과학적 사고의 등장은 과학적 측면에서 우리의 전통문화를 분석하는 것이지만, 종교 현상으로 굳게 믿었던 내용이 과학적 사고로 인해 미신으로 여겨진 사례를 이 시기에 쉽게 확인할 수 있었다. 출생의례를 예로 들면, 아이를 갖기 위해 석장승의 코를 떼어 먹거나 신주를 먹는 행위는 근대시기 이전에는 절대적인 것이라 믿었지만, 과학적 사고가 등장하면서 그러한 행위들을 모두 미신으로 판명되었다.

개화기에서 일제강점기 사이에는 위생 문제에 대해서도 관심을 갖기 시작하였다. 당시에 대두된 위생에 대한 관심은 특히 음식문화의 변화에 많은 영향을 주었는데, 「飮食物의 防腐及貯藏法」(C.R生, 『新世界』 2권 8호, 1914. 8), 「雨期의 衛生」(白冠生, 『新女性』 4권 8호, 1926. 8) 등의 기사에서 이런 모습을 확인할 수 있다. 일생의례적인 측면에서의 위생은 상장례(喪葬禮)의 변화에 지대한 영향을 주었다. 시신(屍身)을 위생적으로 처리하기 위해 새로운 형태의 장묘문화가 등장한 사례나 제사상에 차려놓은 음식이 위생적으로 문제가 없는 것인가에 대한 관심이 높아졌다는 사실이 이를 잘 보여준다.

개화기에서 일제강점기까지에 대두된 또 다른 근대적 사고는 이 시기 외부에서 유입된 서양의 종교이다. 이들 종교의 경우는 조상숭배사상과 관련된 제례·상례의 변화에 영향을 주었다. 당시의 신문 기사에서 이런 양상을 종종 볼 수 있다. 기독교와 천주교의 영향으로 전통적으로 행해오던 제사를 지낼 것인가 말 것인가를 논하는 내용이 주요 골자이다.

　　근대적 사고가 도입되면서 종교단체와 청년회 등에 의해 주도적으로 진행된 여러 형태의 계몽운동도 일생의례의 변화에 영향을 주었다. 이 시기에 활발했던 생활개선운동이 대표적 계몽운동이다. 생활개선운동의 목표는 참되고 선하고 아름다운 가정생활과 사회생활이었다.[12] 일제강점기 대표적인 여성운동가인 고황경은 여성들의 생활개선은 옥외노동을 통해서가 아니라 여성이 가정생활을 통해 정리 정돈, 합리적 소비, 절약과 검소, 저축을 지향하는 마음을 가지고 실천함으로써 실현될 수 있다고 생각했다.[13] 당시 활발하게 진행된 생활개선운동은 일생의례 변화에 적지 않은 영향을 주었다. 1929년부터 전개된 조선일보의 다섯 가지 생활개선운동 항목에는 허례폐지운동이 포함되어 있었다는 점이 이를 증명한다.[14]

　　일생의례의 이러한 움직임은 종교단체의 생활개선 운동의 경우도 마찬가지였다. 1931년 감리교에서는 교회 내의 정치, 경제농촌사업을 포함 도덕과 사고 개선을 도모하기 위해 혼상(婚喪)에 대하여 허례 금지를 각 지방 절제부에서 실행하도록 하였다.[15] 이 시기에 발간된 『생활개선의례요감』(1935)과 『의례요감』(1937)에도 '용비폐지에서 혼수폐지, 상차림 절약, 상차림에 대한 보답폐지, 각종 예물폐지, 신부혼수품절약, 동상례를 폐지한다.'[16]는 내용이 실려 있다.

---

12 고황경, 「조선여자생활개선책」, 『조광』 6-5, 1940, p.166(김성은, 「일제시기 고황경의 여성의식과 가정, 사회, 국가관」, 『한국사상사학』 36, 한국사상학회, 2010. 12, p.450에서 재인용).

13 김성은, 위의 논문, p.452.

14 나머지 4개의 항목은 단발운동, 건강증진운동, 상식보급운동, 소비절약운동이다.

15 윤은순, 「1920~30년대 한국 기독교 절제운동」, 숙명여자대학교 박사학위논문, 2008, p.153.

16 김선령, 「일제강점기 이후 한국 혼례 양상의 변화에 관한 연구」, 원광대학교 동양학대학원 석사학위논문, 2010, pp.31~32.

또한 일제강점기에 여러 지역에서 진행된 소비절약운동도 일생의례의 변화에 영향을 주었다. 소비절약운동에서는 혼상(婚喪)비용의 허례를 폐지하고, 가급적 물자를 아껴 의례를 행하도록 하였다. 일부 종교단체에서는 상한액을 제시하여 일생의례를 행할 경우에는 반드시 그 액수를 지킬 것을 당부하였다. 그런데 이러한 소비절약운동은 1920년대 후반 경제적으로 몰락한 조선을 구제할 자구책의 일환으로 진행되었다.[17] 소비절약운동 역시 일정 부분 생활개선운동과 관련이 있는데, 이 운동 과정에서 절제의 범위와 내용이 더욱 확장되었을 뿐만 아니라 절제운동이 당시의 사명으로 인식되었다.

(전략) 개인의 인격이 파멸되고 가정이 불화하여 사랑 없는 지옥을 이루며 사회의 질서를 문란케 하여 모든 인류가 아울러 패망의 길을 밟게 되는 것은 절제의 생활을 하지 못함으로써다. 절제의 생활이라면 술을 마시는 것이나 담배 뿐 아니라 더 나아가 글자의 의미와 같이 모든 생활에 전절치 못하고 규범에 어그러지는 모든 행동을 다 개량하는 것이 절제운동의 사명이라 하겠다. 그런즉 공사창폐지, 극치의 호화로운 생활방지 상호간에 비용 많이 들이는 폐해, 도박, 오락에 너무 치장하는 것 음일 방탕한 모든 것을 우리는 규탄하고 그 림자까지 끊어버리기 위해 힘쓰자.[18]

한편 당시 농촌을 대상으로 펼쳐진 '농촌진흥운동'은 색의 보급, 관혼상제의 간소화, 단발장려, 금주금연, 도박금지, 미신타파 등 생활개

선사업이 주를 이루고 있었다. 이는 1930년대 조선일보와 동아일보가 추진하던 학생 중심의 계몽운동(문맹퇴치 운동)과 흡사하였는데, 특히 색의보급에 치중하였다.[19]

물론 이러한 변화는 식민지라는 시대적 상황을 감안하여 이해할 필요가 있다.[20] 특히 일본은 정책적으로 우리의 일생의례 전반을 관여했는데, 1934년에 자기들의 입맛에 맞게 '의례준칙'을 뜯어 고친 것이 대표적인 사례이다. 이 준칙을 만든 조선총독부는 다음에서 보듯 전통적인 사례에 근거를 둔 의례준칙을 만들고자 하였다.

> 생활양식 중 각종 의례와 같은 것은 구태가 의연하여 오히려 개선할 여지가 적지 않다. 그중에서 혼장례 세 가지 형식 관례와 같은 것은 지나치게 繁文縟禮하여 (중략) 엄숙하여야 할 의례도 종종 형식의 末節에 拘泥되어 그 정신을 망각하지 아니할까 우려될 정도에 이르렀다. 지금에 와서 이를 革正改革하지 않으면 민중의 소실을 예측할 수 없을 뿐만 아니라 지방의 진흥과 국력의 신장을 저해하는 일이 실로 적지 않을 것이다.[21]

그런데 개화기에서 일제강점기까지, 특히 일제강점기에 일본이 의례준칙을 만들었던 이유는 앞서 언급한 바와 같이 단순히 근대적 사고의

---

19 양영환, 「1930년대 조선총독부의 농촌진흥운동」, 숭실대학교 대학원 석사학위논문, 1988, p.14.

20 한국의 근대는 식민지화와 더불어 시작됐다는 사실, 다른 말로 하자면 한국에서 근대화는 일제 식민지 경험을 매개로 도입되고 정착됐다는 사실은 근대와 근대성의 양상에서 한국사회의 독특한 성격과 지향을 부여했으며, 이는 이후 전개된 근대화과정에도 지속적인 영향력을 행사했다. 한국사회에서 일본을 통한 근대의 수용은 근대의 부정적 속성은 모두 일본이라는 변수로 귀속시켜 생각하는 경향을 낳았다(김경일, 앞의 책, pp.38~39).

21 박태호, 『장례의 역사』, 서해문집, 2006, pp.186~187.

영향만은 아니었다. 이들이 의례준칙을 통해 얻고자 했던 것은 전시지원체제를 마련하기 위해 물자를 절약하고 인력을 동원하기 위한 목적이 강하였다.[22] 일생의례를 포함한 한국의 전통문화를 부정하거나 미개한 것으로 인식하여, 우리의 것을 말살하고자 하는 의도도 결코 무시할 수 없다. 더불어 한국인들의 의식 개혁[23]을 통해 그들이 원하는 방향으로 한국을 통치하고자 했던 측면도 일생의례의 지속과 변화를 살펴보는 과정에서 함께 고려해야 할 내용이다.

3. 근대적 사고로 인한 일생의례의 변화 양상

개화기에서 일제강점기까지는 시대적 상황을 놓고 볼 때 일생의례의 변화가 여느 시기보다 활발하였다. 전통적인 일생의례가 이 시기에 변화한 연유는 앞서 살펴본 근대적 사고가 지대한 영향을 준 것은 사실이지만, 그렇다고 해서 이것이 절대적이라 할 수는 없다.

그럼에도 불구하고 개화기에서 일제강점기까지의 일생의례는 근대적 사고의 영향으로 인해 많은 변화가 있었던 것은 사실이다. 물론 일생의례라는 내용이 다양하기 때문에 구체적으로 어떤 연유로 어떻게 변화되었는지는 추정하기가 쉽지 않다. 다만 앞서 간략하게 소개한 바

---

22 위의 책, pp.188~189.

23 의식 개혁의 가장 단순한 사전적 의미는 의식을 개혁하는 것, 즉 사람의 생각을 새롭게 뜯어 고치는 것이다. 사회심리학의 여러 개념들 중에서 여기에 가장 가까운 것도 태도변화, 즉 태도를 변화시키는 것이라고 할 수 있다. 전통적으로는 태도라는 개념 안에 태도대상에 대한 인지적인 정보(예: 담배는 몸에 해롭다)와 감정적인 평가(예: 나는 담배가 싫다) 그리고 그 대상을 향한 행동(예: 나는 담배를 피우지 않는다)까지를 모두 포함시켰으나 최근에는 이 중에서 감정적인 평가에 초점을 둔 정의가 유행하고 있다(나은영, 「의식개혁에 장애가 되는 문화적 요인들: 체면과 동조」, 『한국심리학회지: 사회문제』 2-1, 한국심리학회, 1995, p.34).

와 같이 근대적 사고로 인해 이 시기의 일생의례는 많은 변화가 있었던 것은 사실이다.

이 시기의 일생의례의 변화에서 주목해야 하는 내용은 전통적으로 행해져 오던 일생의례가 소멸되거나 이전에 볼 수 없는 양상으로 변화되었다는 점이다. 모든 일생의례가 이러한 흐름으로 변화된 것은 아니지만 전통 방식으로 행해오던 일생의례 가운데는 이 시기에 오면서 사라진 것들이 적지 않다. 전통적으로 행해져 오던 일생의례가 개화기에서 일제강점기 사이에 소멸된 연유는 근대적 사고의 영향과 식민지 시기의 시대적 배경이 절대적이라 할 수 있다. 이런 양상과 달리 일부 일생의례의 경우는 생업 환경의 변화와 맞물려 자연스레 소멸되기도 하였다. 농경을 기반으로 행해졌던 성인식인 '꽁밥' 풍속이 대표적인 경우이다.

> 꽁밥은 공밥(公食)이라는 말의 잘못으로 농경을 중심으로 한 전통사회 농촌에서 행하던 성인식이다. 즉 꽁밥을 먹는다는 것은 어린 농부가 성년이 된 것을 축하하는 잔치이다. 꽁밥 의식을 치르고 나면 어린농부는 실농부(實農夫, 어른농부)가 되는 것을 의미한다. 꽁밥 의식은 선배 농부와 손님이 참여하여 주로 음력 칠월 백중 무렵에 행하는데, 의식은 마을의 수령이 진행한다. 수령이 "아무개가 오늘부터 꽁밥을 먹게 되었소."라 외치고 그 사람의 약력 등을 소개하면, 모인 사람들로부터 공식적으로 성인으로 인정을 받는 것이다. 그런 역사를 지닌 이 의례는 백중날이 약화되고 산업화가 진행되면서 자취를 감추었다.[24]

---

24 이 의례에 대한 자세한 내용은 白花郎, 「업서진 民俗-꽁밥」, 『朝光』 2권 7호, 1936. 7. 1,

전통적으로 행해오던 일생의례가 다른 양상으로 변한 경우도 있지만, 새로운 것이 등장하여 기존의 것을 대체한 경우도 있다. 상여에 운구를 운반하던 풍속이 차량이 등장하면서 차로 운반했다는 내용이 그것이다.[25]

개화기에서 일제강점기 사이에 일생의례가 이런 양상으로 변화하게 된 연유는 전통의 일생의례를 비합리적 혹은 비과학적으로 보는 당시의 인식과도 관련이 있다.[26] 특히 일제강점기에는 이 사고가 지배적이었는데,[27] 이런 연유로 전통적으로 행해오던 일생의례 중에서 이 시기에 소멸된 것들이 적지 않다. 상여를 매던 일반역군들에게 나눠주던 떡 문화를 유치한 것으로 보고 이 풍습을 없애고자 했다는 사례가 이를 잘 보여준다.

평북귀성군지대에는 종래로부터 여러 가지 폐풍악습이 만혼중 상례시에 일반역군에게 떡을 꼬치에 꾀에 주는 일과 소상시에는 상사에 사용한 역군들에게 만흐 떡을하야 돌리는 낫븐 풍속이아지 곧 만허 이것은 유치한 시대에 잇든 박풍일뿐아니라 경제상 마흔 손실이

---

pp.203~207 참조.

25 그렇지만 이러한 것들이 절대적으로 근대적 사고의 영향이라 단정할 수는 없다. 보다 다양한 측면에서의 고민이 필요하다. 근대시기에 외부에서 다양한 문물과 제도 등이 소개되면서 자연스레 이러한 양상으로 변화되었을 가능성도 있기 때문이다.

26 이런 양상은 일생의례에만 국한된 것은 아니다. 다른 전통문화 역시 이러한 성향이 강하였다. 가령 전통적으로 행해오던 우리의 민간신앙을 미신으로 보는 사례 등이 그것이다.

27 근대화 과정 속에서 서양문물의 도입과 새로운 교육의 전파로 인한 결과 의식주 생활과 더불어 사고에 있어 많은 변화를 가져왔다. 의례에 있어서의 변화는 일제강점기 때 우리의 전통문화를 유린당한 영향이 크다고 할 것이다. 조선총독부에서는 사회진보 발전과 더불어 민간의 풍습이 점차 혁신되고 있는 것에 비해 각종 의례에 대한 개선 여부를 이야기하며 오랜 인습으로 인한 각종 문제의 폐해를 지적하여 형식에 구속되어 그 정신을 망각한다 하여 이를 부흥시키고자 한다는 취지를 밝히며 의례준칙을 발표하였는데 이는 우리의 전통문화를 유린시켜 껍데기로 만들려는 구실로 보여진다(김선령, 앞의 논문, p.28).

러하야 일반의 비난이 만하오든바 동군읍내에서는 유지들의 발기로 이것을 폐지코저 좌우부동약을 조직하고 일반에게 시행하야오는바 그 성적이 량호하다하며 머지 안흔 장래에 전군적으로 폐지되리라 하야 일반은 그동약의 실행성적을 주목한다는 바 창자동동약에서는 관혼상제의 경비를 극히 절약시키기에 힘쓰리라 한다.[28]

위의 기사를 통해 엿볼 수 있듯이 전통적으로 행해져 오던 일생의례가 소멸되는 과정에서 자주 언급되던 것이 바로 '폐풍악습'이다. 근대적 사고의 관점에서 볼 때 상례 시에 꼬치에 떡을 꿰어 역군들에게 많은 떡을 돌리는 것은 유치한 시대의 박풍이자 경제상 많은 손실을 가져올 수 있기 때문에 이 풍습이 없어져야 한다는 것이다. 실제로 당시에는 전통적으로 행해오던 일생의례 자체를 폐습(弊習) 내지 악습(惡習)으로 규정하고, 이를 어떻게 개혁할 것인가에 대해 많은 논의가 있었다. 혼례문화에서는 조혼(早婚) 풍습을 없애야 할 대상으로 인식하였다.

(전략) 우리 조선에도 아즉 완고한 관습을 타파치 못하고서 남녀가 열서너덧살만 되면 결혼을 식히는 사람이 향촌에 검성드뭇하니 인도의 조혼을 숭불형편도 아니고 속이 쓰린 일이올시다. 조혼으로 인하여 인도조선 두 나라가 세계에서 호평을 얼마나 받엇는지는 의문이니 필자의 천견으로는 亡國이 두자밖에는 발견한 것이없음이다. 조혼의 폐단은 참으로 많으니 부부불화 리혼속출 여자간음 남자방탕 남편독살 기타의 여러 가지 범죄와 폐단이 조혼 때문에 이러남이

---

28 「龜城邑內有志 串餅廢止同盟 종래의 못된 풍속이라고 冠婚喪祭의 濫費도 금지」, 『동아일보』, 1930. 11. 26.

얼마나 많습니까 필자는 독자제현은 이 조혼타파의 선구자가 되시
기 바랍니다.[29]

위의 사례에서도 알 수 있듯이 이 시기의 일생의례 변화에 영향을
준 근대적 사고가 바로 합리적 사고이다. 합리적 사고에서 볼 때 당시
우리의 일생의례는 지나치게 허례의식을 강조하는 측면이 강하였다.
실제로 전통적으로 행해져 오던 우리의 일생의례를 허례로 간주하여
개혁이나 없애야 한다는 주장이 당시의 신문과 잡지에 자주 등장하였
다.[30] 이점은 또한 일제에 의해 만들어진 가정의례준칙(1934)의 동기(목
적)를 통해서도 확인할 수 있다.

일반생활양식 중 각종 의례가 지금에 와서는 구태의연하고 개선할
바가 없고 그 가운데에서 혼장례가 지나치게 繁文縟禮 형식과 절차
에 얽매여 정신을 잃어버릴 것이 우려되고 (생략) 이런 점은 고치지
않으면 민중이 잃어버릴 것이 많을 뿐만 아니라 지방의 진흥과 국력
의 신장을 고치지 않으면 민중이 잃어버릴 것이 많을 뿐만 아니라
지방의 진흥과 국력의 신장을 저해하는 바가 적지 않을 것이다. (생
략) 구습을 조사하고 (생략) 시대의 흐름에 따르고 서민에 비추어서
형식을 간소히 하고 정신에 중점을 두어 (생략) 이와 같은 준칙을 얻
게 되었다.[31]

---

29 李壽童, 「兒童의 早婚의 弊習을 숯치라-印度의 早婚奇風과 朝鮮」, 『실생활』 3권 6호,
1932. 6.

30 劉英俊의 「虛禮를 廢하라」(『별건곤』 28호, 1930. 5)가 대표적인 기사이다.

31 이진우, 「한국사회 장묘관행 변화의 추세 연구」, 고려대학교 대학원 석사학위논문, 2004,
pp.38~39.

이 준칙이 만들어진 이후 일제강점기의 상·장례는 전통적인 방식보
다 비교적 간소한 형태로 바뀌었다.[32] 그리고 효과적으로 상례문화를
바꾸는 안(案)이 신문 지상에 소개되기도 하였다.[33] 이 시기의 이러한
인식은 외국인의 경우도 마찬가지였던 것으로 보이는데, 경신학교장
쿤쓰씨가 본 당시 한국의 일생의례를 통해 이를 엿볼 수 있다.

조선 혼상례의에 대하야 반듯이 개입할만한 점에 관하야서는 조선
의 풍속을 잘 알고 잇지 아니한 외국사람으로서는 함부로 말할 수
없을 것입니다. 나로는 조선풍속 중에서 가장 중요한 이두가지 예식
에 대하여 될 수 잇는 대로 속히 간단하고도 영원히 기념할 수 있는
례식이 새로히 발표되기를 바랍니다. 내가 몇 번 피상적으로 남본 바
를 소감으로 말한다면, 조선의 혼상례의는 물론조선의고유한 민풍
도 포함되었겠지마는 그 례식은 다소 옛날 중국의 예식을 모방한 점
이 많은 것 같습니다, 옛날 조선사회에 적함하엿을느지 몰으겠습니
다마는 오늘 조선사회에서는 아마 적합지 않은 것 같습니다. 즉 재례

---

32 근대시기 가정의례준칙으로 인해 발생한 외형상의 변화 중 가장 두드러지는 것은 역시 의례
절차의 간소화로서 소절차에 해당하는 부분들이 많다. 예를 들면 초혼, 소괭, 설치철족, 반
합, 금식, 문상, 천구, 조전, 부제, 소상, 대상, 담제, 길제 등이 행해지지 않는다(김시덕, 「현대
한국상례문화의 변화 한국문화인류학」, 『한국문화인류학』 40-2, 한국문화인류학회, 2007, p.339).
한편, 1932년 11월 4일 『동아일보』에 실린 「喪禮를 簡便히 하라」의 기사에는 당시의 우리나
라의 상례문화에서 간편히 할 수 있는 것과 그 방법에 대해 간략하게 소개되어 있다.

33 「喪禮變改案」(『동아일보』, 1933. 2. 21), 「啓明俱樂部 喪禮變改案」(『조선중앙일보』, 1933. 7.
31)이 대표적인 기사인데, 후자의 신문 내용을 소개하면 다음과 같다.
지난 이월십팔일 계명구락부총회에서 상례변개안이 제출되어 이에 대한 전문위원들이 연
구를 거듭하고 잇드니 이십구일 오후 시내국일관에서 동구락부총회를 열고 이 변개안을 결
정하였다. 그 요지는 喪期와 服期를 단축하되 일등복과 이등복 삼등복으로 구분하야 일등
복은 백일, 이등복은 삼십일, 삼등복은 십일로 정한 것이다. 그 외에 성복과 상장 복제장의
습과염, 성복 영좌 장지와 장일 발인 운구체 제수 합배 등에 편한 것 등 전후 이십팔조의 성
문으로 된 것도 전기○과 같이 결정한 것이다.

의 구식은 너무나 복잡하며 비경제적입니다. 원래 혼상례의란 엄숙한 테에 의의가 잇습니다. 이러한 눈으로 볼 때 마땅이 현실 조선에 족합한 새로운 례식을 만들러내는 것이 좋을 듯 싶습니다. 신식혼상례의는 현실중국에서도 많이 유행하는 것 같습니다만는 그것이 우리 동양사회에서 적합하는지요?[34]

그런데 이 시기 일생의례가 위에서 소개한 바와 같이 간소한 형태로 변화할 수 있었던 연유는 근대적 사고의 영향이 크다. 하지만 전쟁준비로 인해 전통적으로 행해져 오던 일생의례의 허례의식을 줄이고, 의례를 간소한 형태로 바꿔나가고자 한 일본의 의도도 결코 무시할 수 없다. 따라서 식민지 시기의 일생의례의 변화 양상을 심도 있게 살펴보기 위해서는 당시 일본의 정책도 함께 고려해야 한다.

어찌 되었든 개화기에서 일제강점기에는 허례의식을 없애고 비교적 검소하거나 혹은 실용적으로 의식을 행하고자 하였다. 이런 내용의 기사가 신문에 자주 등장했는데, 이들 기사들 대부분은 의식을 행하는 형식보다는 행하는 사람의 내면의 중요성을 강조하였다. 아래 두 개의 기사는 당시의 이러한 모습을 구체적으로 보여준다.

(전략) 관혼상제는 개인일가의 사적문제일 뿐만 아니라 도덕상으로 보아도 단순한 형식적 의식이 불고할 것이 아닌가. 그럼으로 모든 의식을 될 수 있는 대로 簡約하게 輕便하게 거행하고 절대적으로 幣文褥禮를 廢址하는 것이 경제적절약과 정력적 집중으로 보아서 최대

---

34 「外人눈에비친 조선의 婚喪禮儀」, 『동아일보』, 1934. 1. 2.

급무가 될 것은 知者를 不特하여도 可測할 바가 아닌가.(후략)[35]

풍속이나 습관은 제각기 다르겠지만 어느 나라 어느 지방을 물론하고 이런 때의 사람의 생각은 다 마찬가지일 것입니다. 물건이 무엇이든지 진정에서 우러난 것으로 바드편에서 반가히 여인 것면 그만일 것입니다. 구체적 물건의 일흡을 말할 수 없는 것은 아니나 그렇다면 결국 이 세상에 있는 물건 일흡을 전부말해야 할 것입니다. 한 가지 조건으로는 기념될 물건 그것이 조켓지요 내경험으로도 먹어 없새는 음식이라든지 혹은 옷이라든지 그런 종류의 물건보다는 오래가도 업서지지 안코 기념될만한 것이 나흔 것 갓습니다. 그런 것을 실용품속에서 택하시면 조켓지요.[36]

개화기에서 일제강점기까지의 이러한 사고는 결혼식 등에서 주고받는 선물에도 영향을 주었다. 전통시대와 달리 이 시기에는 결혼식 등에서 주고받는 선물은 싸면서도 실용적인 것이 좋다고 홍보하는 경우가 많았다. 그중에서도 그림이나 글씨를 보내거나 꽃도 좋은데, 중요한 사실은 자기 분수에 벗어나지 않고 마음에서 우러나온 것이라면 무엇을 주고받던지 상관이 없다고 하였다.[37]

근대시기 일생의례의 변화 과정에서 합리적 사고가 여러 가지 영향을 준 것은 사실이지만, 전쟁을 준비하던 일본의 입장에서는 일생의례 과정에서 소모되는 비용을 줄이고자 이러한 내용을 담은 기사를 신문

---

35 「弊習 陋慣부터 개혁하자 2-관혼과 상례」, 『동아일보』, 1926. 9. 12.

36 「관혼상제에 주고 받들 물건은 무엇이적당할까 5-기념될 물건」, 『매일신보』, 1935. 6. 4.

37 「관혼상제에 주고 받들 물건은 무엇이적당할까 2-자기분수에만 넘치지 안케 稅等級級別 딸어」, 『동아일보』, 1931. 10. 30.

에 실었던 측면도 배제할 수 없다. 어떤 연유로 이런 내용이 신문에 실렸는지 알 수 없지만, 중요한 사실은 이러한 분위기가 널리 확산되면서 많은 사람들이 일생의례를 행하는 과정에서 소모되는 비용을 최대한 절약하고자 한 것으로 보인다.[38] 실제로 1930년대에 실린 기사를 보면 당시 가계 부채의 주요 원인 중에 하나가 일생의례였음을 알 수 있다.[39]

일생의례에 지출되는 비용을 절약하기 위한 노력에도 불구하고 이러한 폐단이 쉽게 사라지지 않았던 것으로 보인다. 심훈의 『상록수』 (1935)에 그려진 당시 환갑식의 풍경에서 이런 사실을 확인할 수 있다.[40] 그리고 이런 분위기를 반영하듯 1930년대에는 가급적 형편에 따라 일생의례 비용을 쓸 것을 당부하는 기사와 함께 구체적으로 가계의 형편에 따라 등급을 나눠 각각의 일생의례에 들어가는 비용(상한선)을 정해

---

38 일본에 의해 만들어진 〈가정의례준칙(1934)〉의 제례 편에 실린 "묘제에는 술, 과일 정도로 그쳐도 무방하다"라는 내용에서도 당시 이런 흔적을 엿볼 수 있다(제장의 공물-제장의 공물은 왼쪽에 의한다. 다만 상황에 맞추어 기제에는 반·갱·주·채, 묘제에는 술·과일 정도로 그쳐도 무방하다).

39 고리부채의 원은 대개 다섯 종류로 난호이여 조사되었다. 조합원 관혼상제-금액팔천삼만이천백팔십일원, 비조합원 관혼상제비-금액 백이십육만이천사백구십일원, 이 부채의 원인 가운데서 특히 절실히 놋기여지는 것은 관혼상제이다. 백년가약 맷는데 화려하게 성대하게 그 례식을 이 두고 십허하는 것은 사람의 상정이나 신분과 가세에 맞지 안는 례식의 정(?)裝은 단연히 폐지하여야 할 악풍이다. 더욱이 조상을 숭배하는 상제에 과도한 비용을 들이여 유족이 부채에 허덕여야 한다는 것은 시대의 광명을 등진 유풍이다(「冠婚喪祭疾病과 食糧不足이 主因 허례 때문에 진빗도 적지 안타 高利債쓰게된 동기」, 『매일신보』, 1936. 10. 28).

40 청석골서 한 십 리쯤 되는 흑석리라는 동리에 그 근처에서 제일가는 부명을 듣는 그 한 낭천 집에서는 주인 영감의 환갑잔치가 열렸다. 한 낭청은 한곡리의 강도사 집보다 몇 곱절이나 큰 부자로(천석도 넘겨 하리라는 소문이 난 지도 여러 해나 되었다) 근처 동리를 호령하는 지주다. "큰 소를 한 마리나 잡아 엎었다더라" "읍내에서 기생하고 광대를 불러다가 소리를 시키고 줄을 걸린다더라--" 인근 각처에 소문이 굉장히 퍼졌다. 청석골서도 그 집의 논을 하는 작인들은 물론 갓을 빌려 쓰고 두루마기를 입은 늙은 축들이 십여 명이나 떼를 지어 구경을 갔다. 여편네들도 풀을 세게 먹여서 버석거리는 치마를 뻣질러 입고 그 뒤를 따랐다. 소를 통으로 잡아 엎고 기생광대까지 놀린다는 것은 이 궁벽한 시골서 구경거리에도 주린 그네들에게 있어서 몇십 년에 한 번 만날지 말지 한 좋은 기회이다(심훈, 『상록수』, 학원사, 1986, pp.114~115).

주고 각 지역에서 솔선실행하라는 기사가 여러 신문에 실렸다.[41] 일부
가정에서는 회갑연을 치르는 비용을 아껴 다른 곳에 기부하였다.

평양법조게에 명성이높은 변호사 한근조씨는 지난십팔일 그의 고
향인 강서군 암종면 봉화리 자택에서 부친의 회갑연을 성대히 배설
하고 린리친척과 원근에 잇는 고구빈객 오백여명을 짓하야 술뿐아니
라 좌긔단체에 대하야 금품을 긔부하얏다.[42]

경남합천군 삼가리 재민의 참경운 누보한바어니와 합천해인사주지
백경하씨는 금년회갑에 쓸 돈백원을 지난십이일에 본보지국으로 보
내어리 재동포에게 보내어달라는 의뢰가 있는바 본보지국 장박운표
씨가 리재디로 즉시 출발하얏다.[43]

이 시기 일생의례의 변화에 영향을 준 근대적 사고에서 반드시 주목
해야 할 것이 바로 개인주의와 자유주의이다. 이 두 사고는 특히 당시
의 혼례문화에 영향을 주었다. 그중에서도 전통시대의 결혼관의 변화

---

[41] 평남강서군수는 도지사의 유고에 의하야 아래와 가튼 명령을 각 면장에게 엄명하얏습으로
면장은 각리구장과 면의 원에 솔선실행하라고 진력권유중인데 이것이 잘 실행이 되는지 일
반은 흥미를 가지고 잇다한다.

(戶別稅)	冠婚	喪祭	結
1등~3등	50원	40원	120원
4등~8등	35원	30원	70원
9등~14등	25원	20원	50원
15등~卅등	15원	10원	30원

이상 비용 중에는 술은 절대로 쓰지 못 사게 하고 일반에게 색목을 착용케 하며 부인의 것
은 월자를 폐지키로 한다(「冠婚喪祭의 一切費際限 各戶」, 『매일신보』, 1935. 6. 3).
[42] 「父親 回甲記念 各機關에 寄金 한근조 변호사가」, 『동아일보』, 1930. 10. 22.
[43] 「回甲에 쓸돈 災民에 同情 해인사주지」, 『동아일보』, 1929. 7. 15.

를 가져오는 데 일조하였다. 이들 사고에 따른 혼례문화의 변화 양상은 혼례 전반에 걸쳐 살펴볼 수 있지만, 무엇보다 배우자를 선택하는 데 있어 이전보다 자유로운 양상으로 변화하였다. 전통시대에 있어서의 배우자의 선택은 가문이나 가족의 영향을 많이 받았지만, 이 시기에는 개인이 자유롭게 배우자를 선택하고 자유롭게 만날 수 있었다.[44] 이것이 소위 말하는 '자유연애'인데, 학교나 직업을 자유롭게 선택하듯 평생을 같이 살 배우자 역시도 자유롭게 선택해야 한다는 사고가 이 시기에 대두되기 시작한 것이다. 심지어 두 사람이 서로 좋으면 결혼식을 올리지 않고 동거하는 사례도 등장했으며, 자유연애를 통해 결혼을 해야지 이혼을 하지 않고 오래 살 수 있다는 의식도 생겨났다. 물론 개인주의와 자유주의에 따른 혼례문화의 변화 양상을 배우자 선택에서만 볼 수 있는 것은 아니다. 이들 사고의 영향으로 혼례식의 경우도 이전보다 자유로운 형식으로 행해졌다.[45]

또한 이 시기에는 일생의례를 행하는 과정에서 위생적인 부분에 대해서도 신경을 쓰기 시작하였다. 1912년 6월 조선총독부에서는 풍수사상에 근거를 둔 미신을 타파하고 분묘의 위생적인 관리와 경관 보호 등을 이유로 '묘지화장장 매장 및 화장 취제규칙'(조선총독부 제123호 1912년 6월 20일)을 발포한 사례가 그것이다. 특히 이 규칙 16조의 내용에는 "전염병자의 사체는 특히 허가를 받은 경우 외에 경찰이 지정한 묘지가 아니면 이를 매장할 수 없다. 이 경우의 개장은 3년 이상 경과하지 않으면 할 수 없다."[46]라고 명시되어 있다. 또한 당시 우리나라에서 많이

---

44 「미혼 남녀가들의 바라는 남편, 바라는 안해」, 『新女性』 2권 5호, 1924. 5.
45 「형식은 각자의 자유로」, 『新家庭』 1권 6호, 1928. 6. 1.
46 박태호, 앞의 책, pp.179~180.

행하던 공동묘지 풍습 역시 근대적 사고에서 볼 때 비위생적인 것으로 인식되었다. 따라서 많은 사람들이 비위생적인 공동묘지를 없애고 보다 나은 형태의 장묘문화를 고민하였는데, 이 과정에서 등장한 것이 바로 화장(火葬)문화이다.

> 경성시내에서는 이제까지 사망자를 매장함에는 다만 경성부텽에 제출만하는 수속이였스나 목하괴질이 유행중임으로 당분간은 몬저 각각관내 경찰서에 가서 상당한 승인을 바텨가지를 안으면 경성부에서는 매장허가를 하야 주지 안키로 되았더라.[47]

위생문제에 따른 일생의례의 변화 양상은 신문과 잡지에서는 직접적으로 확인할 수 없지만 의식을 행하는 과정에서 사용되는 음식문화의 변화에도 영향을 주었다. 「冠婚喪祭儀式에는 果實菓子만 使用, 飮食中毒豫防에 全力하는 平北道當局의 制限」의 기사를 보면 당시의 이러한 실상을 엿볼 수 있다.

> 조선에 잇서 제일 만히 발생되는 평북도내의 음식물중독사건에 대하야 평북도 경찰부 위생과에서는 그동안 그 대책을 강구하야 "결혼식 때나 또는 제사 때에는 반드시 당국의 허가를 어들 것" 또는 "도야지"고기는 절 때 사용하지 못하는 것 등의 새로운 고안을 발표하였다함은 그동안 누차 보도한바이니와 최근에 이르러서는 또 한 가지 고안을 작성하야 불원에 시행하게 되었다는데 그것은 금후 결혼식이나 제사를 지낼 때에는 고기는 물론 떡, 지짐 등을 전폐시키고

---

47 「埋火葬 許可는 먼저경찰의 승인이 필요」, 『동아일보』, 1920. 8. 8.

오직 위생상에 아무 해를 주지 않는 한도에 있는 실과와 과자 등만
을 사용케하기로 하얏다한다.[48]

과학이 발달하고, 서구의 다양한 문물이 유입되는 과정에서 개화기
에서 일제강점기까지의 일생의례는 많은 변화가 있었다. 여를 이용하
여 운구를 처리하던 방식은 점차 줄고, 영구차로 운구를 운반하는 빈
도가 이전에 비해 높아졌다. 또한 전통시대와 달리 뱃속에 있는 아이
의 성별을 미리 구별할 수도 있었으며,[49] 보다 과학적인 방법으로 태교
하는 방법[50] 등이 신문이나 잡지에 소개되었다. 출생의례의 경우에는
전통시대에 행하던 미신, 가령 특별한 것을 먹으면 아들을 낳을 수 있
다는 믿음이 이전에 비해 약화되었다. 하지만 당시까지만 하더라도 이
런 사고가 없어지지는 않았다.[51] 그리고 미신에 대한 관념이 등장하는
것과 맞물려 혼례나 상·장례 등에서 행해지던 특별한 의미를 부여하던
전통적인 의식도 점차 생략되었다.
　한편 이 시기에는 유교적 관념과 배치되는 서양의 종교가 유입되면
서 조상의 제사 문제에 대해서도 활발한 논의가 있었다. 제사문제는
기독교와 천주교 등의 종교적 영향이 절대적이지만 일제강점기는 일
본의 영향도 배제할 수 없다. 당시 제사 문제에서 주로 논의된 내용은

---

48 『관혼상제 의식에는 과자 과실만 사용, 음식중독예방에 전력하는 평북도 당국의 제한』,
『조선중앙일보』, 1935. 11. 15.

49 「어머니의 영향과 태아 남녀별 1~3(연재)」, 『동아일보』, 1927. 12. 2~4.

50 「조혼 자녀 낫는 태교란 무엇? 임신 중의 정신위생은 태아에 큰 영향을 준다 1~3(연재)」, 『동
아일보』, 1929. 9. 29~10. 1.

51 평양에서는 神主를 먹고 아이를 孕胎한 경우가 있었다. 오랫동안 아이를 갖지 못한 사람이
신주를 훔쳐다가 태워 먹었는데 이상하게도 정말 그 후로 태기가 잇서 임신을 하였다는 이
야기다(「신주 먹고 잉태」, 『동아일보』, 1930. 12. 25).

종교적인 영향으로 인한 우상숭배와 제사문제,[52] 제사를 통한 전통적인 관념에서의 예(禮)의 범위와 절차, 형식 문제 및 합리적인 사고에서의 허례의식 문제 등이었다. 특히 제사를 지내는 것이 올바른 것인지에 대한 논의가 활발했는데, 이 과정에서 본질적으로 예를 어떻게 바라볼 것인가를 많은 사람들이 고민하고 논의[53]하였다.

이상에서 개화기에서 일제강점기까지의 일생의례 변화 양상을 근대적 사고라는 관점에서 살펴보았다. 그렇다고 해서 이것들이 이 시기의 일생의례의 실상을 총체적으로 보여주는 것이라고 단정할 수는 없다. 또 다른 연유로 인해 이 시기의 일생의례가 변화한 경우도 있을 수 있기 때문이다. 그렇지만 앞서 살펴본 바와 같이 전통의 일생의례가 이 시기에 근대적 사고의 영향으로 변화한 내용이 많다는 사실만은 부정할 수 없으며, 그 영향력 또한 결코 무시할 수 없을 것이다.

4. 결론

지금까지 필자는 개화기에서 일제강점기까지 근대적 사고를 통해 전통의 일생의례가 이 시기에 어떻게 변화되었는지를 다양한 관점에서 살펴보았다. 여기에서 주로 참고한 자료가 당시의 신문과 잡지라는 한계점이 있긴 하나, 나름대로 이 시기의 실상을 엿볼 수 있다는 점에

---

52 「耶蘇敎側의 觀察」, 『동아일보』, 1920. 9. 4.
　　이 기사에서는 경성종단남감리교회목사 양주삼이 작성한 것으로 여기에는 예수교와 제사 문제를 이야기하면서 제사를 지내지 말고 하나님만을 믿고 공경하기를 당부하고 있다. 특히 그는 과학이 발달되어 하나님만이 신으로 입증되었으므로 낙후한 조선인들이 조상님께 지내는 제사를 지내는 것은 비과학적이라 언급하고 있다.
53 「祭祀問題를 再論하노라 1~2(연재)」, 『동아일보』, 1920. 9. 24~25.

서 의미가 있다.

근대적 사고에 따른 이 시기의 문화변화는 일생의례를 비롯해 여러 분야에서 공통적으로 나타나는 현상이라 할 수 있다. 일생의례의 경우는 특히 근대적 사고로 인해 이 시기에 많은 변화가 있었는데, 그 이유는 여느 분야보다 일생의례는 당시의 시대적 상황에 맞게 빠르게 변화하기 때문이다. 실제로 이 글에서 살펴본 내용에서 이러한 양상은 확인할 수 있었다. 이를 정리하면 다음과 같다.

먼저 언급할 내용은 전통적으로 행해져 오던 일생의례가 이 시기에 사라지거나 혹은 다른 양상으로 대체되었다는 점이다. 이러한 변화 양상이 절대적으로 근대적 사고의 영향이라 단정할 수 없지만 근대적 사고가 다양한 형태로 영향을 준 것만은 사실이다.

다음으로는 근대적 사고의 하나인 합리적 사고가 대두되면서 전통적으로 행해져 오던 일생의례의 허례의식을 줄이고, 의례를 간소화하는 방향으로 일생의례가 변화하였다. 이는 합리적 사고에서 볼 때 전통의 일생의례를 악습 혹은 악풍으로 보는 사고와 관련이 있다. 그런데 이러한 변화가 있었던 데에는 우리의 문화를 인정하지 않으려는 일본의 정책적인 측면도 배제할 수 없다.

그리고 근대시기 일생의례의 변화에 영향을 준 근대적 사고에서 관심 있게 봐야 하는 부분이 바로 개인주의와 자유주의 등의 사상이다. 이 두 사고는 특히 혼례문화의 변화에 영향을 주었다. 특히 이들 사상은 자율성이 강조되는 형태로 결혼관은 물론 결혼 풍습이 변화하는 데 있어 적지 않은 영향을 주었다.

또한 위생문제 대한 관심이 높아지면서 근대시기 일생의례 역시 이러한 부분이 많이 강조된 양상으로 변화하였다. 아울러 과학이 발달하고, 서구의 다양한 문물이 유입되는 과정에서 자연스레 당시의 일생의례도 변화하였는데, 상장례와 출산의례에서 이러한 흔적을 엿볼 수 있다.

본 연구는 앞서 언급하였듯이 개화기에서 일제강점기까지 일생의례 변화에 영향을 준 근대적 사고를 소개하고, 이를 토대로 이 시기에 전통의 일생의례가 어떻게 변화되었는지를 살펴보았다. 나름대로 어떤 사고가 일생의례의 어떤 부분에 영향을 주었는지를 분석하였으나, 여러 가지 면에서 수정·보완이 요구되는 연구이다. 보다 다양한 자료를 수집하여 당시의 실상을 구체적으로 파악하고 근대적 사고가 당시 일생의례의 변화에 구체적으로 어떻게 영향을 주었는지를 추정해야 한다. 앞으로 관심을 가지고 이를 보완할 계획이다.

참고문헌

『매일신보』,『동아일보』,『조선중앙일보』,『別乾坤』,『實生活』,『新東亞』,『新家庭』,『朝光』

김경일,『한국의 근대와 근대성』, 백산서당, 2003.

김선령,「일제강점기 이후 한국 혼례 양상의 변화에 관한 연구」, 원광대학교 동양학대학원 석사학위논문, 2010.

김성은,「일제시기 고황경의 여성의식과 가정, 사회, 국가관」,『한국사상사학』36, 2010.

김시덕,「현대한국상례문화의 변화 한국문화인류학」,『한국문화인류학』40-2, 한국문화인류학회, 2007.

나은영,「의식개혁에 장애가 되는 문화적 요인들: 체면과 동조」,『한국심리학회지: 사회문제』2-1, 한국심리학회, 1995.

민속학회,『한국민속학의 이해』, 문학아카데미, 1994.

박태호,『장례의 역사』, 서해문집, 2006.

심   훈,『상록수』, 학원사, 1986.

양영환,「1930년대 조선총독부의 농촌진흥운동」, 숭실대학교 대학원 석사학위논문, 1988.

윤은순,「1920~30년대 한국 기독교 절제운동」, 숙명여대 박사학위논문, 2008.

이규창,「가정예속행사가 국어 고등교육에 간접적으로 미치는 영향에 관한 연구-전라북도 내 도시 농촌을 대상으로」,『논문집』11, 군산교육대학, 1977.

이상익,「한국 사상에 있어서의 근대성의 발흥」,『한국사회와 모더니티』, 이학사, 2001.

이진우,「한국사회 장묘관행 변화의 추세 연구」, 고려대학교 대학원 석사학위논문, 2004.

1930~1940년대
출산 풍속에 대한 사례 연구

김주희_성신여자대학교 교수
구영본·신미경_성신여자대학교 강사

1. 서론

세계 어느 사회에서도 출산을 단지 생리적 현상으로만 다루는 곳은 없다. 출산을 둘러싼 일련의 행위들, 즉 임신, 분만, 산욕 등은 흔히 의례화되고 각각의 행위에 적합한 믿음이 발달됨으로써 생리사회적 사건(biosocial event)의 성격을 갖는 것이 일반적이다. 특히 대부분의 사회에서 출산과 산욕 기간은 산모와 아기가 연약한 상태, 즉 의례적 위험 기간에 있다고 간주되기 때문에 이러한 위험과 출산에 관련된 불확실성을 다루기 위한 관행과 믿음들이 생산되어 왔다.[1] 한편 출산이 갖는 사회문화적 성격은 각 지역마다 독특한 풍속을 발달시켜왔으며, 한국의 출산 풍속도 그러한 비교문화적 맥락에서 이해될 필요가 있으며 이 연구에서도 그러한 시각을 갖고자 한다.

여기서 출산 풍속은 의례적인 면과 비의례적인 면을 동시에 포함한다. 기자행위를 시작으로 태교 및 음식금기, 분만 시의 의례, 삼신상과 금줄로 표현되는 산후조리 기간 동안의 의례, 삼칠일 해제 등과 같은 의례적 행위는 한국사회에서 관혼상제 사례(四禮)에 포함되지 않는 매우 비공식적 성격을 띠는 것이 특징이다. 이는 의례의 주체인 영아의 생존이 보장되지 않는 상태에서 출산의례를 공식적으로 제도화하기 어려웠고 여성중심 행위가 남성중심의 유교적 의례 영역 속에 포함되기 어려웠기 때문이다.[2] 이러한 비공식적 특성은 출산 풍속이 사회적

---

* 이 글은 『한국가족자원경영학회지』 10권 1호, 한국가족자원경영학회, 2006. 2에 게재되었던 것을 재수록하는 것임을 밝혀둔다.

** 주저자, 교신저자: 김주희.

1 Jordan, Brigitte, *Birth in Four Cultures: A Cross-Cultural Investigation of Childbirth in Yucatan, Holland, Sweden, and the United States*. Long Grove, IL: Waveland Press, INC, 1993, p.3.

2 한양명, 「한국 産俗의 체계적 이해를 위한 試論」, 『비교민속학』 16, 비교민속학회, 1999, p.112.

변동과 함께 변화될 가능성이 다른 제도화된 의례들보다 더 클 수 있음을 시사한다.

출산 풍속의 비의례적 면으로는 출산과 관련한 제 단계에 개입한 사람들과의 관계를 특히 중요하게 살펴볼 필요가 있다. 왜냐하면 이 사회적 관계의 변화는 바로 전체 사회적 변화를 흔히 반영하기 때문이다. 이 연구에서는 출산 풍속이라는 개념을 사용하여 의례적인 면과 비의례적인 면을 동시에 보고자 한다. 의례적인 면으로는 기자의례, 음식금기를 포함한 태교, 금줄 및 삼신신앙을, 비의례적인 면으로는 출산장소, 출산과 산후조리 시 도움 준 사람과의 사회적 관계, 산후조리 기간 등을 다루고자 한다.

이 연구는 1930~1940년대 전후 출산을 경험한 여성들에 대한 사례조사를 통해 당시 출산 풍속이 어떠한 방식으로 행해졌는지를 구체적으로 알아보고 그것의 의미를 분석하고자 한 것이다. 무엇보다도 출산 풍속의 실제 행위 내용을 밝힘으로써 이념과 실제 사이의 차이에 대한 해석을 내려 보고자 한다. 연구 대상을 1930~1940년대 전후 출산에 한정시킨 것은 그 당시 출산을 경험한 여성들은 오늘날 대다수 70대 후반을 넘긴 할머니 세대로서 그들에 대한 기록을 남겨두어야 할 필요성이 절실하기 때문이다. 급속한 문화변동에 따라 많은 출산관련 행위들이 더 이상 실제에서 보이지 않고 있는 오늘날의 상황을 이해하기 위해 산업화의 영향을 받기 이전의 문화에 대한 기록은 필수적이라 할 수 있다.

2. 이론적 배경

지금까지 한국의 출산 풍속에 대한 연구는 몇 갈래의 시각에서 행해진 바 있다. 우선 민속학적 연구가 많이 이루어졌다. 한국민속종합조사의 일환으로 전국에 걸쳐 행해진 문화재연구소의 조사[3]는 각 지방의 산욕과 관련된 관습을 산전속과 산후속으로 분류하여 35개 항목에 걸쳐 많은 양의 자료를 수집해 놓았다.[4]

출산 풍속에 대한 역사적 연구로는 조선시대 궁중에서의 출산관행을 다룬 연구[5]와 조선 중기의 『묵재일기』[6](1548~1565)의 자료를 분석한 연구[7] 등이 있다. 전자의 연구에 따르면 조선 전기에는 출산에 궁중의학의 처방과 함께 도교의 영향이 강하게 작용하였다 한다. 그러나 조선 중기 이후 유교의 보급과 더불어 도교적 풍습은 차츰 사라졌으며 도교의 신 대신 쌀, 돈, 비단 등으로 기원 대상이 바뀌었다 한다. 그럼에도 불구하고 산실에 부적을 붙이고 주문을 외우는 등 출생아의 만복을 기원하는 풍습은 존속된 것으로 나타난다.[8]

한편 『묵재일기』에 나타난 당시 양반가의 출산관행을 보면 출산 이전에 성별을 감별하기 위해 문복하는 점, 해산 시 젖을 먹이기 전에 아기에게 감초탕과 주사가루 탄 꿀을 먹여 해독하는 점, 태를 처리할 때 양기가 많은 동쪽에 매달아 놓고 태우고 그 재를 항아리에 담아 은밀한 장소에 묻는 점, 유모를 고를 때 성품까지도 고려하는 점, 아기의 이름을 지을 때 신중을 기하는 점, 아기의 첫 목욕을 복숭아나무 끓인 물로 해줌으로써 잡귀도 쫓고 그 다산력이 작용하도록 하며 목욕 후에

---

3   문화재관리국 문화재연구소편, 『한국민속종합조사보고서』 24편·25편(산욕편 상·하), 1993.

4   이 외 『산속의 연구』, 『삼신할머니의 기원과 성격』, 『한국의 전통육아방식』 등의 연구들이 있다.

5   신명호, 「조선시대 궁중의 출산 풍속과 궁중의학」, 『고문서연구』 21, 한국고문서학회, 2002.

6   조광조의 문인이며 승정원 좌부승지를 역임한 이문건(1494~1567)이 남긴 10책으로 된 일기이다.

7   이복규, 「묵재일기에 나타난 출산·생육 관련 민속」, 『溫知論叢』 3, 온지학회, 1997.

8   신명호, 앞의 논문, pp.156~176.

비로소 아기 옷을 입히는 점, 기타 아기의 운명을 문복하여 액막이 의례를 행하거나 치명을 위해 무당을 불러다 굿을 하도록 하는 것 등이 포함되어 있다.[9] 이 연구들을 통해서 알 수 있듯이 한국 전통사회에서도 출산 풍속은 사회적, 종교적, 혹은 주술적 요인들이 많이 개입되어 있음을 알 수 있다.[10]

출산에 대한 연구는 간호학적 측면에서도 행해져왔다. 이러한 연구들은[11] 대체로 분만장소, 태교와 관련된 요인 분석, 탯줄처리 방식 등에 대해 조사를 한 것들이다. 이 연구들 중 특히 흥미로운 것은 근래 대부분의 분만이 병원에서 이루어졌지만 여성주의 운동과 함께 분만을 여성의 독특한 경험으로 삼기 위해 가족중심의 대안적인 분만을 원하는 여성이 늘어나고 있으며 오늘날 교육수준과 경제수준이 높은 임산부들이 조산사를 불러서 가정 분만을 하는 경향이 늘고 있다는 연구를[12] 들 수 있다.

출산을 둘러싼 행위와 관련하여 여성주의적 연구도 나오고 있다.[13]

---

9 이복규, 앞의 논문, p.146.

10 한국의 출산 풍속이 일본과의 비교를 통해 조사된 비교민속학적 연구들도 있다(임동권, 「한일 産育俗의 비교」, 『한국민속학』 12, 한국민속학회, 1980; 김미영, 「한·일 여성민속의 비교연구」, 『비교민속학』 24, 비교민속학회, 2003).

11 이진구, 「일부 지역 부인들의 출산행위에 관한 조사」, 조선대학교 대학원(의학과) 석사학위논문, 1986.
강문정, 「제주도의 전통적 출산관리에 관한 연구」. 『모자간호학회지』 3(1), 여성건강간호학회, 1993.
이경혜, 「출산문화의 변화: 가족중심 분만」, 『간호과학』 12(2), 이화여자대학교 간호과학연구소, 2000.

12 이경혜, 「출산문화의 변화: 가족중심 분만」, 『간호과학』 12(2), 이화여자대학교 간호과학연구소, 2000.

13 우경희, 「한국과 중국의 산속에 관한 비교연구」, 영남대학교 교육대학원 석사학위논문, 2002.

김은실[14]은 여성들이 만들어내는 출산문화의 여성학적 의미를 살펴보고자 했는데, 이를테면 출산경험에 대한 여성들의 해석 방식을 그들의 의식적이고 주체적인 행위성에 기반하여 검토하면서 세대에 따른 주체성의 증가를 지적했다. 즉 임신과 분만에 대해 피상적 지식만을 가졌던 구세대와 많은 지식을 가지고 능동적으로 대처하는 신세대의 차이를 지적했다.[15]

마지막으로 출산 풍속은 인류학적 연구의 주요 대상이기도 하다. 한국의 경우 출산에 대해 본격적으로 인류학적 연구를 시도한 적은 별로 없다. 다만 출산의례를 첫 번째 통과의례로 규정하고 통과의례에서 공통적으로 나타나는 반겐넵[16]의 세 단계, 즉 분리, 전이, 통합과정이 한국 전통사회의 출산의례에도 유효하게 적용될 수 있음을 지적한 연구가 있다.[17] 즉 그 과정들은 한국의 전통적 출산의례에서 임신 시의 태교 및 음식금기, 분만 시의 의례, 삼신상과 금줄로 표현되는 산후조리 기간 동안의 의례, 삼칠일 해제 등의 단계[18]에 잘 나타나 있다고 본다.

그러나 지금까지 한국의 출산 풍속에 대한 연구들은 규범과 실제의 차이라는 측면에서의 연구는 부족했다. 말하자면 출산 풍속 단계 중 어느 것이 가장 많이 실천되었는지, 어떠한 요인들이 그 실행과 관련이 있는지 등에 대해서는 본격적인 분석이 이루어진 바 없다. 다만 한양

---

14 김은실, 「출산문화와 여성」, 『한국여성학』 12(2), 한국여성학회, 1996.

15 이 외 여성주의적 시각의 초점은 자연스러운 현상으로 받아들여져야 할 분만이 지나치게 기술 중심적으로 된 상황을 비판하고 출산과정에서 여성이 자신의 몸에 대한 존중의 권리를 지속적으로 주장해야 한다는 연구(정연보, 「출산문화 담론에 나타난 자연 개념과 젠더」, 『여성과 사회』 15, 한국여성연구소, 2004, p.242)가 있다.

16 반겐넵, 전경수 역, 『통과의례』, 서울: 을유문화사, 1985, pp.20~21.

17 함한희, 「동서양의 출산의례의 비교」, 『전통과 현대』 15, 전통과현대, 2001.

18 위와 같음.

명[19]이『한국민속종합조사보고서』[20]의 내용을 인용하여 출산 풍속이 계층에 따라 다르게 실행되고 있음을 지적하면서 이념형과 실제형 사이의 차이가 있음을 주장한 바 있고, 앞으로 실제형에 대한 사례조사가 보다 치밀하게 이루어지고 이를 바탕으로 하는 연구가 진행되어야만 한국 출산 풍속의 존재양상이 온전하게 해명될 수 있을 것이라는 제언을 한 바 있다. 여기서 이념형이란 사례들을 포함한 일반적 한국인이 통상적으로 가지고 있는 출산 풍속에 대한 지식을 의미하며 실제형이란 그러한 지식과 상관없이 현실적으로 허용된 상황에서 수행된 행동의 내용을 의미한다.

출산 풍속이 사회구조와 관련 있음에 대해서도 한국의 경우 연구가 부족한 편이다. 이를테면 출산이라는 것이 산모 혼자 행할 수 없다는 보편적 사실을 받아들일 때[21] 분만 장소와 더불어 산모를 도와주는 사람과의 관계에 대한 분석은 해당 사회의 사회적 관계를 알려줄 수 있다. 예를 들어 인도사회의 출산 풍속을 보면 산모의 시누이와 친정 남자형제가 중요한 역할을 하는 것으로 되어 있는데, 이는 남매관계가 중요한 인도 부계친족의 특성이 출산과 관련해서도 확인되고 있음을 알 수 있

---

19 한양명, 앞의 논문, pp.114~115.

20 문화재관리국 문화재연구소편, 앞의 책.

21 인간의 신생아는 산모를 뒤로 하고 태어난다. 이 현상 자체로서 다른 사람의 도움을 필요로 하며 그리하여 출산은 인간 진화의 가장 초기 단계에서 개인적 사건에서 사회적 사건으로 전환되었다고 결론지을 수 있다(Trevathan, Wenda R. & J. J. McKenna, Evolutionary Environments of Human Birth and Infancy. In L. Dundes, ed. *The Manner Born: Birth Rites in Cross-Cultural Perspective*. New York: Altamira Press, 2003, p.38).

게 한다.[22] 김경학[23]에 의하면 출가한 시누이는 중요한 의례적 역할을 수행하기 때문에 그녀 없이는 완전한 출산의례가 불가능할 정도이다.

지금까지 알려진 바에 의하면 한국 전통사회에서 여성의 출산과 관련하여 의례적 역할을 수행하도록 규범화된 특정 친족관계는 없다. 그러나 출산의 장소, 출산을 도와준 사람과의 관계 등을 파악해 보면 사회적 관계, 특히 친족관계의 성격을 파악할 수 있으며, 더 나아가 사회적 변화에 따른 친족관계의 변화까지도 짚어볼 수 있다. 이 연구에서는 이 점에 대해서도 분석을 시도하고자 한다.

3. 사례들의 사회인구학적 배경

2004년 12월부터 2005년 3월 사이에 1930~1940년대 전후 첫 자녀를 출산한 여성 30명을 대상으로 출산 풍속의 전 과정에 대한 인터뷰를 행하였다. 여기서는 지면의 제약 상 출산 풍속의 일부, 즉 기자의례, 태교, 출산장소 및 산후조리, 금줄문화, 삼신상 등을 다루고자 한다. 인터뷰는 서울, 대전, 경기도 구리시 노인정에 나오는 할머니들을 대상으로 했다. 인터뷰 대상자들의 사회인구학적 배경은 〈표 1〉과 같다.

조사 당시 인터뷰 대상자들의 연령은 70대가 7명, 90대가 1명이고 나머지 22명은 80대였다. 첫 자녀 출산 연도는 1930년대가 4사례, 50년

---

22 김주희, 「인도의 친족과 카스트: 하나의 가설」, 『한국문화인류학』 19, 한국문화인류학회, 1987.
　　김경학, 「북부 인도의 친족과 혼인 및 의례: 남자형제와 누이관계를 중심으로」, 이광규 교수 정년기념논총간행위원회편, 『한국문화인류학의 성과와 전망』, 서울: 집문당, 1998.
23 김경학, 앞의 논문, p.45.

대가 1사례이고 나머지 25사례들은 모두 1940년대였다. 본인의 학력 수준은 무학이 9명, 초등학교가 12명, 중·고등학교가 6명, 기타(야학, 일본현립학교 등)가 3명 등이다.[24] 성장지역은 서울을 포함한 경기도지역이 6명, 충청도지역이 11명, 경상도지역이 5명, 전라도지역이 3명, 강원도지역이 1명, 함경도가 2명, 기타(중국, 일본)가 2명 등이다. 첫 자녀 출산지역은 도시지역이 14명, 농촌마을(읍 포함)이 나머지 16사례이다. 출산 당시 종교는 무교가 17명, 불교가 8명, 기독교가 4명, 천주교가 1명 등이다. 결혼 당시 직업은 교사가 2명, 회사원이 1명이고 나머지 27명은 직업을 가지고 있지 않았다. 엄밀한 의미에서 표본을 추출하지는 못했지만 학력과 지역에 있어 비교적 고른 분포를 보이고 있다.

<표 1> 사회인구학적 배경

사례번호	연령	결혼연령	첫자녀 출산연도	학력	결혼당시 직업	종교(출산당시)	고향/ 출산지역	첫자녀성별	출산장소	기자의례	(태교)행동/음식금기	금줄	삼신상	산후조리기간
1	85	21	1943	고졸	교사	무교	함경남도/ 함경남도 읍	아들	시집	무	유/무	무	무	15일
2	80	17	1945	보통학교졸	무	불교	충남 당진/ 충남 서산군 농촌마을	딸	시집	유	유/유	무	무	7일
3	82	19	1943	무학	농업	무교	경기도/ 경기도 고덕면 농촌마을	딸	친정	무	유/무	무	무	30일
4	85	17	1938	무학	무	무교	충남 청양/ 충남 청양군 농촌마을	딸	시집	유	유/유	무	유	21일
5	83	18	1942	중졸	무	무교	경남진주군/ 경남 진주군 농촌마을	딸	시집	무	유/유	유	유	10일
6	93	17	1951	보통학교졸	무	천주교	서울시/ 서울시	아들	시집	무	무/무	무	무	14일

---

24 이 연구에서는 교육정도를 사회경제적 지표로 삼았다. 왜냐하면 출산 당시 소득이나 경제생활 수준에 대한 질문은 지나치게 주관적 답을 이끌어낼 소지가 많고 따라서 객관성을 결여할 수 있기 때문이다. 당시 여성의 학력분포에 대한 통계청 자료(1944)에 따르면 대졸 0%, 전문학교졸 0%, 중졸 0.3%, 초졸 12.1%, 초퇴 1.7%, 서당 7.9%, 무학 76.7% 등이다. 이에 근거해 본다면 당시 여성의 중졸의 학력은 매우 높은 것이었음을 알 수 있다.

사례번호	연령	결혼연령	첫자녀 출산 연도	학력	결혼당시 직업	종교 (출산당시)	고향/ 출산지역	첫자녀성별	출산장소	기자의례	(태교) 행동/ 음식 금기	금줄	삼신상	산후조리기간
7	82	19	1943	중졸	무	기독교	경북안동/ 경북 대구	딸	시집	유	유/무	무	무	7일
8	79	19	1946	보통학교졸	무	무교	강원도/ 강원도 흥천군 농촌마을	아들	시집	무	유/무	유	유	5일
9	83	20	1943	보통학교졸	무	불교	서울시/ 서울시	아들	병원	무	무/유	유	무	21일
10	86	20	1939	무학	무	불교	경기도 파주/ 서울시	아들	본인집	무	무/무	무	무	3일
11	75	18	1949	무학	무	무교	경남합천/ 부산시	아들	친정	무	무/유	무	무	49일
12	89	17	1936	보통학교중퇴	무	무교	전남영광군/ 전남 무안군 농촌마을	아들	친정	무	유/유	무	무	21일
13	85	18	1939	무학	무	무교	경기도 장호원/ 장호원 읍	아들	본인집	무	유/유	무	무	7일
14	80	19	1945	보통학교졸	무	무교	충북 보은/ 대전시	딸	본인집	무	유/유	유	무	21일
15	83	19	1943	무학	무	무교	충남공주/ 충남 공주군 농촌마을	딸	시집	무	유/유	무	무	7일
16	82	21	1945	고졸	회사원	무교	서울시/ 서울시	아들	본인집	무	무/무	유	무	21일
17	77	16	1947	보통학교졸	무	불교	충남 논산/ 서울시	딸	시집	무	무/유	유	무	30일
18	77	17	1948	무학	무	무교	충북영동/ 전북 무주읍	아들	시집	무	무/무	유	유	7일
19	77	19	1948	보통학교졸	무	무교	경북 상주/ 대구시	딸	시집	유	무/무	유	무	20일
20	80	19	1945	보통학교졸	무	무교	전남나주/ 전북 담양군 농촌마을	아들	시집	무	무/무	유	무	두달
21	82	18	1943	보통학교졸	무	무교	중국/ 경북 안동	아들	시집	무	유/유	유	유	30일
22	80	18	1951	야학	무	불교	경북 김천/ 평북 강계군 농촌마을	아들	본인집	유	유/유	유	유	7일
23	84	22	1945	보통학교졸	무	기독교	충남 아산/ 서울시	아들	시집	무	무/무	무	무	21일
24	81	14	1945	무학	무	불교	대전시/ 대전시	아들	본인집	무	무/무	무	무	3일
25	84	17	1944	야학	무	기독교	대전시/ 대전시	아들	시집	무	유/유	유	무	석달
26	82	24	1949	고졸	교사	무교	함경도/ 충청도 농촌마을	아들	본인집	무	무/무	유	무	두달
27	78	16	1945	무학	무	무교	충남 부여/ 충남 금산군 농촌마을	아들	시집	무	무/무	유	유	7일
28	82	17	1942	현립학교3년제	무	불교	전남곡성/ 서울시	딸	병원	무	무/무	유	유	30일
29	78	19	1947	일본중졸	무	무교	일본/ 서울시	딸	시집	유	무/무	유	유	15일
30	80	16	1948	보통학교졸	무	불교	충남 신탄/ 충북 옥천군 농촌마을	딸	시집	무	무/무	무	무	7일

4. 출산 풍속의 과정

1) 기자의례

한국 전통사회에서 출산 풍속은 기자의례로부터 시작된다. 흔히 수태, 특히 아들을 비는 기자의례에는 샤머니즘, 불교, 도교적 요소가 복합적으로 어우러져 있는 것으로 알려져 있다.[25] 그리하여 한국 기자신앙의 내용에는 달힘마시기, 도끼를 몸에 지님, 석불이나 돌미륵 따위의 코를 문질러서 그 가루 마시기, 아들 많은 집의 금줄 훔치기, 아들많이 낳은 여성의 진자리옷이나 생리대를 가져오는 풍속 등[26]도 있어 사찰에서의 기원 뿐 아니라 샤머니즘적 요소도 깊이 개입되어 있다.[27]

우리의 사례들에서 볼 때 기자의례는 많이 행하지 않은 것으로 나타났다(표 1 참조). 그 내용을 보면 본인이 직접 치성을 드린 경우는 한 사례(사례 7)에 불과한데 본인이 기독교 신자였기 때문에 하나님께 빌었다고 한다. 사례 2의 경우에는 첫 아이를 잃은 경험 때문에 집안사람이 기자의례를 대신 해주었고, 사례 4의 경우에는 시할머니께서 절에 가서 치성을 드렸다고 한다. 사례 19는 부적을 착용했고, 사례 22의 경우 친정어머니가 불공을 드렸으며, 사례 29는 남편이 삼대독자였기 때문에 시어머니가 정화수를 떠놓고 기도했다 한다. 결국 전체 30사례 중 기독교식을 제외한 전통적 기자의례를 한 경우는 다섯 사례에 불과했으며, 이 중 도시지역(서울과 대구)이 두 사례로 나타나 당시 도시에서도

---

25 임동권, 앞의 책, p.147.

26 함한희, 앞의 논문.

27 이러한 믿음은 베트남에서도 나타난다. 다만 그곳에서는 유산을 겁내는 임산부는 특히 처녀귀신을 조심해야 하는데 왜냐하면 처녀귀신이 질투하여 악령으로 몰고 갈지도 모른다는 믿음이 병존하기 때문이다(Coughlin, Richard J, Pregnancy and Birth in Vietnam. In D. V. Hart, P. A. Rajadhon & R. J. Coughlin, eds. *Southeast Asian Birth Customs: Three Studies in Human Reproduction.* New Haven, CT: Human Relations Area Files, Inc, 1965, p.214).

기자의례가 행해졌음을 알 수 있다. 그리고 다섯 사례 모두 학력 면에서는 보통학교졸업 이하이다.

주영하[28]의 조사에 의하면 기자를 위한 치성행위는 1940년대에서 1990년대로 올수록 근대화과정에서 치성이 미신으로 몰리고, 근대 학교교육의 역할이 증가하고 주거공간이 농촌에서 도시로 이전하면서 산치성이나 집치성이 표현될 공간이 상실되면서 사라졌다 한다.[29] 한편 1960년대 출산한 여성들이 아들을 얻기 위해 부적 착용 등을 거의 하지 않은 것으로 나타난 연구결과[30]와 연결시켜 보면 이미 1940년대부터 기자의례가 약화되었다고 이해할 수 있다.

이 연구에서 기자의례가 적게 나온 것은 우선 첫 자녀만을 대상으로 했기 때문일 수 있다. 대개 첫 자녀일 때는 아들 출산의 희망이 많이 남아 있기 때문에 훨씬 덜 절실할 수 있기 때문이다. 그러나 사례 10과 12의 경우에서처럼 결혼 후 3년이 지나서 출산한 경우에도 불임이라 생각지 않아 기자의례를 하지 않았으며, 결혼 5년 후에 출산한 사례 17과 7년후에 출산한 사례 30의 경우처럼 일이 많아 기자의례를 생각할 겨를이 없었던 경우도 있다. 심지어 17세에 혼인하여 39세에 출산한 사례 6은 임신을 위한 노력이나 치성을 드리지 않았고, 다만 귀하게 자라 아이가 늦게 들어설 뿐이라고 믿었다 하였다. 따라서 적어도 우리의 사례들만을 두고 볼 때 1930~1940년대 전후 한국사회에서 기자의례 자체는 많이 행해지지 않았음을 알 수 있다.

---

28 주영하, 「출산의례의 변용과 근대적 변환: 1940~1990」, 『한국문화연구』 7, 경희대 민속학 연구소, 2003.

29 위의 논문, pp.213~214.

30 민하영·유안진, 「어머니 세대와 할머니 세대의 출생의례 및 아기행사에 대한 비교 연구」, 『아동학회지』 24(3), 한국아동학회, 2003.

2) 태교

어느 사회이든 여자가 임신을 하면 태어날 아기의 건강과 아름다움을 위해서 다양한 임신 중 의례가 발달되어 있다. 예를 들면 힌두인들의 관습에는 임신 7개월째 친정에서 임산부가 친정어머니로부터 팔찌받기 행사를 행함으로써 아기의 건강을 비는 의식이 있다.[31] 또한 말레이사람들은 임신 7개월째 자궁 흔들기 의식을 행하는데[32] 산파와 친정어머니는 일곱 색의 천을 임산부의 배 둘레에 묶고 하나씩 풀어내는데 이는 악령으로부터 산모를 보호하기 위한 것이다.[33] 프랑스에서는 임신 중 성모마리아의 복대를 착용했는데 임산부의 마음을 편안하게 해준다고 믿었기 때문이다.[34] 그러나 한국의 경우 임신 중 의례에서 그와 같은 것은 발견되지 않으며 대신 태교가 중요한 것으로 간주되어 왔다.

태교는 어느 민족이나 공통적으로 산모가 좋은 것만 보고 먹고 느끼고 등과 관련된 태도나 음식금기를 중요하게 포함한다. 그런데 임신 중 음식금기는 상당히 보편적이지만 내용은 사회마다 다양하다. 예를 들면 남인도의 경우 산모는 첫 사흘 동안 커피만 마시고 6주 동안 음식은 매우 제한적이며, 미얀마의 경우 산모가 순결한 음식만 섭취하다보니 신선한 과일, 야채, 계란, 생선, 육류를 먹지 않아 영양부족을 초래하기까지도 한다.[35] 아프리카에선 대머리가 될까봐 계란을 먹지 않으며

---

31 www.hindugateway

32 National Heritage Board, Right after Birth(Exhibition Text for Birth Rites). Singapore: HeritageFest, 2005.

33 Laderman, Carol, *Wives and Midwives: Childbirth and Nutrition in Rural Malaysia*. Berkeley: Univ. of California Press, 1983, p.88.

34 카트린 롤레 & 마리 프랑스 모렐, 나은주 역, 『출산과 육아의 풍속사』, 서울: 도서출판 사람과 사람, 2002, pp.24~25.

35 Laderman, 앞의 책, p.125.

중국에서는 아기의 손가락이 기형적이 될까봐 생강을 먹지 않는 것도 태교의 맥락에서 이해할 수 있다. 아프리카의 타날라족 사이에서는 게나 가재의 발을 먹지 않는데 아기가 그러한 모습을 닮을까 하는 우려에서이다.[36]

임산부의 행동과 관련된 태교 또한 다른 지역에서도 발견된다. 중국에서는 임신 기간 중 못 박는 일이나 대패질 등을 하지 않는데 그 이유는 유산이나 기형아를 출산한다는 믿음 때문이다. 베트남의 임산부에게 모범적 행동을 보이는 것은 가장 중요하며 동시에 고요하고 온화한 품성을 지키도록 기대되어 난산은 임산부가 적절치 않은 행동을 한 탓으로 돌려지기도 한다.[37]

우리의 사례들에서 보면 태교는 주로 행동거지 및 음식금기와 관련되어 나타나며 종교적이거나 주술적 의미는 많지 않은 편이다(표 1 참조). 임산부가 취해야 할 행동거지는 모서리나 비틀어진 곳이나 귀퉁이에 앉지 않는 등 주로 반듯한 자세와 관련되어 나타났다. 그러나 이러한 자세를 강조한 사례는 전체 30사례 중 일곱 사례이며, 이 외 디딤방아 앉지 않기, 훔치지 말기, 울타리 넘지 않기, 구들장 뜯지 않기, 초상집 가지 않기 등도 일곱 사례들이 행한 것으로 나타났다. 남편의 태교 또한 거의 취하지 않은 것으로 나타났다. 다만 세 사례에서 복대를 한 것으로 나타났다. 사례 1은 임신 2~3개월부터 아이가 큰 것이 부끄러워 낳을 때 까지 모르게 하고 아이가 크지 않게 하려고, 사례 9는 책에서 보고 처진 배를 받치기 위해서 복대를 하였고, 사례 17은 일본교육

---

36 카트린 롤레 & 마리 프랑스 모렐, 앞의 책, p.28.

37 Coughlin, Richard J, Pregnancy and Birth in Vietnam. In D. V. Hart, P. A. Rajadhon & R. J. Coughlin, eds. *Southeast Asian Birth Customs: Three Studies in Human Reproduction.* New Haven, CT: Human Relations Area Files, Inc, 1965, pp.261~262.

을 받은 시누이의 권유로 요통예방을 위해 복대를 했다 한다. 이로 보아 복대를 한 이유는 주술적 의미는 아니었음을 알 수 있다.

음식금기는 좀 더 많은 사례에서 행한 것으로 나타났다. 예를 들면 오리고기, 닭고기, 비늘 없는 생선, 개고기, 피문어 등이 금기 음식으로 지목되었다. 그러나 행동거지에서보다는 많았지만 음식금기를 지킨 경우는 30사례 중 12사례였으며 나머지 사례들은 가릴 것 없이 모든 음식을 먹었다고 했다. 금기하는 음식이 있기는 했지만 먹을 것이 없던 시절이어서 가릴 것도 없었다고 한 사례도 있고, 오징어나 오리고기를 먹고 병신을 날까 걱정했는데 정상이었다는 사례(사례 13), 홍어를 먹으면 뼈가 아물지 않는다고 했으나 홍어를 먹었고 이상 없이 아이를 낳았다(사례 28)는 경우가 있었다.

전체적으로 보면 1930~1940년대 전후 출산을 경험한 이 연구의 사례 여성들은 태교에 대해서도 느슨한 태도를 지녔음을 알 수 있다. 이는 오히려 오늘날 태교에 대한 인식이 중요하게 대두된 현상과는 대조적이라 하지 않을 수 없는데[38] 사례 1의 "가난한 시대라서 태교가 없었다."라는 말은 시사하는 바가 크다 하겠다.

3) 해산 장소

전 세계적으로 볼 때 대개 출산 장소는 네 유형으로 나뉘는데, 친정집, 시집, 마을에서 떨어진 곳, 병원분만 등이다. 대체로 모계사회에서는 여성이 친정에서, 부계사회에서는 시집에서 분만하는 경향이 강하

---

[38] 한 자녀만을 낳으려는 경향과 함께 보다 훌륭하고 바람직한 자녀로 키우겠다는 핵가족화 시대의 가족관이 생기면서 태교에 대한 필요성도 증가했다고 보고 있다(안기주, 「출산 여성의 태교 실천 정도와 관련 요인에 관한 연구」, 이화여자대학교 교육대학원 석사학위논문, 2001, p.43).

다.[39] 다시 말해 해산 장소는 그 사회의 친족의 성격과 오염관념, 의료지식의 발달 등과 밀접한 관련이 있다.

우리의 사례들을 보면 전체 30사례 중 병원분만을 한두 사례를 제외한 나머지 28사례는 가정분만을 한 것으로 나타났다(표 1 참조). 병원분만을 한두 사례 모두 서울(사례 9와 28)에서 이루어졌는데 이로 미루어 1940년대 초 서울에서는 병원분만이 조금씩 나타났음을 알 수 있다. 그러나 전체적으로 볼 때 가정분만이 압도적으로 많음을 알 수 있다.[40]

가정분만의 사례들을 좀 더 자세히 세분해 보면 28사례 중 시집에서가 17사례, 친정집에서가 3사례이고 나머지 8사례는 본인의 집, 즉 남편과 이룬 핵가구에서 출산을 한 것으로 나타났다. 이렇게 시집에서의 출산이 압도적으로 많은 것은 당시 신혼부부의 가구구성의 경향과 관계있다고 볼 수 있다. 즉 대체로 당시 신혼부부들은 남편의 형제순위와 관계없이 신혼 초에는 남편의 본가에서 새 삶을 시작했던 경향[41]이 강했다. 조선 전기까지 지속된 서류부가혼이 차츰 부거제혼으로 대치되면서 1930~1940년대에는 시집에서의 출산이 많았던 것으로 볼 수 있다. 따라서 적어도 초산은 친정에 가서 하는 것이 공통적[42]이라는 지적은 우리의 사례들에는 적용되지 않는다 하겠다.

또 한 가지 지적할 것은 우리의 사례들에서 가정분만을 했을 때 피

---

39 Newton, Niles & M. Newton, Childbirth in Cross-Cultural Perspective. In L. Dundes, ed. *The Manner Born: Birth Rites in Cross-Cultural Perspective.* New York: Altamira Press, 2003, p.21.

40 참고로 1986년 전남 나주군 노안면의 20세부터 49세까지의 여성을 조사한 결과 가정분만 51.4%, 병원분만 47.9%, 조산소 0.6%로 나타났으며 1977년에는 가정분만이 91%였다고 한다(이진구, 「일부 지역 부인들의 출산행위에 관한 조사」, 조선대학교 대학원(의학과) 석사학위논문, 1986).

41 김주희, 「일제 후반기 결혼 예식과 혼수에 대한 사회사적 고찰」, 『가족과 문화』 15(3), 한국가족학회, 2003.

42 임동권, 앞의 책, p.154.

부정의 관념[43]이 있긴 하지만 분만 장소를 집 밖에 두지는 않은 것으로 나타났다. 흔히 피 부정은 격리방법으로 대응하며 한국에서는 주로 섬 지방을 중심으로 해막, 피막, 산막으로 불리는 공동오두막에 임산부들을 격리시키는 관습이 있는 곳도 있으며, 일본의 마을에는 '우부야(産屋)'로 불리는 공동오두막이 마련되어 있는데[44] 이러한 관습은 우리의 사례들 사이에서는 발견되지 않았다.

4) 도움 준 사람들

해산 시 돌보는 행위에 있어서도 그 방법과 기술이 문화에 따라 매우 다양하다. 한국의 전통적인 문화에 따르면 출산은 건강한 과정으로 간주되고 출산 기간은 가족 구성원끼리 밀접한 상호관계를 갖게 하는 가족생활의 중요한 부분이다. 그러면 가정분만을 한 우리의 사례들에서 해산 시 도움을 준 사람과 산모와의 관계를 보기로 하자.

출산 장소가 시집인 경우에는 시집의 여성들, 즉 시어머니, 시누이, 동서 등이, 친정에서 출산한 경우에는 친정의 여성들, 즉 친정어머니, 친정할머니 등이 도와준 것으로 나타났다. 예외적으로 사례 20의 경우 시집에서 분만하면서 의사가 와서 도와주었다. 남편의 도움을 받은 경우는 네 사례인데 두 사례는 시집에서 분만한 경우로 남편이 시어머니와 함께 도와주었으며(사례 15, 17) 나머지 두 사례는 본인의 집에서 해산한 경우로 이웃집 아주머니와 남편이 도와 준 사례 13, 남편이 산파를 도와 물을 끓이고 일하는 아이와 함께 도와준 사례 10 등이다. 이로

---

43 예를 들어 우리나라 농촌의 피 부정 관념은 다음과 같이 나타나기도 한다. 마을 내에서 여성이 출산하게 되면 마을주민들은 모든 중요한 일, 예를 들면 장담그기, 지붕잇기 등을 사흘간 중단한다(김주희, 『품앗이와 정의 인간관계』, 서울: 집문당, 1992).

44 김미영, 앞의 논문, pp.420~421.

미루어 가까운 친족의 도움을 구할 수 없을 때 남편이 아내의 출산에 참여했음을 알 수 있다.

전체적으로 보면 해산 시 도움을 준 사람으로는 시집 여성이 18사례로 반 수 이상을 차지함을 볼 수 있다. 이러한 경향은 후 세대를 대상으로 한 연구들의 결과와는 다르다. 예를 들면 1986년 당시 20세에서 49세까지의 여성들을 대상으로 한 조사 결과에서는 의사가 47.8%, 시어머니가 37.8%, 친척이 5.8%, 모자보건요원이 5.0%, 남편이 2.8%, 조산원(산파)가 0.6% 등으로[45] 나타났는데, 병원분만의 증가와 함께 시어머니의 역할이 줄어들고 특히 남편의 역할이 없어짐을 알 수 있다. 임산부의 산후의 양생에는 시어머니가 깊은 관계를 갖고 있어 평상시는 며느리와 사이가 좋지 않아 별거하고 있는 시어머니라도 이때만은 돌아와서 시어머니의 역할을 다하는 일도 있었다[46]는 경향이 시대가 흐를수록 줄어들었음을 알 수 있는 것이다.

여기에서 한 가지 짚고 넘어가야 할 것은 산파의 역할이다. 우리의 사례들에서 산파의 도움을 받은 경우는 7사례로 나타났다. 이 사례들의 출산 장소를 보면 시집이 5사례, 본인 집이 2사례 등이며 모두 도시에서 출산했다는 공통점을 가지고 있다. 1930~1940년대 당시 도시에서 산파의 역할이 어느 정도 성행했음을 보여준다 하겠다. 그러나 우리의 사례들에서 알 수 있듯이 산파의 역할은 주로 분만을 도와주는 기능적 역할 담당자이며 다른 사회에서 볼 수 있듯이 주술적 힘[47]이나 의

---

45 이진구, 「일부 지역 부인들의 출산행위에 관한 조사」, 조선대학교 대학원(의학과) 석사학위 논문, 1986.

46 吉村典子, 「전통적인 출산관속의 조사, 고찰—일본과 한국」, 『한국민속학』 29, 한국민속학회, 1997, p.354.

47 사회에 따라서는 산파는 주술과 마법 기술을 가지고 있는 것으로 여겨지며(Coughlin, Richard J, Pregnancy and Birth in Vietnam. In D. V. Hart, P. A. Rajadhon & R. J. Coughlin, eds. *Southeast Asian*

레적 역할[48]과는 관계는 없다.[49]

　다음으로 산후조리 시 도와 준 사람과의 관계를 보기로 하자. 전체 30사례 중 시어머니 등 시집의 여성이 도와준 경우가 18사례, 친정어머니 등 친정여성이 8사례, 남편이 3사례, 이웃아주머니가 1사례 등이다. 여기에서도 시집 여성들의 도움이 많은 편이다. 그러면 상대적으로 예외적이라 할 수 있는 친정에서 산후조리를 한 경우에 대해 보다 자세히 보기로 하겠다. 사례 4는 본인 집에 살다가 입덧이 심하여 임신 4개월 후부터 친정에서 지내면서 출산과 조리를 했는데 남편과는 떨어져 있었다 한다. 사례 9는 본인 집에 살다가 병원에서 출산한 후 친정에서 산후조리를 했으며, 사례 11은 남편이 일본에 가서 없었기 때문에 친정에서 출산을 하고 몸조리도 그곳에서 했다 한다. 사례 12는 남편이 다른 지역에 있었기 때문에 임신 8개월에 친정에 와서 출산하고 몸조리를 했다 한다. 사례 20은 본인 집에서 출산한 후 친정에서 산후조리를

Birth Customs: Three Studies in Human Reproduction. New Haven, CT: Human Relations Area Files, Inc, 1965, p.122), 초자연적 존재가 중요한 지역에서는 영적 부름을 통해 산파가 되기도 하고 집안 내력에 따라 세습되기도 하며 산파 기술을 비전을 통해 얻어 도제 교육을 받기도 한다(Hart, Donn V, "From Pregnancy through Birth in a Bisayan Filipino Village" In D. V. Hart, P. A. Rajadhon & R. J. Coughlin, eds. *Southeast Asian Birth Customs: Three Studies in Human Reproduction.* New Haven, CT: Human Relations Area Files, Inc, 1965, p.25). 과테말라에서는 무당과 같은 신병을 앓고 난 후 산파가 되기도 한다(Cosminsky, Sheila, Cross-cultural Perspectives on Midwifery. In L. Dundes, ed. *The Manner Born: Birth Rites in Cross-Cultural Perspective.* New York: Altamira Press, 2003, p.72). 산파가 치료자인 지역에서는 (아프리카, 남미 등) 산파가 행하는 것은 '민속 의학'이기도 하며 (www.sheilakitziner.com) 산파의 샤머니즘적 성격이 강한 곳에서 산파는 그 기술을 비전을 통해 얻어 도제 교육을 받는다(Hart, 앞의 책, p.25).

48 예를 들면 몸조리 기간이 끝나고 일상생활로 돌아오는 각종 의례에서 산파가 중요한 역할을 하는 곳도 있다(Cosminsky, Sheila, Cross-cultural Perspectives on Midwifery. In L. Dundes, ed. *The Manner Born: Birth Rites in Cross-Cultural Perspective.* New York: Altamira Press, 2003, p.81).

49 오늘날 서구사회에서 산파의 역할이 재평가되고 있기도 하다. 예를 들면 노르웨이의 경우 96%의 산모가 산파의 도움으로 출산하는데, 영아사망률이 매우 낮다 한다(Cosminsky, 앞의 책, p.69).

했다 한다. 이 사례들을 보면 남편의 직업 때문에 시댁 어른과 함께 살지 못한 경우나 시댁 어른이 계시지 않은 경우, 입덧이 심한 경우에 친정의 도움으로 산후조리를 한 것을 알 수 있다.

이러한 결과는 어머니 세대(조사 당시 20, 30대)에서는 남편이 9.5%, 시어머니(32.8%)보다 친정어머니(56%)의 도움이 더 많지만 할머니 세대(대다수가 조사 당시 50대, 60대)의 경우 친정어머니(37.3%)보다 시어머니(41.9%)의 도움이 더 많다는 결과를 가족구조의 변화와 친정어머니에 대한 정서적 지지가 크게 나타나고 있는 사실과 연결시킨 연구 결과[50]에 비추어 생각해 볼 수 있다. 즉 시대가 흐를수록 시어머니의 도움이 줄어들고 친정어머니의 도움이 늘어난 것인데, 이는 가족관계의 변화, 특히 신혼부부의 거주규정이 부거제에서 신거제로 변화한 양상과 관련이 있다 하겠다. 한편 남편의 도움의 비율은 꾸준한 편이다.

5) 산후조리 기간

산모가 사회와 격리되어 지내는 관습은 어느 문화권이나 똑같다. 왜냐하면 산모가 집안일을 다시 시작하기까지 일정한 휴식기간이 필요하다는 실제적인 이유와 출산하면서 피로 더러워진 몸을 깨끗하게 정화한다는 상징적 의미를 보통 공통적으로 가지고 있기 때문이다. 특히 사회적인 산후 회복은 생리적인 산후조리와 관련 없이 의례화되어 있는 게 특징이다.[51]

---

50 민하영·유안진, 「어머니 세대와 할머니 세대의 출생의례 및 아기행사에 대한 비교 연구」, p.51.
　 민하영·유안진, 「한국의 출생의례와 아기행사 풍속의 문화간, 세대간 비교연구: 홍콩 및 미국의 할머니 세대와 어머니 세대를 중심으로」, 『대한가정학회지』 42(4), 대한가정학회, 2004, p.62.
51 카트린 롤레 & 마리 프랑스 모렐, 앞의 책, p.110.

산후조리 기간은 문화마다 다르다. 예를 들면 19세기 말 이탈리아 중부지방에서는 일주일간 씻지도 않았으며, 프랑스 페이드코지방에서는 1950년대까지만 해도 일주일간 산파나 이웃사람이 집안일을 돌봐주면 열흘 동안 누워 있었다 한다.[52] 중국의 산후조리 기간은 한 달이라는 것이 관습이다.[53] 싱가포르 중국계 사람들은 산후 한 달째 친지들에게 아기의 탄생을 알리는 중요한 행사를 하는데, 요즈음에는 케이크나 빨간 달걀과 빨간 만두 등을 친지들에게 돌리고 친지들은 그 답례로 부조를 한다고 한다.[54] 말레이 산모들은 40일간 따뜻하게 몸을 보호하고(따뜻하게 달궈진 돌 위에서 조리),[55] 태국의 산모들도 40일간 몸을 따뜻하게 하며,[56] 멕시코와 알바니아의 무슬림 여성, 아라비아 사막의 베두인 여성, 아프리카 나이제리아 하우사족 의 산모도 40일간 몸조리를 하며,[57] 인도여성들은 30일간 산후조리를 한다.[58] 물론 이러한 기간이 실제로 다 채워졌는지는 별개의 문제이다.

우리나라에서는 전통적으로 삼칠일이라는 관념이 있는데 그 기본적 모티브가 단군신화에 나타나는 것으로 보아서 유구한 역사성과 자생성을 인정할 수 있다.[59] 삼칠일 동안 산모는 몸조리를 하면서 아기와

---

52 위와 같음.

53 www.chineseculture.about.com

54 National Heritage Board, Right after Birth(Exhibition Text for Birth Rites). Singapore: HeritageFest, 2005.

55 Manderson, Lenore, Roasting, Smoking $ Dieting in Response to Birth: Malay Confinement in Cross-Cultural Perspective. In L. Dundes, ed. *The Manner Born: Birth Rites in Cross-Cultural Perspective*. New York: Altamira Press, 2003, p.142; National Heritage Board, Right after Birth(Exhibition Text for Birth Rites). Singapore: HeritageFest, 2005.

56 Manderson, 앞의 책, p.143.

57 위의 책, p.149.

58 위의 책, p.146.

59 한양명, 앞의 논문, p.113.

함께 외부의 나쁜 영향을 받지 않아야 한다는 믿음이 있다. 이 기간 동안 산모는 특히 몸을 따뜻하게 해야 한다는 믿음이 있는데 이는 중국의 풍 예방이나 동남아시아의 몸 지지기(mother roasting) 관습과 매우 유사하다 할 수 있다. 삼칠일 격리 관습은 주술적 의미도 내포하고 있어 나중에 보게 될 금줄과 삼신상 의례도 이 기간 동안 행해진다.

이제 우리의 사례 여성들의 산후조리 기간을 보기로 하자. 전체 30사례 중 삼칠일 이상 산후조리를 한 경우는 15사례로 나타났다. 나머지 15사례는 적게는 3일에서 많게는 2주 정도로 삼칠일 산후조리 기간을 훨씬 밑도는 것으로 나타났다. 이들의 경우를 보다 자세히 보면 2주 정도가 3사례, 열흘 정도가 1사례, 일주일이 8사례, 5일이 1사례, 3일이 2사례 등이다. 이러한 결과는 대부분 산후 3일 동안 휴식을 취하고 일상생활을 시작했다는 제주도 연구 결과[60]를 상기시킨다. 또한 "예전에는 다들 어렵게 살았기 때문에 3일 만에 나가 빨래를 했다.",[61] "잘 사는 집은 15~20일 정도 일을 안 시키지만 못사는 집은 그 다음날로 일을 한다."[62]라는 연구 결과와도 비슷하다. 사례 7의 "더 눕고 싶어도 눕지 못했다."라는 말에서 당시 경제적 상황은 가정에 따라 산후조리 기간을 단축시켰음을 짐작할 수 있다. 말하자면 여성의 노동력이 필요한 경우 산모의 산후조리는 크게 단축되었음을 알 수 있다. 한편 친정에서 조리를 한 경우 삼칠일을 지켰으나, 본인 집에서 출산한 경우 조리를 많이 하지 못한 것으로 나타났다. 한편 자녀의 성별에 따른 산후조리 기간의 차이는 없는 것으로 나타났다. 즉 아들을 출산한 18사례 중 8사

---

60 강문정, 「제주도의 전통적 출산관리에 관한 연구」, 『모자간호학회지』 3(1), 여성건강간호학회, 1993.

61 문화재연구소 편, 『한국민속종합조사보고서』 25편, p.66.

62 문화재연구소 편, 『한국민속종합조사보고서』 24편, p.334.

레가, 딸을 출산한 12사례 중 5사례가 삼칠일 이상 산후조리를 했다.

6) 탯줄 처리

세계 어느 지역에서도 태아의 보금자리였던 태반과 생명줄이었던 탯줄을 일반 오물처럼 처리하는 곳은 없다. 그것들은 언제나 소중한 상징물로 여겨지며 처리 방식에는 다양한 의례적이거나 종교적(주술적) 믿음이 존재한다. 심지어 태 처리 방식이 성차별 의식의 유무와 관련시켜 연구된 적도 있는데, 대체로 여성 중심사회는 태의 주술적 성격을 인정하고 조심스럽게 다루며, 남성 중심사회는 태 처리에 의례적 중요성을 부여하지 않는 경향이 있다는 것이다. 왜냐하면 후자의 사회에서는 여성의 행위를 낮게 평가하기 때문이라는 것이다. 한국의 경우는 남성 중심사회이면서도 태를 매우 조심스럽게 다루는 예외적 경우라고 지적되기도 했다.[63] 탯줄을 자르는 도구는 민족마다 다르다. 일반가위나 홍합껍질, 부엌칼, 면도날, 갈대조각 등을 사용하기도 하며 에스키모에서와 같이 얼음조각을 사용하는 곳도 있다. 베트남에서는 금속도구를 거부하여 도자기나 유리조각, 대나무칼 등을 이용한다.[64]

태반은 또한 대부분의 전통사회에서 매우 조심스럽게 다루어진다. 인도에서는 태는 의례적으로 태워지고 '또 다른 엄마'로서 혹은 '아기의 형제자매'로서 매몰된다. 마이크로네시아 섬들 사이에선 태는 아기의 친구로 간주되고 숭배 대상으로 잘 다루어야 아기가 건강해진다는 믿음이 있다. 미국 대평원 인디언들 사이에선 태는 해와 바람에 먼지와

---

63 Jones, Elaine & Margarita A. Kay(2003). The Cultural Anthropology of the Placenta. In L. Dundes, ed. *The Manner Born: Birth Rites in Cross-Cultural Perspective.* New York: Altamira Press, 2003, pp.105~107.

64 카트린 롤레 & 마리 프랑스 모렐, 앞의 책, p.69.

재가 될 때까지 나무에 매달며, 필리핀에서는 태를 대나무 통에 넣어 집 서까래에 매달아 놓는데 악령을 쫓기 위해서이다.[65] 러시아의 부랴 트족 사이에서는 태를 주머니에 넣어 아기 요람 옆에 달아둔다. 아프리카 콩고강 유역의 느자카라족은 탯줄을 잘게 썰어 기름병에 담갔다가 아기 몸을 마사지할 때마다 조금씩 꺼내서 사용하며, 말리의 밤바라족은 작은 주머니에 넣어 부적처럼 아기의 목 밑에 둔다.[66]

우리의 사례들에서는 병원에서 처리한 경우와 남편이 이로 자른 경우 두 사례를 제외하면 탯줄을 모두 가위로 자른 것으로 나타났다. 우리나라의 경우 금속 도구의 사용에 대한 거부감은 없었음을 알 수 있게 한다. 자른 탯줄과 태는 태운 경우가 대부분인 것으로 나타났는데 전체 29사례(병원 처리 한 사례 제외) 중 23사례에서 그렇게 했다. 이 중에는 병원에서 분만했지만 태를 집으로 가져와 태운 한 사례도 포함된다. 태울 때는 자른 탯줄을 왕겨 위에 올려놓고 태운 경우가 많았는데, 태운 재를 강물에 버린다거나 밭에 버리거나 산에 가져다 버리거나 나무 밑에 두기도(손 없는 날에 손 없는 나무 밑에) 했다.

태를 태우지 않은 7사례의 경우 가위로 잘라 부엌에 두었다가 다음 날 아침 일찍 강물에 띄워 보내기도 했고, 자른 탯줄을 돌에 묶어 강물에 가라앉게 하기도 했으며, 가위로 잘라 단지에 담아 아무도 없는 새벽에 바다에 띄워 보내기도 했다. 사례 25의 경우는 남편이 이로 끊어 왕겨와 짚과 함께 좋은 나무(밤나무) 옆에 놓아두었다 한다. 특이하게 사례 27은 자른 탯줄을 종이에 싸서 주머니에 넣어 30년간 보관하고 태는 땅 속에 묻었다고 했다. 사례 29의 경우는 가위로 자른 태를 태워

---

65 www.sheilakitziner.com

66 카트린 롤레 & 마리 프랑스 모렐, 앞의 책, p.74.

생긴 재가루가 부스럼에 좋다하여 간직한 경우이다.

7) 금줄과 삼신상

출산을 맞이하여 행해지는 격리생활은 산모의 휴식과 함께 산모와 아기에 대한 부정 방지, 산모의 오염의 확산 방지[67] 등을 목적으로 하는 것이 대부분이다. 이를 위해 행하는 것이 한국 전통사회에서는 금줄[68]인데 산후 삼칠일 안에 사람이 들어오면 부정낀다는 믿음이 그 바탕에 깔려 있다. 산후조리 기간과 마찬가지로 금줄도 대체로 삼칠일 동안 하는 것으로 되어 있다.

금줄문화에 관해 우리의 사례에서 보면 전체 30사례 중 14사례에서 금줄을 한 것으로 나타났다(표 1 참조). 이러한 수치는 어머니 세대의 경우 금줄 문화는 거의 발견되지 않으나 할머니 세대는 43%가 금줄을 친 것으로 나타난 연구 결과[69]와 비슷하다. 금줄을 한 14사례 중 딸을 낳았을 때 금줄을 친 경우는 4사례인데 이 중 2사례에서는 고추까지 매달았다. 물론 본인이 아니라 시댁의 행위일 수도 있지만 이 두 사례

---

67 뉴기니 아라페쉬족, 남아프리카의 호텐토트족, 중동의 요르단 주민, 러시아, 특히 아시아 지역에서 만연. 인도 산모는 산후 3개월 오염적이라 간주된다(Newton, Niles & M. Newton, Childbirth in Cross-Cultural Perspective. In L. Dundes, ed. *The Manner Born: Birth Rites in Cross-Cultural Perspective*. New York: Altamira Press, 2003, p.14). 베트남 산모는 남을 오염시키지 않기 위해 산후 30일에서 100일까지 외출을 자제하도록 되어 있다(위의 책, p.1).

68 베트남에서도 반쯤 탄 나무토막을 매단다. 아들일 경우 탄 쪽이 집으로 향하게 하고 딸이면 바깥쪽으로 향하게 한다. 이는 남성은 구심적이고 여성은 원심적이라는 베트남 사람들의 우주관을 표현한다(Coughlin, Richard J, Pregnancy and Birth in Vietnam. In D. V. Hart, P. A. Rajadhon & R. J. Coughlin, eds. *Southeast Asian Birth Customs: Three Studies in Human Reproduction*. New Haven, CT: Human Relations Area Files, Inc, 1965, p.247). 혹은 숯을 타로 잎과 함께 집 대문에 매다는데, 아들이면 7개, 딸이면 9개이며, 이는 이방인을 가까이 오지 못하게 하기 위한 것이다(위의 책, p.247).

69 민하영·유안진, 「어머니 세대와 할머니 세대의 출생의례 및 아기행사에 대한 비교 연구」, 『아동학회지』 24(3), 한국아동학회, 2003.

가 모두 중졸의 학력을 가진 것으로 보아 당시 고학력자들도 남아선호 사상이 강했음을 반영한 것으로 볼 수 있다.

금줄의 구체적 내용을 살펴보면 사례 5의 경우 남편이 2대독자라 딸을 낳아 울고 들여다보지도 않았는데 금줄에 미역, 숯, 고추, 솔가지를 달았다고 했으며, 사례 8과 사례 9의 경우는 아들을 출산했는데 고추, 숯, 솔잎으로 금줄을 한 후 삼칠일 이후 떼어 내었다 한다. 사례 13의 경우는 아들을 출산하여 숯과 고추를 매달았는데 3~4일 후에 떼어 냈으며, 사례 14의 경우는 딸을 낳았는데 숯과 소나무의 금줄을 일주일 후 떼어냈다 한다. 사례 16, 사례 17, 모두 딸을 출산했는데 숯과 솔가지로 금줄을 해 달았으며, 사례 18, 사례 20, 사례 21 사례 22, 사례 25, 사례 26 등은 아들을 출산하고 고추, 숯, 솔가지 등으로 금줄을 만들었다 한다. 사례 29의 경우에는 딸을 낳았는데도 고추까지 매달았는데 다음에 아들을 낳으리라는 희망에서 그렇게 했다 한다.

한편 금줄을 행하지 않은 경우들을 보면 시아버지가 목사이고 본인이 성당에 다녀 금줄을 치지 않았던 경우(사례 6), 시집이나 본인의 종교가 기독교여서 금줄을 치지 않았던 경우 (사례 12, 19, 23) 등 종교적인 이유로 금줄을 치지 않은 경우가 네 사례 되었다. 한편 출산지역의 도농에 따른 금줄문화의 차이는 거의 없는 것으로 나타났다. 출산지역이 도시인 14사례 중 금줄을 한 경우는 6사례로, 시골(읍 포함)인 16사례 중에는 8사례로 나타났다. 사례 9의 경우는 서울 이대병원에서 출산한 후 집에 돌아와 금줄을 매달았다 했다. 당시 금줄문화는 도시에서도 있었음을 알 수 있다. 한편 금줄문화는 학력과도 무관하게 나타나 14사례 중에는 비교적 학력이 높은 3사례가 포함되어 있다.

전체 30사례 중 삼신상을 차린 경우는 9사례에 불과한 것으로 나타났다. 삼신신앙 이외 종교적 의례를 한 경우로는 절에 불공을 드린 한 사례, 기독교 세례를 받은 두 사례 등 3사례이다. 말하자면 30사례 중 19사례는 출산과 관련하여 아무런 종교적, 주술적 행위도 하지 않았다. 우리나라 전통적 출산관행 중 삼신할머니 신앙의 큰 비중을 생각해 보면 1930~1940년대 이미 삼신신앙은 상당히 약화되었음을 알 수 있다.

삼신상을 행한 8사례의 내용을 보다 자세히 보기로 하자. 사례 4의 경우 첫이레, 두이레, 세이레 때마다 삼신상을 차려 치성을 드렸다 한다. 사례 5의 경우는 출산일에 삼신상을 차리고 삼칠일 동안 3번 삼신상을 차렸는데, 실, 돈, 붓, 쌀 등을 올려놓고 딸을 낳았지만 아들 낳은 것처럼 치성을 드렸다 했다. 사례 8은 산후 사흘 만에 삼신상에 미역, 밥을 지어 빌었으며, 사례 18, 사례 21도 삼신상에 물, 밥, 미역국을 올렸다 했다. 사례 22, 27, 28은 삼신상(미역국, 물, 밥)을 7일마다 차렸으며, 사례 29는 쌀, 실, 물, 미역국, 밥을 올린 삼신상을 세 번 차렸다 한다. 이 8사례 중 출산장소가 도시인 경우는 사례 6(서울)과 사례 29(서울)로 도시에서도 삼신의례가 간간히 행해졌음을 알 수 있다. 한편 삼신상은 학력과 관계가 있어 9사례 모두 학력이 낮은 것으로 나타났다.

5. 결론

이 연구는 1930~1940년대 전후 첫 아이의 출산을 경험한 여성들을 대상으로 당시 출산 풍속의 실제적 양상을 알아보고자 했다. 이 시대에 초점을 맞춘 것은 비공식적 성격이 강한, 그래서 변화 가능성이 큰 출산 풍속의 실제적 변화 흐름을 알아보기 위해 아직 생존한 노년기 여성들의 경험을 기록해 놓아야 할 필요성 때문이었다. 이를 위해 이념형을 비교문화적 틀 안에서 제시하고 당시의 실제 행위와의 차이를 보고자 했다.

연구 결과는 다음과 같이 요약될 수 있다. 첫째, 1930~40년대 전후 출산 풍속은 이념형과 실제행위 사이에는 상당한 차이가 있었다. 출산 풍속의 각 단계에서 흔히 오랜 관습이라 여겨지던 행위들은 실제로는 크게 지켜지지 않았다. 기자의례, 태교, 금줄문화, 삼신상 등은 당시 이미 약화되었으며, 산모의 삼칠일 산후조리도 절반에 불과했다. 이는 무엇보다도 당시 경제적 상황과 무관치 않으리라 생각한다. 하루하루의 생계가 어려운 상황에서 백일치성 등의 여유로운 기자는 불가능한 일이었고, 한 세대 전까지만 하여도 먹을 것이 풍부하지 않아서 음식을 가려 먹거나 태교에 신경을 쓸 여유가 없었던 사람들이 대부분이었다는 보고[70]가 여기에도 적용될 수 있다.

둘째, 당시 대부분의 출산 풍속은 도농간 큰 차이가 없는 것으로 나타났다. 물론 농촌지역에서 그러한 행위가 많긴 했지만 서울과 같은 대도시에서도 금줄과 삼신상을 행한 사례들이 있었다. 다만 산파의 이용은 도시에 국한된 것으로 나타났다. 한편 학력과의 관계를 보면 삼신상의 경우 학력이 낮은 산모가 많이 행한 것으로 나타났다. 금줄과 삼신상을 비교해 볼 때 금줄문화가 학력과 상관없이 보다 더 보편적이었음을 알 수 있다. 물론 여기서 도농별, 학력별 차이는 사례 수가 적기 때문에 일반화하는데 매우 조심해야 함을 지적할 필요가 있다.

셋째, 여성의 출산은 당시 시집의 임무로 인식된 경향이 컸다. 대부분의 여성들은 시집에서 출산했고 산후조리도 그곳에서 한 것으로 나타났다. 이는 친족관계와 관계가 있는 것으로 당시 부거제가 지배적이

---

70 한양명, 앞의 논문, p.115.

었던 것을 그대로 반영한 것이다. 이는 오늘날 친정과의 관계가 강화되는 경향과는 대조적이라 할 수 있다. 한편 출산과 관련하여 남편의 역할은 대략 10퍼센트의 경우에 중요한 것으로 나타났다.

넷째, 산후조리 기간에 있어 삼칠일 이념형이 지켜진 경우는 절반 정도에 불과했다. 특히 여성이 친정에서 몸조리를 한 경우는 모두 삼칠일 이상했으며, 시집에서는 6사례에 불과한 것으로 보아 당시 여성의 시집에서의 지위가 어떠했는가를 알 수 있게 한다. 그러나 아들과 딸 출산과 몸조리 기간과는 상관없는 것으로 나타났다.

이 연구는 사례조사가 갖는 일반화의 문제를 안고 있다. 지역, 학력, 종교 등에서 다양한 사람들과의 인터뷰를 시도했으나 이 결과를 당시 출산 풍속의 실태를 완전히 보여주는 것이라 말하기에는 조심스럽다. 앞으로 그 이후 시기의 출산 풍속에 대한 연구와 함께 이 시기의 조사도 좀 더 확대될 수 있기를 기대해 본다.

참고문헌

강문정, 「제주도의 전통적 출산관리에 관한 연구」, 『모자간호학회지』 3⑴, 여성건강간호학
　　　회, 1993.

김경학, 「북부 인도의 친족과 혼인 및 의례: 남자형제와 누이관계를 중심으로」, 이광규 교수
　　　정년기념논총 간행위원회편, 『한국문화인류학의 성과와 전망』, 서울: 집문당, 1998.

김경학, 「인도사회의 출산의례에 관한 소고」, 『아시아태평양지역연구』 1⑵, 전남대학교 아
　　　시아태평양지역연구소, 1999.

김미영, 「한·일 여성민속의 비교연구」, 『비교민속학』 24, 비교민속학회, 2003.

김용숙, 『한국의 여속사』, 서울: 민음사, 1983.

김은실, 「출산문화와 여성」, 『한국여성학』 12⑵, 한국여성학회, 1996.

김주희, 「인도의 친족과 카스트: 하나의 가설」, 『한국문화인류학』 19, 한국문화인류학회,
　　　1987.

______, 「일제 후반기 결혼 예식과 혼수에 대한 사회사적 고찰」, 『가족과 문화』 15⑶, 한국
　　　가족학회, 2003.

______, 『품앗이와 정의 인간관계』, 서울: 집문당, 1992.

문화재관리국 문화재연구소편, 『한국민속종합조사보고서』 24편·25편(산육편 상·하), 1993.

민하영·유안진, 「어머니 세대와 할머니 세대의 출생의례 및 아기행사에 대한 비교 연구」,
　　　『아동학회지』 24⑶, 한국아동학회, 2003.

____________, 「한국의 출생의례와 아기행사 풍속의 문화간, 세대간 비교연구: 홍콩 및 미
　　　국의 할머니 세대와 어머니 세대를 중심으로」, 『대한가정학회지』 42⑷, 대한가정학
　　　회, 2004.

반겐넵, 전경수 역, 『통과의례』, 서울: 을유문화사, 1985.

신명호, 「조선시대 궁중의 출산 풍속과 궁중의학」, 『고문서연구』 21, 한국고문서학회, 2002.

안기주, 「출산 여성의 태교 실천 정도와 관련 요인에 관한 연구」, 이화여자대학교 교육대학
　　　원 석사학위논문, 2001.

안은희, 「산속의 연구」, 고려대 대학원 석사학위논문, 1971.

우경희, 「한국과 중국의 산속에 관한 비교연구」, 영남대학교 교육대학원 석사학위논문,
　　　2002.

유안진, 『한국의 전통육아방식』, 서울: 서울대학교 출판부, 1986.

이경혜, 「출산문화의 변화: 가족중심 분만」, 『간호과학』 12⑵, 이화여자대학교 간호과학연
　　　구소, 2000.

이복규, 「묵재일기에 나타난 출산·생육 관련 민속」, 『溫知論叢』 3, 혼지학회, 1997.

이연자, 『종가 이야기』, 서울: 컬처라인, 2001.

이진구, 「일부 지역 부인들의 출산행위에 관한 조사」, 조선대학교 대학원(의학과) 석사학위논문, 1986.

임동권, 「한일 産育俗의 비교」, 『한국민속학』 12, 한국민속학회, 1980.

정연보, 「출산문화 담론에 나타난 자연 개념과 젠더」, 『여성과 사회』 15, 한국여성연구소, 2004.

주영하, 「출산의례의 변용과 근대적 변환: 1940~1990」, 『한국문화연구』 7, 경희대 민속학연구소, 2003.

카트린 롤레 & 마리 프랑스 모렐, 나은주 역, 『출산과 육아의 풍속사』, 서울: 도서출판 사람과 사람, 2002.

한양명, 「한국 産俗의 체계적 이해를 위한 試論」, 『비교민속학』 16, 비교민속학회, 1999.

함한희, 「동서양의 출산의례의 비교」, 『전통과 현대』 15, 전통과현대사, 2001.

吉村典子, 「전통적인 출산관속의 조사, 고찰-일본과 한국」, 『한국민속학』 29, 한국민속학회, 1997.

Bates, Brian & Allison Newman Turner, Imagery and Symbolism in the Birth Practices of Traditional Cultures. In L. Dundes, ed. *The Manner Born: Birth Rites in Cross-Cultural Perspective*. New York: Altamira Press, 2003.

Cosminsky, Sheila, Cross-cultural Perspectives on Midwifery. In L. Dundes, ed. *The Manner Born: Birth Rites in Cross-Cultural Perspective*. New York: Altamira Press, 2003.

Coughlin, Richard J, Pregnancy and Birth in Vietnam. In D. V. Hart, P. A. Rajadhon & R. J. Coughlin, eds. *Southeast Asian Birth Customs: Three Studies in Human Reproduction*. New Haven, CT: Human Relations Area Files, Inc, 1965.

Hart, Donn V, "From Pregnancy through Birth in a Bisayan Filipino Village" In D. V. Hart, P. A. Rajadhon & R. J. Coughlin, eds. *Southeast Asian Birth Customs: Three Studies in Human Reproduction*. New Haven, CT: Human Relations Area Files, Inc, 1965.

Jones, Elaine & Margarita A. Kay, The Cultural Anthropology of the Placenta. In L. Dundes, ed. *The Manner Born: Birth Rites in Cross-Cultural Perspective*. New York: Altamira Press, 2003.

Jordan, Brigitte, *Birth in Four Cultures: A Cross-Cultural Investigation of Childbirth in Yucatan, Holland, Sweden, and the United States*. Long Grove, IL: Waveland Press, INC, 1993.

Laderman, Carol, *Wives and Midwives: Childbirth and Nutrition in Rural Malaysia*. Berkeley:

Univ. of California Press, 1983.

Manderson, Lenore, Roasting, Smoking $ Dieting in Response to Birth: Malay Confinement in Cross-Cultural Perspective. In L. Dundes, ed. *The Manner Born: Birth Rites in Cross-Cultural Perspective.* New York: Altamira Press, 2003.

National Heritage Board, Right after Birth(Exhibition Text for Birth Rites). Singapore: HeritageFest, 2005.

Newton, Niles & M. Newton, Childbirth in Cross-Cultural Perspective. In L. Dundes, ed. *The Manner Born: Birth Rites in Cross-Cultural Perspective.* New York: Altamira Press, 2003.

Trevathan, Wenda R. & J. J. McKenna, Evolutionary Environments of Human Birth and Infancy. In L. Dundes, ed. *The Manner Born: Birth Rites in Cross-Cultural Perspective.* New York: Altamira Press, 2003.

www.babyzone.com

www.chineseculture.about.com

www.hindugateway

www.sheilakitziner.com

출산의례의 변용(變容)과
근대적 변환(變換): 1940~1990

주영하_한국학중앙연구원 한국학대학원 교수

1. 연구의 배경

일반적으로 출산의례는 새로운 생명이 세상에 탄생하는 것을 계기로 하는 의례를 가리킨다.[1] 다른 말로 출생의례(出生儀禮) 혹은 산속(産俗)이라고 부르기도 한다. 그러나 출생의례라는 말에는 태어난 아기의 입장이 강하게 내포되어 있으며, 산속이란 말에는 출산과 관련되어 비제도적이면서 동시에 지배층의 시각이 강조된 속(俗)이란 글자가 있어 적당하지 않은 용어로 이해된다. 따라서 본문에서는 출생 혹은 산(産)이란 말 대신에 출산(出産)[2]이란 용어를, 속(俗)이란 말 대신에 의례(儀禮, ritual)라는 용어를 쓰기로 한다.[3]

출산의례는 태어나는 사람의 입장에서 보면 일생에서 가장 처음으로 맞이하는 의례이다. 그런데 혼인(婚姻)이나 축수(祝壽)와 관련된 의례와 달리 출산의례는 의례의 주인공인 본인이 의지적으로 경험하기 보다는 부모 혹은 가족의 구성원이 의례를 주도한다. 이런 의미에서 의

례의 주인공이 보여주는 의례에 대한 태도보다는 의례의 주관자가 생각하는 의례에 대한 인식이 그 어느 평생의례(平生儀禮)보다도 두드러진다. 이런 의미에서 부모나 가족이 지닌 사회경제적 조건은 의례의 존재 여부와 그 내용을 결정하는 중요한 기준이 된다.

보통 출산의례는 출산 전후를 기준으로 나눌 수 있다. 출산 전에는 남녀의 생물학적·사회문화적 결합이 선행된다. 여기서 생물학적 결합은 단지 성 관계를 통해서 아기를 출산하는 경우를 이야기하며, 사회문화적 결합은 남녀의 가족·친척·친우 등이 참석하는 혼례식을 거친 경우를 가리킨다. 우리 사회에서는 혼례식을 거쳐서 이루어지는 자녀의 출산을 합법적인 것으로 인정하는 경향이 강하다. 하지만 최근 남녀의 성적인 결합만을 통해서 출생하는 아기도 있으며, 이 경우 출생신고만으로도 아기의 사회적 인정이 이루어진다. 하지만 대부분의 경우 혼인 이후 임신과 출산의 과정이 이루어져야 사회적인 인정을 받는다.

그러나 남녀의 혼인이 곧장 임신과 출산으로 이어지는 것은 아니다. 개인적인 사정에 따라 부부임에도 자녀를 가지지 않는 경우도 있기 때문이다. 하지만 대체로 혼인 이후에는 부부뿐만 아니라 사회적으로도 자녀가 태어나기를 기대한다. 이런 의미에서 우리 사회는 아직까지 혼인과 출산을 연결 지어 하나의 카테고리에 편입시키는 경향이 강하다. 즉 혼인→임신→출산→출산 후 의례→부부·자녀로 구성된 가족의 구성이 하나의 틀 속에서 이해된다. 따라서 혼인은 자녀의 합법적인 출산과 출생한 아기가 합법적인 사회 구성원의 자격을 얻는 중요한 의례이다.

종래 민속학에서 출산과 관련된 의례를 살필 때 대체로 산속(産俗)이란 명칭으로 전근대사회에서 행해온 전통적인 풍속에 주목하는 경향이 강했다. 가령 임동권이 책임연구원을 맡아 실시한 한국민속종합조사 연구의 산속조사(産俗調査)에서는 산전속(産前俗)의 내용으로 (1)

기자속(祈子俗), (2) 산모가 금기(禁忌)하는 음식, (3) 산모가 금기하는 일, (4) 가족들이 가리는 음식, (5) 가족들이 금기하는 일, (6) 태아예지법(胎兒豫知法), (7) 산일예지법(産日豫知法), (8) 안산기원(安産祈願), (9) 유산방지법(流産防止法), (10) 유산법(流産法), (11) 단산법(斷産法), (12) 태몽과 그 신빙도 등의 항목을 넣고 있다.[4]

또한 임동권은 같은 작업에서 출산 후 의례를 산후속(産後俗)이라 하면서 다음과 같은 항목을 주요 조사내용으로 삼았다. (1) 산모가 금기하는 음식, (2) 산모의 식사, (3) 산모가 금기하는 일, (4) 가족이 금기하는 일, (5) 태는 누가 무엇으로 가르는가, (6) 태의 처리, (7) 산실(産室), (8) 동시출산, (9) 탄생표식, (10) 삼신표식, (11) 산아의 옷, (12) 산파는 누가 맡는가, (13) 산파의 보수, (14) 아명(兒名), (15) 배내머리, (16) 손톱과 발톱, (17) 목욕, (18) 아이 잔치(첫이레, 두이레, 세이레, 백일, 돌날), (19) 질병과 예방치료, (20) 젖이 부족할 때, (21) 첫나들이, (22) 출산에 관한 관습 등.[5]

비록 위의 항목은 그 이전의 출산의례와 관련된 민속조사에서 제시했던 조사항목에 비해 일정하게 진전된 것이기는 하지만, 주로 다루는 내용이 현재적 시점이 아닌 과거지향적인 데 문제가 있다. 특히 시대별로의 변화의 과정을 조사항목에서 명기하지 않은 탓에 각종 정보들과 의례 내용이 구체적으로 어떤 때의 내용인지가 보고서에 분명하게 드러나지 않는다.

사실 오래된 관습은 '민속지적 현재'라는 시점에서 보면 다양한 모습을 지니고 나타난다. 그것은 실제 민속조사 작업이 이루어지는 현재의 삶 속에서 전혀 실천되지 않는 것들도 있으며, 실천은 되지 않지만

---

4 文化財管理局文化財研究所, 『韓國民俗綜合調査報告書(産俗編 上卷)』, 文化財管理局文化財研究所, 1993, pp.6~7.

5 위의 책, pp.7~9.

관념으로 남아 실천행위에 일정하게 관여하는 것도 있다. 또 기억으로만 남아 있고 실천은 이루어지지 않지만 사람들의 의례적 행위에서 무의식적으로 나타나는 오래된 것도 존재한다. 따라서 민속에 대한 이해는 오래된 것에만 집착해서는 안 된다.[6]

궁극적으로 민속조사는 민속지적 현재 삶에서 관철되는 문화적 규칙을 밝혀내는 데 목표를 두어야 한다. 특히 전근대적 양상이 짙었던 왕조시대에는 계층·지역·생업에 따라 약간씩 다른 문화적 체계를 유지해왔던 민간의 풍속이 근대를 통해서 전국적으로 일반화되는 양상은 한국 민속사에서도 두드러지게 나타난다.[7] 이로 인해 민속조사 작업은 전근대에서 근대로의 변환(transformation)에 민간이 어떻게 반응해 왔는가에 관심을 가질 필요가 있다. 즉 민속조사에서 연구자가 민속지적 현재를 설정하고, 현재에도 여전히 작용하고 있는 과거의 것과 사라진 것, 그리고 새롭게 생겨난 것에 대한 역사적 접근을 염두에 두어야 한다.

필자는 경기도박물관의 '경기도 지역 일생의례 민속조사' 작업의 일환으로 2001년 5월부터 12월 사이에 경기도 일대에서 출산의례에 대한 민속조사를 시행한 바 있다.[8] 19세기말부터 오늘날에 이르기까지 근대적인 도시화 과정을 꾸준히 밟아온 경기도 일대에서의 출산의례

---

6   주영하, 「민속지 작업에서의 의식주 연구에 대한 방법론적 검토」, 한국문화인류학회, 『전통의 활성화와 지역문화의 발전』, 한국문화인류학회 제32차 전국대회자료집, 2000, pp.217~236.

7   특히 가정의례와 관련하여 우리가 주목해야 하는 점은 일제에 의해 반포된 『조선의례준칙』이다. 『조선의례준칙』의 시행 강요를 통해서 일제는 그 이전의 가가례(家家禮)를 일반화시키는 작업을 행했다. 자세한 내용은 靑野正明, 「舊總督府中樞院と「儀禮準則」の制定」, 『日本學年譜』(第2輯), 대구: 일본학연구회, 1989를 참조할 것.

8   그 결과는 민속지 보고서로 출간되었다. 주영하, 「출산의례」, 『경기민속지 Ⅴ. 일생의례편』, 용인: 경기도박물관, 2002, pp.71~153. 그러나 필자의 민속지 보고서는 경기도의 지역적 특성을 찾아내는 데는 성공하지 못했다. 이런 의미에서 식구집단을 중심으로 한 출산의례의 양상을 이해할 수 있는 자료가 될 뿐이다.

에 대한 민속조사는 전근대와 근대의 변환 및 토박이와 이주민의 혼입
이 저변에 깔려 있는 복선이다.

따라서 필자는 이러한 복선을 전면적으로 드러내기 위해서 정보제
공자의 선정에 일정한 기준을 두었다. 즉 가능하면 1940년대부터 1990
년대에 걸치는 시기에 세대별로 지니는 출산의례에 대한 정보를 알기
위해 연령층을 다양하게 안배했다. 아울러 지역적인 배려를 위해 강화·
고양·포천·성남·안성·용인·수원, 그리고 서울로 정보제공자의 거주지
를 분산시켰다. 아울러 다른 지역에서 경기도로 이주한 사람도 정보제
공자로 선정했다. 또한 종교적 세계관이 의례의 절차와 내용에 어떤 영
향을 미치는가를 살피기 위해 기독교·천주교·성공회·불교 신자와 무당
을 정보제공자에 포함시켰다.

아울러 출산의례와 관련된 각종 행위와 정보는 주로 산모와 친정어
머니를 통해서 이어지는 경향이 강하다는 사실에 주목을 했다. 그래서
친정어머니와 출가한 딸을 별도의 정보제공자로 선정하여 세대간에
이어지는 출산의례 정보의 소비 구조를 살폈다. 동시에 친척관계를 통
해서 전승될 가능성에 대해서도 주목하여, 이를 살피기 위해 모든 정
보제공자의 친척 계보도를 조사하여 그림으로 작성하고 이것을 통해
서 민속행위의 전승과정을 살피려 했다. 이런 의미에서 이 글은 출산의
례 현상에 대한 문제제기를 기초로 하여 일정기간 민속조사를 행하고,
이를 바탕으로 민속지를 작성한 후, 이러한 결과를 바탕으로 분석적
연구를 시행한 결과라 하겠다.[9]

본문에서는 첫째, 현지연구 과정에서 아들 선호의 경향이 오늘날에

---

9 종래 민속학 연구는 민속지와 논문이 병행되거나 혼용되는 경향이 강했다. 이에 필자는 이
글을 통해서 문제설정→민속조사→민속지 작성→논문 작성이라는 민속학의 현지연구 작
업과정이 실천적으로 수행되는 연구전략이 요구됨을 강조한다.

도 강하게 나타난다는 점을 밝히고, 그것이 출산의례에 미치는 영향을 살핀다. 주지하듯이 조선왕조를 유지하는 데 근간이 되었던 부계혈통 중심의 종법(宗法) 체제에서 파생된 아들 선호가 오늘날에 더욱 강화되는 경향은 한국사회가 지닌 문화적 지향성을 밝히는 데 유용할 것이다.

둘째, 한국사회의 도시화는 주거공간의 형태를 변형시켰으며, 공간에 대한 인식의 변화는 각종 전통적인 관념을 변형시켰다는 점에 주목한다. 분업에 의한 도시적 삶은 집에서보다 병원에서의 출산을 당연한 것으로 여기게 했고, 이로 인해 전통적인 출산 금기가 대응할 대상이 상실되었다. 그러나 몇 가지의 출산 금기는 지속되는 경향도 보인다. 이것은 한국인이 지녀온 출산에 대한 인식이 물질적 차원의 변화를 따라가지 않을 가능성을 보여준다.

셋째, 도시화를 통해서 공간적으로 분산된 친척집단은 오히려 백일잔치와 돌잔치를 통해서 실질적인 접촉의 기회를 강화한다는 점을 현지연구 과정에서 발견했다. 특히 부모의 직장동료와 종교적 결합체가 출산 후 의례에 깊이 간여하는 경우도 있었다. 결국 의례의 집행은 집을 나와서 전문 업체에 맡겨지고, 그로 인해 전통적인 의례가 가가례(家家禮) 혹은 지역성(地域性)에 기반을 두지 않으면서 보편화되는 경향을 보인다. 이것은 도시에서 만들어지는 새로운 형태의 민속주의(folklorism)라 할 수 있다.

이러한 분석을 통해서 1960년대 이후 서유럽과 일본의 민속학계에서 제기되어온 도시민속학적 논의가 그들과 사회문화적 시스템이 다른 한국사회에서 어떻게 수용될 수 있을 것인가에 대한 문제를 살핀다. 이것은 1990년대 이후 전체 인구의 90% 이상이 도시에 거주하고 있는 한국사회의 현실에서 민속학이 대응해야 할 과제이기 때문에 구체적인 사례를 통해서 이에 대한 논증을 하려 한다.

2. 기자(祈子) 관념의 강화

전근대 사회는 종교적 신념과 왕조국가가 지닌 영토라는 틀이 사람들을 상상 속의 공동체에 속하게 만들었다.[10] 주지하듯이 조선왕조가 지녔던 이념적 지향은 성리학에 기초한 부계혈통 중심의 종법체제 실천에 있었다. 이것은 조선왕조의 중심 세력이 지녔던 종교적 신념의 일종이라고 해도 과언이 아니다. 결국 18세기 이후 부계혈통 중심의 이념적 지향은 중심 세력을 뛰어넘어 민간에서도 주된 실천 덕목으로 자리를 잡아갔다. 이로 인해 혼인을 한 부부는 당연히 아들 낳기를 기원하지 않을 수 없었다. 이것이 출산 전 의례에서 기자(祈子) 관념을 만들어 낸 배경이며 일종의 종교적 신념과도 같은 것이었다.

그런데 필자의 민속조사에서 이미 1940년대 이러한 신념이 철저하게 지켜지지 않는 사례를 발견했다. 강화군 길상면 온수리의 박채난(가명, 1923년생)[11]은 성공회 신자 집안에서 태어나 같은 마을의 신자에게 1940년에 시집을 갔다. 모두 성공회 교회에 나가고 있었기 때문에 시집과 친정에서 특별하게 아들을 낳아야 한다는 요구를 하지 않았다. 시어머니는 그저 딸이든 아들이든 아이만 잘 낳으면 된다고 했다. 주변 사람들도 특별하게 아들을 낳아야 한다는 말을 한 적이 없었다. 그래서 아들을 낳기 위해 특별한 노력을 하지 않았다. 그런데 첫아이로 아들을 낳자 시어머니는 무척 기뻐했다.

---

10 베네딕트 앤더슨, 윤형숙 역, 『상상의 공동체-민족주의의 기원과 전파에 대한 성찰』, 서울: 나남출판, 2002, pp.33~45.

11 1923년에 강화 온수리에서 3남 3녀 중 맏딸로 태어났다. 박씨의 남편 김명재(가명) 씨 역시 1915년 온수리에서 2남 3녀의 둘째 아들로 출생했다. 1940년에 동네 사람의 중매로 혼인을 한 두 사람은 슬하에 2남 2녀를 두었다. 그러나 실제로는 3남 3녀였다. 딸 하나는 태어나서 여섯 살 때 죽었고, 아들 하나는 낳은 자리에서 죽었다.

강화도는 성공회가 한국에 첫발을 내린 곳이다. 박채난이 사는 온수리에서는 1897년 외과의사이며 선교사인 Arthur F. Laws(한국명, 노인산)가 의료 활동을 벌이면서 성공회 선교를 한 곳이다. 이에 늘어난 교인들이 1900년 자신들의 헌금과 노력봉사로 성당을 세웠다. 따라서 온수리의 성공회 신자는 서구적 의료혜택을 통해서 성공회 신자가 되었고, 그 과정에서 평신도들의 결합이 강화되어 스스로 성당을 건축한 드문 사례를 보인다. 이러한 종교적 경험으로 인해 박채난과 그의 주변 사람들은 아들 선호에 대한 관념이 희박했을 가능성이 많다. 그러나 첫아이로 아들을 낳았을 때 시어머니가 보여준 태도는 성공회의 종교적 신념과 함께 전통적인 관념이 여전히 작용하고 있음을 보여준다. 이것은 오늘날 개종하여 불교신자가 된 박채난이 뚜렷하게 아들 선호를 보인다는 점에서도 드러난다.

1963년 혼인 이후 서울에서 생활한 고양시의 홍순희(가명, 1937년생)[12]는 독신으로 월남한 남편과 친정어머니의 아들 선호로 인해 네 명의 딸까지 낳으면서 결국 아들을 낳았다. 사실 홍씨의 친정어머니는 본인이 딸만 둘을 낳고 아들을 낳지 못했기 때문에 '낳을 수 있을 때 까지 낳아서라도 아들이 필요하다'는 요구를 했다. 그러나 넷째까지 딸을 낳자, 점쟁이를 찾았다. 그는 아들을 낳으려면 시부모의 제사를 지내야 한다고 했다. 사실 북한에 있는 시부모가 돌아가셨는지도 알 수 없던 터라 망설이다가, 절에 가서 불공을 드린 후 제사를 모셨다. 그런데 홍씨의 친정어머니는 독실한 천주교 신자였다. 그는 성당에 매일 가서 아

---

12 1937년 안성시 일죽면에서 2녀의 둘째 딸로 태어났다. 중학교를 졸업하고 1963년에 중매로 만나 결혼한 남편 김창식 씨는 원래 함경북도 경흥에서 1933년에 3남 2녀의 막내로 태어나서 혼자 월남을 했다. 결혼 후 서울 중심가에서 상점을 운영하다가 지금은 은퇴하였다. 슬하에 4녀 1남을 두고 있는 이 부부는 첫째 딸과 셋째 딸만 시집을 보냈고, 나머지 자식들과 함께 살고 있다. 홍씨 본인은 불교를 믿으며, 자녀들은 천주교를 믿는다.

들을 낳게 해 달라고 기도를 했다. 전통적인 기자 행위가 종교적 차이를 뛰어넘어 천주교 교회로 이전시키는 결과를 낳았다.

즉 이 경우 민속학에서 알려진 전통적인 기자를 위한 행위가 구체적으로 드러나지는 않지만, 그것이 근대적인 도시형으로 대체되었음을 확인할 수 있다. 하지만 점쟁이가 내놓은 처방은 조상제사와 기자를 연결시키는 방식이었다. 종법체제의 실천은 가례(家禮)에 있으며, 그것의 핵심은 조상 만들기라고 해도 과언이 아니다. 즉 조상을 통해서 부계혈통을 잇는다는 인식은 기자를 위한 행위에서 주목되는 점이다.

이러한 현상은 1963년 충남 당진에서 첫딸을 낳고 성남시로 이주한 배정선(가명, 1941년생)[13]의 경우에서 나타난다. 배씨가 첫딸을 낳았을 때 주변 어른들은 그다지 실망을 하지 않았다. 첫 아이였기 때문이다. 그러나 셋째도 딸을 낳았을 때는 배정선 본인도 어른들에게 미안했다고 한다. 셋째 아이를 낳은 직후 배씨는 시어머니가 '뭘 낳았냐?' 하고 물었을 때는 미안한 마음에 이미 알고 있었음에도 불구하고 모르겠다고 했다. 그런데 딸임을 확인한 시어머니는 아무 말 없이 산실을 나갔다. 그리고 시아버지가 '못 낳어?' 하고 시어머니에게 묻자 '내 복에 무슨 손자를 봐요.'라고 답했다. 셋째 딸을 낳았을 때 친정어머니도 무척 서운해했고, 남편도 마찬가지였다.

배정선은 세 번째 아이까지 딸을 낳자 자신이 다니는 절의 스님을 찾아갔다. 스님은 조상 없는 제사를 지내면 아들을 낳을 수 있을 것이라고 말했다. 배씨가 이 말을 시어머니에게 했더니, 시어머니와 시아버

---

13 1941년 충남 당진에서 4녀 3남의 둘째 딸로 태어났다. 역시 당진 출생인 1938년생 남편 홍진식(가명) 씨를 중매로 만나 1962년에 결혼을 했다. 배씨는 초등학교를 남편 홍씨는 중학교를 나와서 농사를 짓다가 1965년에 성남으로 이사를 하여 상업을 하면서 살고 있다. 슬하에는 4녀 1남을 두었다. 종교는 불교의 천태종을 신앙한다.

지는 돌아가신 증조부와 증조모의 제사를 가져가서 지내라고 했다. 증조부와 증조모는 딸만 있어서 대가 끊겼는데, 배씨의 시아버지가 양자로 들어가서 대를 이었다. 배씨의 남편은 맏아들이 아니었기 때문에 제사를 지낼 필요는 없었지만, 아들을 낳기 위해 증조부와 증조모의 제사를 큰집에서 옮겨왔다. 증조부의 첫 기제사를 지내고 건넌방에서 배씨가 잠을 자는 데, 꿈속에 길고 흰 수염을 한 할아버지 한 분이 배씨 바로 옆에서 누워 잤다. 이 꿈을 꾼 후 얼마 지나지 않아 배씨는 임신을 했고, 결국 아들을 낳았다.

이처럼 죽은 조상은 기자 행위의 대상이 되었다. 앞선 홍순희는 점쟁이가, 배정선은 스님이 각각 조상제사를 통해서 아들을 낳을 수 있다는 처방을 내렸다. 홍순희 친정어머니는 천주교 성당에 가서 아들 낳기를 기도했다. 기자를 위해서는 한국인의 다종교적 신념이 총 동원되기도 한다는 점을 이 사례는 보여준다. 특히 특정한 종교적 신념을 넘어서 기자를 통한 부계혈통의 전승이라는 사회적 통념이 사람들의 행위에 더욱 강력하게 작용한다는 점도 확인할 수 있다.[14]

이 점은 본인이 독실한 기독교 신자인 용인의 오민자(가명, 1940년생)[15] 경우에 더욱 뚜렷하게 나타난다. 근대적인 학교 교육을 받고 스스로 기독교 신자가 된 오씨와 남편은 기자에 대한 관념이 강력하지 않았다.

---

14 이 점은 향후 종교민속학 연구에서 더욱 진전되어야 할 과제라 보인다. 서구적 유일신 개념이 존재하지 않았던 사회에서 근대적 종교의 유입은 반드시 서구적인 실천으로 나타나지 않을 수 있다. 조선시대 사례에서도 성리학적 신념이 표면적으로 강조되지만, 실제로는 성리학적 신념과 함께 불교와 무속이 적절하게 실천되는 경우를 李文楗, 『默齋日記』(上·下), 과천: 國史編纂委員會, 1998 등에서 발견한다. 종교의 신앙자 입장에서 신앙 행위의 양상을 살필 필요가 있다.

15 1940년에 경기도 광주에서 태어났다. 오민자 씨는 1남 5녀 중에서 셋째 딸이다. 그녀의 남편 빈병식(가명) 씨는 1935년에 경기도 용인에서 태어났다. 빈병식 씨는 3남 2녀 중에서 첫째 아들이다. 두 사람은 중매로 만나 1963년에 혼례를 했다. 1964년에 첫째 딸, 1967년에 첫째 아들, 1969년에 둘째 아들, 1971년에 셋째 아들을 낳았다.

그러나 남편 빈씨는 집안의 장남이었다. 이로 인해 혼인 후 아들을 낳지 않으면 안 된다는 압력을 시집과 친정에서 동시에 받았다. 특히 오씨가 첫 아이로 딸을 낳았을 때 시할머니는 울기까지 했다. 왜냐하면 당시까지 빈씨 집에 시집온 며느리 중에서 첫 아이로 아들을 낳은 며느리가 없었기 때문이었다. 오씨의 둘째 아이인 아들은 집안 전체에서 딸 일곱을 낳은 후 얻은 첫 번째 아들이었다. 그래서 오씨가 첫 아들을 낳았을 때, 시할머니는 물론이고 오씨 본인도 무척 기뻐했다. 오씨는 첫 아들을 낳고서 마치 대통령이라도 된 듯이 집안에서 대접을 받았다. 그러나 오씨 부부는 첫 아들을 낳기 위해 특별한 기자 행위를 한 적이 없다. 다만 집안 어른들이 별도의 기자 행위를 했을 뿐이다.

그러나 근대적인 학교 교육도 한국사회에서 기자를 위한 행위를 소멸시키지 못한 듯하다. 대학을 졸업한 서울의 김명자(가명, 1955년생)[16]는 전주이씨 광평대군파의 종손에게 1980년에 시집을 갔다. 이 때문에 본인은 물론이고 남편과 집안 어른들도 아들을 원했다. 그런데 첫 아이가 딸로 태어났다. 비록 '첫아이'라는 것 때문에 주변에서는 한편 좋아도 하고 또 한편으로는 섭섭해 하기도 했다. 그러나 둘째와 셋째 아이도 딸을 낳자 주변으로부터 굉장한 압력이 들어왔다. 둘째와 셋째 딸을 낳고서 친정에서 산후 조리를 할 때 친정어머니가 '네가 지금 따뜻한 밥을 먹을 수 있니'라고 해서 아이 낳고 9일 만에 시댁에 돌아왔을 정도였다. 친정어머니는 남편에게도 '내가 이서방을 볼 면목이 없다'고 했다.

김명자의 기자 행위는 다양하게 나타난다. 친정어머니는 대장간에

---

16 1955년에 지금의 서울 성수동에서 태어났다. 1980년에 전주이씨 광평대군의 종손인 1949년생 이진희(가명) 씨와 혼인하였다. 남편은 원래 의정부에서 태어났지만 결혼 후에 서울 수서동에서 살고 있다. 이 부부는 모두 대학을 졸업했으며, 불교를 믿는다. 자녀는 1981년생 딸, 1983년생 딸, 1986년생 딸, 그리고 1991년생 아들이 있다.

가서 작은 도끼를 하나 만들어 와서 김씨의 베개에 넣어주었다. 아들을 낳기 위해 기초 체온법을 통해 배란일을 미리 예상하기도 했다. 또 서울 독산동의 점쟁이에게 가서 합궁 날짜를 받아왔다. 여자의 몸을 산성으로 바꾼다는 약도 썼다. 부부만 조용한 호텔로 가서 지내기도 했다. 또 '생남불공(生男佛供)' 의례를 절에서 한 적도 있었다. 그러나 이런 방법을 통해서 마지막에 아들을 낳은 것은 아니다.

전통적으로 혼인 후 출산 전에 이루어지는 중요한 의례로는 임신을 바라는 각종 속신(俗信, folk belief)과 금기 등이 있다고 알려진다. 이것을 일반적으로 기자행위(祈子行爲)라 부른다. 가령 이광규의 경우 다음과 같이 분류하고 있다. 즉 "기자에는 여러 가지 방법이 있고 이것을 여러 기준에 따라 분류할 수 있다. 첫째 치성을 올리는 사람에 따라, 부인 혼자 치성을 드리는 것과, 부인 이외에 남편 또는 시어머니나 친정어머니 등이 동반하며 여럿이 치성을 올리는 것 등이 있다. 또 기자의 일수(日數)에 따라 수시로 행하는 것과 날을 정하여 행하는 것이 있고, 정일(定日)에 행하는 치성은 삼일기도(三日祈禱), 칠일기도(七日祈禱), 백일기도(百日祈禱) 등으로 분류할 수 있다. 다른 하나의 분류로는 장소에 따른 분류가 있다. 산에서 지내는 것을 산치성, 절에서 지내는 것을 절치성 그리고 집에서 지내는 집치성이 있다."17

그런데 필자의 민속조사에서는 산치성과 집치성이 뚜렷하게 나타나지 않는다. 이것은 필자가 선택한 정보제공자 대부분이 특정한 종교의 틀 속에 놓여 있거나 도시적 삶을 살았기 때문으로 보인다. 특히 기독교 계통의 종교를 신앙하는 경우, 기자행위가 나타나지 않거나 혹은 교회에서 행해지기도 한다. 또 아들을 낳기 위한 각종 의료정보와 속

---

17 李光奎, 『韓國人의 一生』, 螢雪出版社, 1985, pp.40~41.

신들이 동원되는 경우도 있다. 기자를 위한 치성 행위는 1940년대에서 1990년대로 올수록 표면적으로 덜 드러나는 양상을 보인다. 하지만 아들 선호의 관념은 여전히 유지되고 있다.

이러한 변화를 가져온 가장 큰 원인 중의 하나는 근대화 과정에서 배태된 것일 가능성이 많다. 치성이 미신으로 몰리고, 그것을 근대 학교교육을 통해서 당연한 것으로 여기도록 했기 때문이다. 아울러 주거 공간이 농촌에서 도시로 이전했기 때문에 산치성이나 집치성이 표현될 공간을 상실한 데서도 그 원인을 찾을 수 있다. 하지만 여전히 기자를 바라는 신념은 한국사회를 관통하는 듯하다. 특히 교육정도·경제형편·사회지위와 무관하게 도시에서의 아들 선호는 종교행위와 속신은 물론이고 근대의 산물인 의료정보까지 동원되기도 한다. 이런 의미에서 한국사회의 근대화 과정은 표면적인 측면이 강조되었을 뿐, 실질적인 삶의 틀과 관념을 변환시키지는 못했음을 확인한다. 이 점이 오늘날 민속학 연구의 새로운 연구 방향을 제시해 준다.

3. 출산 관련 속신의 소멸과 일부 지속

산부인과에서 출산을 하는 양상이 일반화되기 이전인 1970년대까지 많은 임신부는 출산을 집이나 조산원에서 했다. 특히 집에서 할 경우 출산을 도와주는 '삼할머니'라는 사람이 있었다. 일반적으로 시어머니나 친정어머니가 이 일을 맡기도 하지만, 마을에서 출산의 경험이 있는 할머니가 전문적으로 이런 일을 하기도 했다. 또한 출산이 집에서 이루어지면 많은 경우 '삼신상'을 차렸다. 출산을 쉽게 하기 위해서 각종 주술적인 행위가 행해지기도 했다. 가령 산모에게 남편의 허리띠를 둘러 주거나, 순산한 부인의 치마나 속옷을 입히는 경우도 있었다. 또한 매밀대나 수숫대를 삶아서 그 국물을 먹게 하거나 계란에 참기름을 섞어 먹게 했다. 또 은반지를 다린 물을 마시게 하는 경우도 있었다. 아기가 출산하면 태를 자르고 종이나 짚에 싸서 삼신상에 올리기도 했다. 특히 태를 귀하게 여기는 집에서는 장태방(藏胎方)을 보아 좋다는 곳에 묻거나 물에 띄우거나 태워 버리는 방법을 택하는 경우도 있었다. 그리고 출산한 집에 외부인이 마음대로 드나들지 못하도록 하기 위해 금줄을 치기도 했으며, 경기도 남부에서는 강을 건너온 사람은 이 기간에 아기를 볼 수 없도록 했다.

그러나 강화도 온수리에 사는 박채난(가명)의 경우 반드시 이와 같이 일반적으로 알려진 행위가 적용되지 않는다. 박씨는 1941년 첫째 아들을 본인이 살던 집의 방에서 출산했다. 출산이 다가오자 아랫목의 자리를 걷고 짚을 깔았다. 아기를 낳은 후에는 이 짚을 태웠다. 아기를 받아준 사람은 시어머니였다. 첫째 아들의 태는 아기가 태어난 지 3일이 되는 날 시어머니가 마당에서 태웠다. 그러나 성공회 신자라 아기를 낳을 때 삼신상을 별도로 차리지도 않았으며, 대문에 금줄을 치지도 않았다. 박씨는 금줄 치는 일이 육지에서나 하는 일로 알았다고 한다. 그 대신에 새빨간 흙을 파다가 대문 앞에 뿌렸다. 딸이면 세 무더기, 아들을 낳으면 다섯 무더기를 놓았다. 이 흙도 아기가 태어난 지 3일이 지나면 쓸어냈다. 이를 두고 '황토 피는 것'이라고 불렀다. 하지만 오늘날 강화 온수리에서 이렇게 하는 경우를 찾을 수 없었다. 금줄을 치는 행위는 개인적인 의지에 의해서 행해지는 경우를 제외하면, 오늘날 한국 사회의 촌이나 도시에서 보기 드문 모습이 되었다.

서울에서 생활한 홍순희는 1964년생인 첫째 딸부터 나머지 아이들의 출산을 모두 병원에서 했다. 출산을 앞두고 삼신상을 별도로 차리지 않았다. 큰딸의 경우 개인병원에서 낳고서 탯줄을 달라고 해서 깨끗한 물에 담근 후, 남편이 직접 청계천에 버렸다. 그러나 그 이후에 태어난 아이들의 경우 탯줄을 달라고 병원에 별도로 요구를 하지 않았다. 태를 버리는 관습을 주위에서 잘 하지 않았을 뿐만 아니라, 이전과 같이 사람들이 이 행위에 대해 긍정적인 시선을 보내지 않았기 때문이다. 큰딸을 낳았을 때만 금줄을 한옥 대문에 쳤다. 큰딸 이후에는 상가형 아파트로 이주를 했기 때문에 대문이 없어 금줄을 칠 수가 없었다.

이와 같이 주거공간의 변화는 금줄을 치는 행위를 규제하기도 한다. 동시에 금줄에 소용되는 재료의 희소성이 관습적 행위를 하지 못하도록 만드는 경우도 있다. 배정선(가명)은 1963년 당진의 농촌에서 큰딸을 낳았다. 당연히 시아버지가 금줄을 만들어 대문에 쳤다. 그러나 성남으로 이주를 한 이후에는 금줄을 치지 않았다. 금줄을 만들 재료를 구하기도 어려웠고, 방법을 알지도 못했기 때문이다. 마찬가지로 큰딸을 낳을 때는 방바닥에 짚을 깔고 산실을 마련했다. 그러나 성남으로 이주한 이후에는 비록 아이들을 모두 집에서 낳았지만, 짚을 구할 수 없어 방바닥에 시멘트 포장지를 깔고 낳았다. 생업형태의 변화는 전통적인 관습을 변하시키는 결정적인 원인이 됨을 알 수 있다.

그러나 금줄이 종교적 신념과 직접적으로 갈등을 빚기도 한다. 기독교 신자인 오민자의 경우, 금줄을 친 경험이 없다. 첫딸을 낳고 금줄을 치지 않았는데, 삼칠일 기간 중 걸인이 집에 들어왔다. 아이를 낳아 밥을 줄 수 없다고 하자, 걸인은 왜 금줄을 치지 않았냐고 항의를 했다. 그러자 오씨의 시할머니가 '금줄을 치려고 했는데 우리 손자가 예수를 믿어서 못하게 했다.'고 말했다. 삼신상도 같은 경우다. 첫딸을 낳고 3일이 되는 날에 시할머니가 밥과 미역국으로 상을 차려 머리맡에 두었다. 사실 오씨는 이것이 삼신상인지 몰랐다. 그런데 남편이 이 사실을 알고 치웠다.

기자에 대한 관념과 그것을 위한 행위가 기독교적 인식을 뛰어넘는다고 한다면, 삼신상이나 금줄은 기독교 신자에게는 직접적인 미신행위로 보였을 가능성이 많다. 즉 기독교의 입장에서는 기자에 대한 관념은 종교적 신념과 관련이 없다고 판단되지만, 구체적인 형상으로 나타나는 삼신상이나 금줄에 대한 행위는 타종교의 행위로 이해되는 양면성을 보여준다. 이 문제는 20세기 한국사회에서 전통적인 속신이나 민속종교가 타자화(他者化) 될 때 그것의 종교적인 측면과 문화적인 측면이 사회적으로 절묘하게 구분되는 양상을 보이는 것과 마찬가지다.[18]

그러나 무속을 믿든지, 특별한 서구적 종교를 믿지 않는 경우 출산의례에 나타나는 관습적인 행위는 지속되기도 한다. 무업을 하는 안성의 이금자(가명, 1948년생)[19]는 1970년에 큰 아들을 낳았다. 같은 마을의 할머니를 삼할머니로 들여서 아이를 낳았다. 금줄은 이씨의 남편이 준비해서 쳤다. 이씨의 경우 삼칠일 동안의 금기를 많이 지켰다. 가령 상가에 다녀온 사람, 부정한 사람의 출입이 있으면 임산부의 젖이 마르거나 밥을 못 먹거나 아이가 아프다고 믿었다. 또 강물을 건너온 사람이 출입해도 임산부의 젖이 마른다고 생각했다. 젖이 부족하면 삼베를 지어서 냉수를 떠다놓고 양푼에 계속 부은 후 이것을 밥과 미역국과 함께 놓고 물에 임산부의 젖을 탔다. 순산을 하기 위한 여러 가지 주술적인 행위도 있었다. 순산한 사람의 치마를 입거나, 계란을 먹는 일 등이

---

18 무속이 국가로부터 공식적인 종교로 인정되지 않는 상태에서 사람들 사이에서는 종교행위로 이해되기도 하며, 다른 한편에서 국가는 무속을 종교가 아닌 문화로 이해하여 무형문화재 혹은 각종 축제에서 연행되도록 하는 양면성은 종교민속학의 입장에서 살펴야 할 중요한 과제라 하겠다. 자세한 내용은 주영하, 「민간신앙의 종교성과 문화성」, 『한국문화와 종교적 가치관: 갈등현상과 화합의 가능성 모색』, 성남: 한국정신문화연구원, 2002을 참조할 것.

19 1948년에 충청북도 청주에서 1남 2녀의 첫째 딸로 태어났다. 1969년에 이곳이 고향인 1945생 남편 박인식(가명) 씨를 중매로 만나 결혼을 했다. 결혼을 한 후 몇 년 지나지 않아 신이 내려서 고생을 하다가, 아이들을 다 낳은 후 신내림을 받아 무당이 되었다.

그것이다. 유산기가 있으면 송사리나 호박 줄기를 먹거나 은가락지를 달여 먹었다.

이와 같이 속신이 많이 지켜진 이유는 이씨가 후에 무업을 할 정도로 민간에서 전해져 오는 속신을 믿었기 때문이기도 하지만, 1970년대 초반에도 이러한 전통적인 관습이 농촌에서 지속되었다는 증거도 된다. 그러나 1980년대 이후 도시와 촌의 구분이 없이 아기를 산부인과에서 출산하는 일이 보편화되면서 출산 과정에서 나타나는 각종 속신 행위는 줄어들었다. 필자가 민속조사 과정에서 만난 1990년대 이후 출산한 정보제공자들은 모두 산부인과에서 아기를 낳았고, 앞의 이금자 경우에서 보이는 속신에 대한 정보도 알지 못했으며, 행하지도 않았다. 결국 1960년대 이후 촌이나 도시에서 태어난 사람들에게 그 이전의 관습적인 속신은 거의 전승되지 않는다는 사실을 확인할 수 있다. 즉 세대의 이전에 따라 전통적인 속신은 도시나 촌을 막론하고 사라지는 경향을 보인다. 아울러 비록 속신의 내용을 알고 있지만 실천하는 데는 가족과 주위의 시선, 학교 교육을 통한 신념, 그리고 종교적 지향 등이 복잡하게 얽혀 스스로 규제를 하는 경우도 많다.

하지만 부모와 자녀를 통한 혈연적인 관계를 통한 속신의 지속이 전혀 나타나지 않는 것은 아니다. 포천의 이은희(가명, 1968년생)[20]는 1998년에 첫째 아들, 2000년에 둘째 아들을 병원에서 낳았다. 아이를 낳기 전에 삼겹살을 많이 먹으면 순산을 한다고 해서 몇 번 먹었다. 탯줄처리는 의사가 했을 것으로 안다. 병원에서 하루를 묵은 후 아기와 함께 본

---

20 1968년에 의정부에서 2남 1녀의 막내딸로 태어났다. 1995년에 동갑인 남편 최준식(가명)을 직장에서 만나 연애를 2년 정도 한 후 1997년에 결혼을 했다. 남편 최씨의 고향은 포천이다. 1998년에 첫째 아들, 2000년에 둘째 아들을 낳았다. 처음에는 직장생활을 계속할 생각으로 결혼을 하자마자 아이를 갖지 않을 생각이었으나, 남편 최씨의 주장에 따라 직장을 그만 두고 아이를 가졌다. 종교는 불교를 믿는다.

인의 집으로 갔다. 친정어머니는 먼저 집안을 깨끗이 치우고 미역국을 끓여놓고 방을 따뜻하게 해 놨다. 시어머니는 아기 백일 때 머리맡에다 삼신상을 차렸다. 시어머니 말이 '아기 돌까지는 삼신할머니가 지켜준다'고 했다. 시어머니는 삼신상을 차려놓고 비손을 올렸다. 그러나 금줄은 치지 않았다. 사실 이은희는 출산 후에 행해졌던 각종 주술적 행위에 대해 별로 관심이 없었다. 다만 시어머지와 친정어머니가 그렇게 하는 것이 좋다고 하여 하도록 묵인했을 뿐이다. 만약 본인이 그 위치가 되면 내용을 자세하게 모르기 때문에 과연 이러한 행위를 주관할 수 있을지에 대해서는 의문을 품는다.

따라서 촌에서 행해지던 출산과정의 각종 주술적 행위는 시대의 변화와 도시화를 통해서 많은 가정에서 사라져가고 있는 중이라고 해도 과언이 아니다. 특히 1990년대 이후 한국의 촌 역시 도시적 밀폐형 주거공간으로 변하고 있기 때문에 이러한 양상은 도시와 촌이라는 공간적 구분 속에서 현저한 차이를 보이지 않는다. 비록 일부 부모들의 관념이 최근까지도 부분적으로 지속하도록 하지만, 이것 역시 장기 지속 가능성은 많지 않다. 즉 도시와 촌의 구분보다는 전통과 현대라는 각 세대가 지닌 인식의 틀이 실천과정에서 더 중요한 변수로 작용을 한다는 점은 향후 민속학 연구에서 주목을 해야 하는 점이다.

그러나 현재에도 강력하게 지속되는 속신도 존재한다. 그중의 대표적인 사례가 임산부의 몸에 대한 관념이다. 즉 임산부는 산후에 차가운 바람이나 찬물을 가까이 하지 못하도록 주의를 받으며 일정기간 몸을 보온해야 한다는 믿음이 지속·강화된다. 특히 1996년부터 설립되기 시작하여 한때 붐을 이루었던 산후조리원이라는 시설은 임산부의 친정부모 혹은 시부모가 도맡아 했던 산후 조리에 대한 수고를 들어주는 역할을 하면서, 동시에 임산부의 몸에 대한 관념을 사회화시키는 데 일정한 영향을 끼쳤다.

이와 같은 임산부의 몸에 대한 속신의 지속은 한국적인 특수성으로 강화되는 경향을 보여준다. 가령 "출산 후 찬바람을 맞으면 몇 년 후 적지 않은 고통을 당하게 되므로 산후에는 몸을 따뜻하게 하며 땀을 충분히 흘려 불순물을 밖으로 배출시켜야 한다."[21]는 주장은 우리 사회에서 매우 일반적인 인식 중의 하나다. 이와 관련된 속신은 문화적 차원을 넘어서 태생적 차원에서 이해되는 경향까지 있다. 한국인의 관습적 행위가 사회문화적 배경에서 형성된 것일 경우에도 이와 같이 태생적인 차원에서 이해되는 사례는 이것 외에도 많은 편이다.[22] 향후 민속현상의 장기 지속에 대해서 접근할 때 이러한 측면에서의 연구도 요구된다.

4. 집을 나간 돌잔치

백일 이전까지의 출산의례가 주로 임산부를 위한 것이었다면 백일과 돌은 태어난 아기를 위한 의례이다. 태어난 지 백일이 되면 우선 아기의 배냇머리를 잘라주거나 색깔 있는 옷을 입힌다. 또 백일잔치를 하는 집도 있는데, 이때는 친척과 이웃을 초대하여 미역국에 밥과 떡을 대접하기도 했다. 백일잔치 때 마련하는 떡은 대체로 백설기·수수팥떡·인절미·송편 등이 있다. 특히 자손이 귀한 집에서는 백설기를 백 개의

---

21 대구시에 소재한 모 산후조리원의 인터넷 홈페이지(http://www.hanbangsanhu.co.kr)에 나온 광고문이다. 그러나 미국의 산부인과 병원에서는 출산 후 곧장 샤워를 하도록 권장한다. 미국에서 한국인 임산부가 이런 권장을 받을 때 문화적·체질적 충격을 받는 경우도 있다.

22 매운 것을 좋아하는 한국인의 관습이 태생적인가, 문화적인가의 문제가 그 대표적인 사례 중의 하나다.

편으로 나누어 이웃과 길 가는 사람에게 나누어주었다. 이러면 아기의 수명이 길어진다는 속신이 있었기 때문이다. 돌잔치는 백일잔치보다 더욱 성대하게 준비된다. 보통 옷을 새로 마련해 주고, 친척과 이웃을 불러 잔치를 했다. 다만 1960년대에는 돌잔치보다 백일잔치를 더 중요하게 여기는 경우도 있었다. 돌잔치를 너무 크게 하면 아이에게 좋지 않다는 인식이 전승되었기 때문이다.

그런데 남아선호가 강한 집에서는 아이의 성별에 따라 백일잔치와 돌잔치의 거행 여부가 결정되기도 했다. 첫째 아이가 아들이든지 딸이든지 관계없이 잔치를 하지만 그 이후에는 아들일 때만 잔치를 하는 경우도 있었기 때문이다. 백일과 돌 때 손님들이 들고 오는 선물의 변화도 있었다. 1960년대까지는 주로 쌀과 실타래였지만, 점차 금반지와 옷으로 변했다. 1980년대에 들어와서는 반지·팔찌·현금·옷이 주류를 이루었다. 이것은 한국 사회가 20세기를 관통하면서 보여준 가치재(valuables)에 대한 인식 변화를 설명해준다.

또한 최근에 와서 백일잔치와 돌잔치의 모습도 많이 변했다. 필자의 민속조사에 응했던 1990년대 이후 출산 경험을 가진 정보제공자의 경우 백일잔치는 집에서 식구들끼리 했지만, 돌잔치는 집에서 한 경우가 없었다. 비록 백일잔치와 돌잔치가 시대와 관계없이 행해지고 있지만, 백일잔치 때는 가족들끼리 하고, 돌잔치 때는 친척과 이웃을 불러 크게 하는 경향은 1980년대 이후의 시대적 흐름으로 여겨진다. 그만큼 돌이 백일보다 중요시된다. 또한 백설기·인절미·수수팥떡을 마련하는 일은 시대와 관계없이 지켜진다.

다만 1970년대까지도 백 일째 혹은 만 일주년에 잔치를 했지만, 그 이후에는 그날이 든 토요일이나 일요일에 잔치를 하는 경향이 뚜렷하다. 그만큼 1980년대 이후 한국인의 시간관념이 일주일을 단위로 하는 서구적인 형태로 바뀌었음을 증명한다. 1980년대는 한국인 중에서 도시에 거주하는 인구가 급증을 한 때이다. 도시인들의 생업형태는 회사원이든 자영업이든 일주일을 생활의 단위로 삼는다. 결국 많은 사람들의 참여를 유도하기도 하면서 의례 집행자와 참여자의 편리를 도모하기 위해 해당하는 날짜는 변동이 가능하다. 그러나 변동을 할 경우 백일이나 돌날이 지나기 전의 토요일 혹은 일요일을 선택해야 한다. 그날이 지나면 의미가 없다고 여기기 때문이다.[23]

서울의 김금자는 1980년대 후반에 아들의 돌잔치를 손님이 많을 것을 예상하여 뷔페식당에서 했다. 시댁과 친정의 부모님이 도착했을 때 돌잡이 행사가 식당 측 사람에 의해 이루어졌다. 아이에게 한복을 입혔다. 바지저고리·마고자·전복·복건 등을 갖추었다. 굳이 한복을 입힌 이유는 돌 때는 아이에게 한복을 입히는 것이 좋다고 하는 주위의 말이 있었기 때문이다. 1980년대부터 한국의 도시에 생겨나기 시작한 뷔페식당은 오늘날 돌잔치를 하는 가장 일반적인 장소가 되었다. 각종 의례의 주관 역시 뷔페식당 측에서 도맡아 한다. 백일상이나 돌상의 상차림 역시 식당 측의 정해진 규칙에 따라 차려진다. 사람들은 식당 측의 주관에 따라 행해지는 의례에 참여하며 그 구체적인 내용에 대해서는 제대로 알지 못한다. 의례음식 역시 일부를 제외하면 식당 측에서 마련한다. 비용 지불의 정도에 따라 진짜가 아닌 가짜가 차려지는 경우도 있다. 이것이 1980년대 이후 한국의 도시에서 일어난 전통적인 의례의 변화 중 하나이다. 그러나 1990년대 이후 도시에만 뷔페식당이 성업을 하는 것이 아니다. 촌의 읍소재지에도 뷔페식당이 들어서고 특별한

---

23 시간관념의 변화는 도시는 물론이고 촌에서도 나타나는 현상이다. 그만큼 오늘날 한국사회에서 촌과 도시는 연결되어 있다.

의례는 촌에 거주하는 사람들도 뷔페식당을 찾는다.

독실한 기독교 신자의 경우 목사가 뷔페식당에서의 돌 의례를 주관하기도 한다. 수원의 아파트에 사는 기독교 신자 빈은희(가명, 1964년생)[24]는 딸의 돌잔치 때 남편의 회사동료, 빈씨의 친구들, 그리고 친척들과 교회 사람들을 초청했다. 돌잔치는 목사가 주관하여 예배형식으로 진행되었다. 먼저 목사의 기도, 성경말씀, 아이를 어떻게 키우라는 것에 대한 말씀, 전도사의 축복기도, 식사기도로 이어졌다. 손님들이 식사하는 중간에 아이 돌 사진을 찍었다. 돌잡이는 돌잔치 날 하지 않았다. 집에서 식구들이 모여서 돌잡이를 했다.

돌잔치 당일 빈은희는 왜 아이의 돌잡이를 하지 않았을까? 의례를 주관했던 목사는 돌잡이 자체보다, 돌잡이 결과를 통해서 아이의 미래를 점치게 되기 때문에 이것이 기독교 신념과 배치된다고 문제를 삼았다. 빈씨 부부 역시 이에 동의하여 돌잔치 장소에서 돌잡이를 하지 않았다. 그러나 집으로 돌아온 후 시어머니는 돌잡이 하지 않은 것이 마음에 거슬렸고, 결국 집에서 돌잡이를 하게 되었다. 사실 빈씨의 시어머니 역시 기독교 신자이지만, 관습적인 것을 행하지 않는 것에 대한 불안이 있었다고 한다. 이 문제는 향후 기독교 신자의 민속행위에 대한 연구에서 새롭게 조망될 필요가 있다. 즉 전통적인 측면에만 연구의 대상을 두지 말고, 한국인 기독교 신자의 생활 속에서 민속이 어떻게 지속되고 소멸되는가를 살피는 작업 역시 앞으로 한국 민속학이 담당해야 할 과제다.

---

24 1964년 용인에서 1녀 3남의 장녀로 태어났다. 고등학교부터 주로 서울에서 생활했으며 결혼 후에 수원에서 살고 있다. 남편은 1963년 강원도에서 2남 2녀의 장남으로 태어났다. 그 후 대전에서 고등학교까지 지내다, 서울에서 대학을 졸업한 후 수원에서 살고 있다. 이들 부부는 중매로 만나 연애를 일정 기간 한 후 1994년 결혼을 했다.

5. 촌민속학과 도시민속학의 한계

일부 민속학자 중에서 일생의례 혹은 평생의례를 두고 관혼상제(冠婚喪祭)로 이해하려는 경향에 대해 필자는 문제가 있지 않을까 여겨온다. 조선시대 성리학적 가례(家禮) 체계는 분명히 관혼상제에 초점이 맞추어졌으며, 그것은 하나의 예법(禮法)으로 간주되었다. 그러나 한 개인의 삶이 지닌 시간의 마디와 관련된 평생의례는 이보다 더 포괄적이었다. 가령 김홍도의 작품으로 알려지는 조선후기 평생도를 그린 화첩(畵帖)에서 일생을 구분하고 있는 분류 기준은 반드시 관혼상제의 틀이 아니다.

일반적으로 조선후기에 그려진 평생도는 높은 벼슬을 지낸 사람의 일생을 마치 행장(行狀)처럼 그려 집안 대대로 보존하여 기리기 위한 의도에서 제작되는 일종의 기념화로서 대체로 돌잔치·관례(冠禮)·혼례(婚禮)·과거급제(科擧及第)·벼슬살이·회갑연(回甲宴) 등이 주요 내용이 된다.[25] 즉 비록 계층적인 한계는 있지만, 조선후기 양반관료 남자들의 평생을 구분하는 시간의 마디는 앞에서 밝혔듯이 돌잔치·관례(冠禮)·혼례(婚禮)·과거급제(科擧及第)·벼슬살이·회갑연(回甲宴) 등의 여섯 마디가 있었다.

즉 관혼상제는 공식적(official) 측면이 강한 것이고, 김홍도의 평생도 화첩에 그려진 장면은 실천적(practical) 측면이 강하다. 이것은 한 사회가 시대마다 일정한 형태의 사회문화적 시스템을 지니고 있으며, 그것으로 인해 한 개인이 부여받는 사회적 일평생의 시간적 마디도 달라진다는 점을 보여준다. 이런 면에서 시대·계층·지역에 따라 평생의례의 전

25　申明雨, 「淡窩洪啓禧平生圖 圖版解說」, 李鍾碩(편집), 『韓國의 美19 風俗畫』, 서울: 中央日報社, 1985, p.227.

체 구성이 다른 양상으로 나타날 가능성을 배제하고 관혼상제로 일반화할 경우, 그 학문적 위험성은 극에 달할 가능성이 많다.

오늘날 한국사회는 표면적인 생활방식에서는 근대(modern)에 거의 접근한 것처럼 보인다. 특히 2000년에 접어들어 한국인의 전체 주택 중에서 아파트는 47.7%에 이른다. 더욱이 아파트를 비롯하여 연립주택과 다세대주택과 같은 서구형 밀폐 거주공간이 전체의 59.2%에 가깝다.[26] 전통적으로 한국의 살림집은 개방형을 지니고 있었다. 비록 방(房)은 밀폐형이지만, 마루와 마당, 장독대 등은 개방형이었다. 개방형이 밀폐형으로 바뀌면서 전통적인 공간 인식이 바뀌고 있으며, 옹기·세숫대야·솥 등의 전근대적인 물건도 사라지고 있다. 동거인의 구성 역시 부부가족 중심의 거주형태를 보인다. 즉 물건과 공간, 그리고 동거인 집단의 변화는 사람들의 생활방식과 인식을 다르게 할 가능성도 많다.

본문에서 살펴본 바와 같이 1940년대에서 1990년대에 경기도 일대에서 이루어진 출산의례 역시 이러한 표면적인 변화 양상만큼 구체적인 실천적 내용에서도 많은 변동을 가져왔다. 이것을 다른 말로 도시화 과정에서 생겨난 것이라고 한다면, 이에 대한 접근은 이른바 도시민속학의 대상이 될 수 있을지도 모르겠다. 그러나 오늘날 한국사회는 도시와 촌의 구분이 어렵게 되어가는 양상을 보인다. 촌에서 새로 지어지는 집들은 대부분 도시형의 밀폐형 주거이며, 아파트라는 공동주택도 증가한다. 도시의 시설물로 여겨지는 뷔페식당도 촌의 읍소재지에 있는 경우가 많다. 동거인의 형태도 부부가족 중심이 주를 이룬다. 즉 오늘날 한국사회에서 도시와 촌이 구분되는 기준은 단지 생업형태라

---

26 통계청, 『2001한국의 사회지표』, 대전: 통계청, 2001, p.326. '건축년도 및 주택형태별 주택분포' 조사에 의하면 1990년에는 전국 주택 중에서 단독주택이 66%, 아파트가 22.7%, 1995년에는 전국 주택 중에서 단독주택이 47.1%, 아파트가 37.5%였다.

는 요소로 인해서일 뿐이다.

일반적으로 도시민속학은 두 가지 양상을 보인다. 한 가지는 도시에 사는 사람들의 비공식적 행위에 대한 관심이다. 대표적인 예로 필자는 독일의 민속학 연구가 공장 노동자에 관심을 가졌던 것을 꼽는다.[27] 다른 한 가지는 농촌에서 도시로의 이주를 통해서 농민이 도시에서 지속하는 전통적인 관습을 주로 연구하는 것이다. 일본의 경우가 대표적인 예라 여겨진다.[28] 하지만 독일과 일본의 도시민속학이 지닌 두 가지 양상이 과연 한국적 도시민속학에도 그대로 적용될 수 있을지에 대해서는 의문이 앞선다. 왜냐하면 두 나라가 공통적으로 경험하지 못한 식민지 경험을 한국사회는 안고 있기 때문이다. 즉 한국의 근대는 식민지 경험을 통해서 시작되었고, 1960년대 이후 박정희 정부의 근대화 정책을 통해서 더욱 깊숙하게 자리를 잡았다. 특히 21세기에 접어든 오늘날에도 여전히 근대국가의 공공성보다는 혈연적인 민족주의가 더욱 강세를 보이는 상황에 놓여 있다. 따라서 한국적 도시민속학이 지향해야 할 철학적 과제가 무엇인지에 대한 논의가 더 요구된다.

한국민속학계에서는 그 동안 촌(村, rural community)을 중심으로 하여 일어나는 민속현상에 대해서 주목해온다. 그러나 이제 촌은 더 이상 한국사회를 지탱하는 대표적인 공간이 아니다. 그래서 도시민속학이 필요하다면 이것도 문제다. 종래 한국 민속학 연구는 촌과 도시의 공간적 사회적 구분 속에서 진행된 적이 없다. 그보다는 촌이라는 공간

---

27 자세한 내용은 다음의 글을 볼 것. 볼프강 캬슈바, 「상징적 질서로서의 민중문화와 노동자 문화: 일상사와 문화사 논쟁에 대한 몇 가지 민속학적 논평」, 알프 뤼트케 외 지음, 이동기 외 옮김, 『일상사란 무엇인가』, 서울: 청년사, 2002, pp.259~298.

28 자세한 내용은 다음의 글을 볼 것. 大月隆寬, 「都市民俗學という神話」, 『民俗學という不幸』, 東京: 靑弓社, 1992, pp.71~109.

을 기반으로 한 전통에 집중되어온다. 마치 한국사회를 상상 속의 공동체로 설정하고 이 속에서 지속되는 민속에 관심을 가져왔다. 1980년대 이후 도시화 과정에서 촌은 전통의 잔존물로도 이해되었다. 그러나 더 이상 촌이 한국사회의 전통을 담보하지 못한다. 그래서 도시에 대한 민속학적 연구가 필요할까.

21세기에 접어들어 민속학은 마치 오래된 물건이 새로운 공간에서 어떻게 변이·적응되는가와 같은 입장에서 새로운 전망을 내놓을 필요가 있다. 사실 민속학(民俗學, folklore)은 근대적 학문이지만 전근대에 대해 주로 관심을 가져왔다. 전근대에 대한 이해를 바탕으로 전근대에서 근대로의 변이과정에서 오래된 관습이 어떻게 변동하고 적응하는가를 밝히는 작업은 오늘날 한국에서 민속학이 수행해야 할 중요한 과제다. 이런 면에서 한국적 도시민속학을 지향하려면 전근대와 근대가 공존하는 한국적 현실을 직시할 필요가 있다. 특히 민속지적 현재를 오늘날의 도시라는 공간에 두는 도시민속학은 도시를 근대성의 한 징표로 판단해야 하지만, 그렇다고 촌과 도시의 대응적 구도가 아닌 전근대와 근대의 대비를 통한 변환과정과 반응을 살피는 데 더 주력해야 한다.

여기에는 국가의 통제와 규제, 기독교를 비롯한 서양의 종교적 신념, 학교 교육을 통한 근대교육, 박물관과 축제를 통한 민속의 부활과 민족주의의 함양 등의 근대적 요소가 어떻게 사람들의 삶에 직간접적으로 작용하는가에 대한 이해가 요구된다. 아울러 통제와 규제, 그리고 캠페인이 민속행위를 직접 행하는 행위자에게 어떻게 인식되어 행동으로 나타나는가에 대해서도 주목해야 한다.

필자는 1940년대부터 1990년대라는 시간을 설정하고 경기도 일대의 출산의례에 대해 이러한 분석적 틀을 염두에 두고 이 글을 작성했다. 비록 연구의 결과가 목표로 한 바와 같이 분명하게 드러나지는 않았지만, 민속학의 역사적 접근이 단지 과거에만 머물러서는 안 된다는 점을 밝혔다. 더욱이 식민지 경험을 통해 민족주의의 선봉장에 선 한국 민속학이 시대·지역·계층의 다양성보다는 민속현상의 국민적 일반화에 봉사해 왔으며, 그것이 새롭게 사람들에게 실천되고 인식되는 양상으로 나타나고 있다는 면도 반성해야 할 점이다. 하지만 이 문제는 더욱 많은 연구를 통해서 밝혀져야 할 과제라 생각한다. 많은 선배·동학과의 허심탄회한 논의를 기대해 본다.

참고문헌

金承璨, 「巨濟島地域의 禁忌生活」, 『韓國文化研究』 6, 부산: 부산대학교 한국문화연구
　　　소, 1993.

文化財管理局文化財研究所, 『韓國民俗綜合調査報告書(産俗編 上卷)』, 文化財管理局文
　　　化財研究所, 1993.

배도식, 「韓國의 産俗」, 『민족문화』 제7집, 서울: 민족문화추진회, 1981.

申明雨, 「淡窩洪啓禧平生圖 圖版解說」, 李鍾碩(편집), 『韓國의 美19 風俗畵』, 서울: 中央
　　　日報社, 1985.

윤여송, 「産俗禁忌의 意味 研究」, 『人文社會科學研究』 제1집, 광주: 湖南大學校人文社會
　　　科學研究所, 1994.

李慶馥, 「朝鮮時代 産俗研究」, 『韓國民俗學』 제11집, 서울: 민속학회, 1979.

李光奎, 『韓國人의 一生』, 螢雪出版社, 1985.

李圭昌, 「全北地方의 産俗研究; 全北 西海岸地域의 老姑들의 證言을 根據로」, 『전라문화
　　　연구』, 전주: 전북향토문화연구회, 1988.

李文楗, 『黙齋日記』(上下), 과천: 國史編纂委員會, 1998.

李鍾哲, 「産俗의 信仰構造와 社會的 象徵; 江原道 밭치마을의 事例」, 『月山任東權博士頌
　　　壽紀念論文集-民俗學篇』, 서울: 집문당, 1986.

이필영, 「民俗의 持續과 變動: 出産儀禮 중의 安胎를 중심으로」, 『역사민속학』 13, 서울: 한
　　　국역사민속학회, 2001.

주영하, 「민간신앙의 종교성과 문화성」, 『한국문화와 종교적 가치관: 갈등현상과 화합의 가
　　　능성 모색』, 성남: 한국정신문화연구원, 2002(미발행).

______, 「민속지 작업에서의 의식주 연구에 대한 방법론적 검토」, 한국문화인류학회, 『전
　　　통의 활성화와 지역문화의 발전』(한국문화인류학회 제32차 전국대회자료집), 2000.

______, 「출산의례」, 『경기민속지 Ⅴ. 일생의례편』, 용인: 경기도박물관, 2002.

池春相, 「珍島의 通過儀禮-其一-産俗과 婚俗을 中心으로」, 『湖南文化研究』 제10·11집,
　　　合倂號, 광주: 전남대학교 호남문화연구소, 1979.

통계청, 『2001한국의 사회지표』, 대전: 통계청, 2001.

한양명, 「한국 産俗의 체계적 이해를 위한 試論」, 『比較民俗學』 제16집, 서울: 比較民俗學
　　　會, 1999.

홍순례, 「産俗에 나타난 胎占·胎夢研究」, 『韓國民俗學』 제27집, 서울: 民俗學會, 1995.

大月隆寬, 「都市民俗學という神話」, 『民俗學という不幸』, 東京: 靑弓社, 1992.

靑野正明, 「舊總督府中樞院と「儀禮準則」の制定」, 『日本學年譜』(第2輯), 대구: 일본학연구

회, 1989.

베네딕트 앤더스, 윤형숙 역, 『상상의 공동체-민족주의의 기원과 전파에 대한 성찰』, 서울: 나남출판, 2002.

볼프강 캬슈바, 「상징적 질서로서의 민중문화와 노동자문화: 일상사와 문화사 논쟁에 대한 몇 가지 민속학적 논평」, 알프 뤼트케 외 지음, 이동기 외 옮김, 『일상사란 무엇인가』, 2002, 서울: 청년사.

한말 일제강점기 국가제례(國家祭禮) 공간의 변화

최석영_국립극장 공연예술박물관장

1. 머리말

1) 문제의 소재

한국 역사에서 국가제례는 역사적 상황에 따라 축소–격상–폐지·온존–부활을 경험하였다. 그럼에도 불구하고 국가제례가 국가의 정체성(正體性)·역사성(족보)을 담보하고 있는 한, 국가제례의 역사적 생명은 쉽게 꺼지지 않았다. 즉 국가제례는 과거와 지속적으로 관련되면서 국가, 민족의 역사와 함께 위상을 달리하면서도 역사적·시대적 맥락 속에서 항상 창출되는 속성을 가진 민족문화 가운데 하나였다.[1]

이와 같은 국가제례의 속성으로부터, 열강들과의 관계 변화가 심했던 대한제국기로부터 일제강점시기를 거쳐 현재에 이르기까지 국가제례의 위상이 어떻게 변해왔는가를 "전통의 창출(invention of tradition)"[2]이라는 관점에서 살피는 작업은 유익할 것이다. 특히 일제 강점이라는 역사상황의 격변으로 대한제국은 일본의 한 '지방'[3]으로 자리가 매김 되

---

* 이 글은 『한국사연구』 118호, 한국사연구회, 2002에 게재되었던 것을 재수록하는 것임을 밝혀둔다.

1 국가제례의 창출과 관련하여 대한제국 황손들을 찾아 이들로 하여금 "우리 사회에서 정신적 지주 역할"을 하도록 하여야 한다는 취지에서 1999년에 발족된 대한황실재건회(http://cafe.daum.net.KoreanEmpire)는 20대들이 중심이 되어 대한제국 황실 복원운동을 펼치고 있다는 기사(신선종 기자, 『문화일보』, 2002. 8. 15, p.21)는 좋은 예가 될 것이다.

2 영국의 역사학자 홉스봄은 "창출된 전통은 본질적으로 단지 반복을 강요하여 과거와의 관련성이 특징적으로 나타나는 의례화의 과정"이라고 정의하였다. 즉 창출되는 전통은 역사적으로 반복성을 나타낸다는 점과 그 반복성이 과거와 관련성을 가지고 있다는 점, 그리고 마지막으로 의례화된다는 특징을 가지고 있다. E.Hobsbawm & T.Ranger (ed), *The Invention of Tradition*, Cambridge Univ. Press, 1983; 최석영 역, 『전통의 날조와 창조』, 서울: 서경문화사, 1995, p.43·53.

3 일제 강점에 의하여 대한제국은 일본 국내의 中國, 四國, 本州, 北海道, □繩와 같은 하나의 지방으로 자리매김 되었다. 당시 지리교과서에는 조선을 일본 가운데 면적이 가장 넓을 뿐만 아니라, 인구가 가장 많은 지방으로 기술하고 있으며 이 같은 예는 세계에서도 유일하다고까지 서술하고 있다.

었고 그에 따라 그간 왕조에게 유교이념 실천의 상징이었던 국가제례 공간은 역사무대에서 폐지되는 운명을 맞이하게 되었다. 해방 이후 에도 종묘로 대표되는 국가제례는 식민지로 전락시킨 망국의 이미지가 강하였던 조선왕조의 유산으로 비추어져 연구의 관심 대상이 되지 못하였다. 한국전쟁이 발발한 이후의 국내 상황은 국가제례의 복원을 더욱 어렵게 만들었다. 1960년대에 들어서서 '민족국가 건설'이라는 과제로 정부나 민간이 민족문화에 높은 관심을 보이게 됨에 따라 1963년 문묘 건물들과 사직단 정문이 보물로 지정된 이후 차례로 종묘의 정전, 영녕전, 제례악, 선농단, 선잠단 등도 국보, 보물, 사적지, 무형문화재로 지정되었을 뿐만 아니라, 1968년부터는 종묘제례도 봉행되기 시작하였다.[4] 1990년대 이후 지방자치제가 실시됨에 따라 국가제례 복원운동에 나타난 새로운 현상은 그 동안 민간차원에서 복원의 움직임이 있었던 국가제례를 관(官)에서 주관하는 방향으로 변하고 있다는 것이다.[5]

오늘날 국가의 '뿌리'를 찾으려는 경향은 국가유기체설을 염두에 두지 않더라도 역사적으로 반복적인 의례행사로서 면면히 이어져 왔던, 특히 국가·민족과 깊은 관련이 있는 제례라는 역사적 사실(historical facts)에 대한 관심이 고조된 결과이며, 시대에 따라 그러한 경향은 형태는 다르겠지만 언제든지 나타나는 성질의 것이다. 따라서 시대상황에 따라 어떠한 양상으로 국가제례의 위상이 변하였는가를 살펴보는 일은 홉스봄이 앞서 주장한 전통 창출의 한 가지 예를 제시하는 것이 될 것이다.

---

4   김문식·송지원, 「국가제례의 변천과 복원」, 『서울 20세기 생활·문화변천사』, 서울시정개발연구원·서울시립대학교 서울학연구소, 2001.

5   위의 논문.

2) 기존 연구의 경향

기존의 연구들은 대한제국시기에서 일본강점시기로 옮겨가는 이행기에 국가제례가 어떻게 변하였는가에 주로 주목하였다. 그러나 일제강점시기와 전후(戰後) 국가제례가 어떤 역사적 요인이 작용하여 변화 내지 대체되었는가. 대체되었다면 그 내용은 무엇인가에 주목한 논고는 아직 나오지 않았다. 그렇다고 해서 대한제국에서 일본강점시기로 옮겨가는 이행기의 국가제례에 관한 연구 성과가 많이 축적되었다는 것이 아니다. 현재로서는 박종서의 사회학적 접근[6]과 김문식·송지원의 역사학적 접근[7]에 의한 연구 정도에 머물러 있다. 그러므로 대한제국시기에서 일제강점기로 이행하는 시기의 국가제례의 변화에 대한 다각적인 연구는 물론, 일제강점시기 및 해방 이후 국가제례의 위상변화에 대한 연구가 이루어져야 할 시점에 와 있다. 그 동안 일제강점시기 조선왕조의 국가제례가 소멸되고 그 대신 일본 천황신을 제 신으로 하는 조선신궁을 비롯한 신사(神社)에 대한 연구는 기독교 등 종교 단체에서 신사참배 거부에 주목한 것들이 대부분이다.

박종서는 대한제국이 성립되고 국가제례가 강화된 역사적 현상을 19세기 사회의 제변화—특히 신분제의 변동, 청일전쟁의 결과와 개화파의 활동 등에서 보여지는 중화(中華)질서로부터의 탈피현상, 친러·수구파의 정치적 의도 등—에서 찾았다. 그와 같이 강화된 국가제례가 소멸되기 시작한 역사적 요인에 대해서는 1905년 러일전쟁 이후 1907년 6월 헤이그 밀사 사건을 계기로 일본에 의해 고종이 폐위되고, 대한제국을 둘러싼 국제관계에서 일본의 정치적 입장이 강화된 점에 주목하

---

6 박종서, 「한말 국가제사의 변화에 대한 사회학적 연구」, 서울대학교 대학원 석사학위논문, 1998.

7 김문식·송지원, 앞의 논문.

였다. 보다 구체적으로는 1907년 7월 23일에 그간의 국가제사가 폐지·합사·축소라는 전반적인 변혁을 겪었으며 그와 같은 변혁이 1910년 8월 일제의 강점으로 폐지 또는 온존(예를 들면 문묘 제사, 종묘 제사)으로 연결되었다는 점을 고찰하였다. 그 연구는 한말 국가제례의 강화 및 변화에 대한 역사적 요인을 설명하는 데 주로 국내적인 변화에 주목하고 있어 한계점을 가지고 있다고 말할 수 있다.

김문식·송지원은 한말 국가제례, 그 가운데에서도 대사·중사를 중심으로 그 연혁뿐만 아니라 제례악의 변화까지를 구체적으로 살피고 있어 박종서의 연구와는 경향을 달리 하고 있으나, 변화의 역사적 요인에 대해서는 소략하게 다루어지고 있다.

이 글은 기존의 연구 성과를 크게 반영하고 대한제국시기에서 일제강점시기로 이행하면서 국가제사가 어떻게 변화·대체되어갔는가. 대체된 조선신궁을 비롯한 신사정책은 어떠한 성격의 것이었는가를 국내·외적 요인을 시야에 넣고 살펴봄으로써 국가제례의 역사적 변천과 그 성격을 제시해 보는 데 궁극적인 목적이 있다.

2. 한말 국가제례의 변화

왕조 또는 국가의 '정통성'을 상징하는 제례 공간은 국가(왕조)의 도덕·정치적 권위가 지속적으로 생산되는 장소일 뿐만 아니라, 천명을 받은 통치자의 초자연적 소우주(microcosm)로서의 정치질서가 확인되는[8]

8　Paul T. Cohen, "Order Under Heaven: Anthropology and the State", Grant Evans(ed.), Asia's Cultural Mosaic(Prentice Hall), 1993, p.192.

장소였다. 새로운 국가 또는 왕조가 세워지면 우선 당장 이전 시대의 국가제례 공간을 없애고 새로운 제례공간을 지은 것[9]은 바로 정치적 권위의 강화와 관련성이 깊기 때문이다. 만약 그 공간이 없어진다는 것은 그들의 '모태(母胎)'를 잃은 것과 같은 것이다. 그러므로 국가제례 공간이 변화된다는 것은 전후 시대와 성격을 달리하는 역사적 변혁을 반영하는 것이다. 국가제례 공간의 변화를 기준으로 한국의 역사를 시대적으로 구분해 보면 왕조 변화를 기준으로 한 시대구분과 겹치는 것은 바로 국가제례의 속성을 나타내는 것이다.

조선왕조는 중앙집권체제를 유교 이념으로 뒷받침하는 길(吉)·흉(凶)·군(軍)·가(嘉)·빈례(賓禮)라는 오례(五禮)로 대표되는 국가제례를 구현하기 위하여 고려시대의 제도를 기본으로 중국 명(明)의 제도를 참작하여 1474년(성종 5년)에 『국조오례의』를 편찬한 것은 다 아는 바와 같다. 조선시대의 국가제례 체제는 조선시대 전기의 정사(正祀)에 해당하는 대사(大祀)·중사(中祀)·소사(小祀)에 조선시대 후기의 중사로서 관왕묘(關王廟)·대보단(大報壇)·경모궁(景慕宮)이 추가된 것이었다. 국가제례의 변화는 시대의 정치적 사조와 상황에 따라 대·중·소사를 구성하고 있는 제례 내용이 소멸(폐지)·부가·온존(또는 지속)되었다는 것을 보여주는 것으로 이를 일목요연하게 정리해 보면 〈표 1〉과 같다. 이하에서는 국가제례가 변화된 시기를 서세동점(西勢東漸)으로 상정되는 대한제국시기에 맞추어 기존의 국가제례가 어떻게 어떠한 요인으로 변하였는가를 살펴보고자 한다.

---

9 이영춘, 『차례와 제사』, 대원사, 1994, p.18.

1) 대한제국의 탄생과 국가제례의 강화

종묘를 중심으로 운영되어 왔던 조선시대의 국가제례가[10] 고종대에 이르러 대한제국의 탄생과 함께 큰 변화를 맞이하게 되었다.

〈표 1〉 국가제례 내용 변천

고려시대 국가제례		조선세종	정조(1788)	고종(1896)	순종(1908)	비고
대사	원구(圓丘)			○	○	부활
	방택(方澤)					소멸
	사직(社稷)	○	○	○	○	지속
	종묘(宗廟)	○	○	○	○	지속
				대보단(大報壇)		부가·소멸
중사	선농(先農)	○	○	○	사직합사	온존
	선잠(先蠶)	○	○	○	사직합사	온존
	문묘(文廟)	○	○	○	○	지속
	풍설뇌우	○				부가·소멸
	우사(雩祀)	○	○			부가·소멸
	악해독(嶽海瀆)	○				부가·소멸
	역대시조					부가·소멸
	경모궁(景慕宮)		○			부가·소멸
	산천(山川)					부가·소멸
	성황(城隍)					부가·소멸
	관왕묘(關王廟)		○	동·남묘→사직 북묘:폐지		분사·폐지
	미성(尾星)					부가·소멸
	기성(箕星)					부가·소멸

---

10 조선시대 종묘를 중심으로 한 왕실의례에 대한 개략적인 내용에 대해서는 신명호, 『조선왕실의 의례와 생활: 궁중문화』, 돌베개, 2002 참조.

고려시대 국가제례		조선세종	정조(1788)	고종(1896)	순종(1908)	비고
소사	풍사(風師)					
	우사(雨師)					
	뇌신(雷神)					
	영성(靈星)	○	○			
	영제(榮祭)	○		○		
	사한(司寒)	○	○	○		
	마조(馬祖)	○	○	○		폐지
	선목(先牧)	○	○			
	마사(馬社)	○				
	마보(馬步)	○				
		명산대천				
		칠사(七祀)				
			노인성(老人星)			
				여제(厲祭)		
				성황(城隍)		
				기설(祈雪)		
				기우(祈雨)		
			마(禡)			
				포(酺)		
		독제	○			

(단, 위의 표는 김문식·송지원의 논문에서 제시된 표를 토대로 재구성한 것이다.)

　　〈표 1〉에서 대한제국기에 해당하는 고종과 순종대에 일어난 국가제례의 변화를 통해서 양 시기의 성격을 읽을 수 있다. 고종시대는 이른바 열강들이 조선에 대해 우위를 확보하려는 움직임 때문에 국내적인 불안이 한층 고조되어 있었지만, 다른 한편으로는 국내적으로 대한제국에 대한 열강들의 내정간섭에 대해서 국토(엄밀하게는 '조상의 땅')를 보호해야 한다는 국수적·배타적인 양상과 함께 '개화'의 움직임도 나타난, 말하자면 역사적 변화의 시기를 맞이하여 다양하고 모순적인 반응

또는 입장이 표출된 시기이기도 하다.

열강 중 러시아는 칭제(稱帝)를 통해 청(淸)뿐 아니라 다른 열강의 종속에서 조선을 벗어나게 함으로써 조선에 용이하게 접근하려는 의도를 가지고 있었지만, 국내의 유생들은 을미사변, 아관파천 등 때문에 왕실의 실추된 권위를 회복·강화시키고자 하였다. 칭제를 둘러싸고 서로 다른 의도들이 함께 나타난 가운데 1897년 10월 12일 남별궁(南別宮) 터에 새로 이 지은 원구단(圓丘壇)에서 고종의 황제 즉위식이 거행되었고 같은 달 14일 대한(大韓)이라는 국호를 제정·선포함으로써 대한제국이 성립되었다.[11]

조선왕조에서 칭제에 따라 원구제가 거행되었다는 것은 일종의 '혁명'과 같은 것이었다. 조선왕조 초기에는 기우(祈雨), 기곡(祈穀)이라는 현실적인 필요성에서 원구(圓丘)를 원단(圓壇)으로 개칭하여 원단제(圓壇祭)를 지낸 적은 있었지만, 이는 제천례(祭天禮)는 천자가 행하는 것이라는 예를 참월하는 것으로 생각되어 원단제의 치폐(置廢)가 반복되었다. 그러다가 세종 31년에 오면 "원단제를 시행하고 비가 오면 그래도 괜찮으나 만약에 비가 오지 않으면 실익도 없이 참례의 비난만을 듣게 될 것"이라는 이유로 제천례를 폐지하였다가, 다시 세조대에 와서 새로운 양상으로 그것도 친제(親祭)의 행태로 부활되었다. 그러나 세조 10년 이후 환구 친제 이후에는 그에 관한 기록이 보이지 않는 것으로 보아 고종 때까지는 실제적인 환구제는 거행되지 않았다.[12] 원구제의 거행뿐

---

11 이에 대해서는 강만길, 『韓國近代史』, 창작과 비평사, 1984; 이민원, 「대한제국의 성립과정과 열강과의 관계」, 『한국사연구』 64, 한국사연구회, 1989; 왕현종, 「대한제국기 입헌논의와 근대국가론」, 『韓國文化』 29, 서울대학교 한국문화연구소, 2002 참조.

12 이상 조선 초기 환구제의 置廢에 관해서는 한형주, 『朝蘇初期 國家祭禮 研究』, 일조각, 2002, pp.20~63 참조.

만 아니라 칭제에 따라서 사직제도 국사(國社)·국직(國稷)에서 태사(太社)·태직(太稷)으로, 종묘도 태묘(太廟)로 개칭되었다.[13]

고종대의 칭제와 함께 국가제례의 변화에 주목하여 근대 민족국가 또는 왕권강화라는 측면에서 고종시대의 성격을 논할 수 있을 것이다. ‘민족의식’이라고까지는 말할 수 없지만 칭제에 따라 대한제국으로서 국제사회에서 대등한 위상을 확보하려는 움직임은 이전 시대와는 분명 다른 ‘국가’의식이 표현된 결과였다.[14]

다른 한편 대한제국기 중 고종대가 역사적으로 중국의 ‘간섭’으로부터 벗어나 자립하려는 움직임이 국가제례의 변화에서 표출되기도 한 시기였지만, 동시에 순종대는 일제의 통감부 정치권력 행사에 의하여 그와 같은 노력이 무산되어 버린 시기이기도 하였다. 일제의 강점시기에는 국가제례 의식을 통한 ‘민족의식 만들기 기획’은 좌절되었다.

대한제국기 고종대에 강화된 국가제례의 위상이 변화되기 시작한 것은 1905년 러일전쟁 이후 1907년 6월 헤이그 밀사 사건을 계기로 강제로 이루어진 고종의 폐위에 따라 열강들 사이에서 일본의 정치적 입장이 강화되면서부터였다. 보다 구체적으로는 1907년 7월 23일에 그간

---

13 박종서, 앞의 논문.

14 이와 같은 변화와 함께 근대민족국가로 나아가는 징표로서 신분제 철폐를 들 수 있다. 민족 통합을 이루기 위해서는 현실적으로 실질적인 민족의식을 불러일으킬 필요가 있는데, 민족 구성원들 사이의 평등이 우선적으로 요구되는 요건이다. 근대국가는 그와 같은 민족의식을 불러일으키기 위하여 여러 가지 방법을 만들어나갔다. 대표적인 것으로 국가적 차원의 각종 캠페인 전개, 국민의례(국기에 대한 경례와 국가 제창, 순국선열에 대한 묵념 등)의 수행, 국가 스포츠의 개최와 대대적인 중계, 국가교육의 시행, 국가의 운명을 같이 한 사람들의 동상 건립, 국가시조에 대한 제사 등을 들 수 있다. 이러한 민족의식을 앙양시키는 캠페인 및 의례 등을 반복 개최함으로써 근대민족주체로서의 의식이 만들어지게 되는 것이다. 이와 같은 측면에서 고종시대에 대한 연구가 가능할 것으로 기대한다. 근대국가의 민족의식 만들기 현상과 관련하여 E. Hobsbawm & T. Ranger(ed.)의 앞의 책이 참조가 될 것이다. 또한 최근 고종시대에 대한 재평가로서는 이태진, 『고종 시대의 재조명』, 서울: 태학사, 2000이 참조가 된다.

의 국가제례에 영구폐지·합사·축소라는 전반적인 변혁이 일어났으며
그와 같은 변혁이 1910년 8월 일제의 강점에 의하여 폐지 또는 온존(예
를 들면 문묘 제사, 종묘 제사)의 방향으로 나아갔다.[15]

2) 순종대 일제강점기 국가제례의 변화: 폐지

조선왕조는 공적인 제사를 모두 중앙에서 관장한다는 원칙에서 대·
중사의 대상을 제외한 것들을 소사로 분류해 놓았지만[16] 그와 같은 원
칙이 한말 통감부 시기에 와서 무너져버렸다. 앞의 〈표 1〉에 의하면 순
종대에 국가제례의 내용이 합사 또는 폐지되고 있는데, 그와 같이 변화
된 배경의 하나로서 국가제례의 범주를 비롯한 개념에 변화가 일어나
고 있었다는 점을 지적할 수 있다. 1908년 7월 23일, 국가제례는 "① 제
실(帝室)과 관련이 있어야 하며 ② 시의(時宜)에 맞지 않는 제사는 영원
히 폐지하고 ③ 합사하는 것이 옳은 묘사전궁(廟社殿宮)은 옮길 장소를
찾아 봉안도록 하고 ④ 대제(大祭)·별제(別祭)·속제(俗祭)·삭망제(朔望祭)
가운데 중요하지 않은 것은 생략하고 ⑤ 신당(神堂)·아일(衙日)·고사(告
祀)와 같은 것은 폐지한다."[17]라고 하여 국가제례에 대해 대대적인 손질
작업이 이루어졌다.

그 결과 대사에 속하는 환구단, 사직, 종묘, 영녕전과 중사에 속하
는 문묘 등 4종의 제례만을 남기고 선농단과 선잠단의 신주는 사직에
합쳤으며 관왕묘는 별도의 관리방법이 정해지고 나머지는 모두 폐지
되는 운명을 맞이하였다.[18] 여기에서 국가제례의 쇠퇴를 초래한 역사적

---

15 이상은 박종서, 앞의 논문 참조.

16 조선왕조의 국가제례 전반에 대해서는 한형주, 『조선초기 국가제례 연구』, 일조각, 2002 참조.

17 『純宗皇帝實錄』 卷2(20), 隆熙 2년 7월 23일.

18 김문식·송지원, 앞의 논문.

배경을 살펴보지 않으면 안 될 것이다.

국내적으로 1907년 7월 당시 대한제국과 일본과의 관계는 러일전쟁 이후 일본의 대한제국에 대한 내정간섭이 절정에 달한 시점이었다. 1904년 한일의정서 체결[19] 및 고문협약[20]으로 시작된 일제의 내정간섭은 1905년 11월에는 을사조약(보통 한일신협약)의 체결로 간섭의 범주를 넘어섰다. 일본은 통감부-이사청(理事廳) 관제를 운용하여 대한제국에 대한 내정침탈까지도 행하고, 고종이 일제의 부당한 내정간섭을 국제사회에 호소하기 위하여 헤이그에서 열리는 제2회 만국평화회의에 밀사를 파견한 것을 빌미로 고종을 폐위시킨 후에는, "한국내정에 대한 전권 장악"을 목적으로 1907년 7월 24일 보통 정미7조약이라고 불리는 한일신협약을 체결하였다. 이에 따라 법령제정, 행정처분, 고급관리의 임면권, 일본인 관리의 임명 등 대한제국의 정치권한은 서서히 일본의 통감으로 이양되어 갔다.

대한제국에 대한 일제의 내정 간섭은 정치적으로 협약 및 조약 체결의 형태뿐만 아니라, 문화적으로는 조선사회에 대한 조사를 통해 이루어졌다. 강화도조약 체결 이전, 대체로 1872년경부터 주로 군인과 상인들뿐만 아니라, 반학문적인 성향의 정치가들이 조선사회에 대한 조사

---

19 대한제국 외부대신 李址鎔과 일본공사 하야시(林權助) 사이에 "동양평화의 확립"과 대한제국의 "독립 및 영토보전"을 이유로 체결한 韓日議定書(1904년 2월 23일)에 의하여 대한제국은 "시설개선에 관한 충고"를 받아들여야 하는 입장에 있었다. 『舊韓國官報』 13.

20 한일의정서의 체결내용을 보다 구체적으로 실천에 옮기기 위하여 같은 해 5월 30일 일본 원로회의에서 결정되고 6월 11일에 천황의 재가를 받은 「제국의 對韓方針」, 「對韓施設鋼領」을 토대로 같은 해 8월 22일 하야시 공사와 외부대신서리 윤치호(尹致昊)와 체결된 외국인고문협약에 따라 대한제국 정부는 재정(대장성 目賀田種太郎) 및 외교고문(주미 일본공사관 고문 Durham Stevens)의 사전 동의 없이는 모든 재정 및 외교업무를 집행할 수 없게 되었다(이광린, 「일제의 주권침탈과 의병항쟁」, 『한국사강좌』, 일조각, 1981).

활동을 전개하기 시작하였다.[21] 조선회(朝鮮會),[22] 한국연구회(韓國硏究會)[23]가 대표적인 것이었다. 또 이같은 비공식적인 조사단체들 외에 통감부 안에 공식적인 조사 기구를 두고 일본의 조선 식민지화를 전제로 하는 조사 활동도 전개하였다. 이는 앞서 언급한 내정간섭을 위한 여러 조약의 체결과 그에 대한 실천을 위한 것이었음은 물론이다.

1906년 부동산법조사회[24]를 비롯하여 1907년 12월에는 부동산법조사회의 조사사업을 계승하여 법전조사국이 설치되었다. 법전조사국의 조사활동은 1907년 7월의 한일신협약에서 체결한 내용 가운데

---

21 일제의 조선사회 조사활동에 대해서는 박현수, 「일제의 침략을 위한 사회, 문화활동」, 『한국사연구』 30, 한국사연구회, 1980 및 박현수, 「일제의 조선조사에 관한 연구」, 서울대학교 대학원 박사학위논문, 1993, 그리고 최석영, 『일제하 동화이데올로기의 창출』, 서경문화사, 1997 참조.

22 1890년경 조직된 조선회에서는 시데하라(幣原坦), 마에마 쿄사쿠(前間恭作), 가나자와 쇼우자부로(金澤庄三郞) 등이 중심인물이었다. 이들은 그 후 일제의 조선 식민지통치에 직·간접적으로 관여했다. 시데하라는 교육부문에, 언어학 전공의 가나자와 쇼우자부로는 「日鮮同祖論」의 주창자로서, 마에마 쿄사쿠는 정치가로서 특히 손진태와 교류가 깊었던 인물 가운데 한 사람이었다. 최석영, 『일제의 동화이데올로기의 창출』, 서울: 서경문화사, 1997 및 최혜주, 「시데하라의 식민지 조선경영에 관한 연구」, 『역사학보』 160, 1998과 최혜주, 「시데하라의 고문활동과 한국사연구」, 『국사관논총』 79, 1998.

23 1902년경에 조직된 것으로 일제강점 당시 유명한 고미술 수집가 가운데 한 사람으로서 개성부립박물관이 개관할 때 조선총독부박물관이 대여해 준 도자기의 많은 것을 모았으며 아마도 일본인으로서는 처음으로 한국의 무속을 연구한 사람으로서 뿐만 아니라 우리들에게는 『雜攷』의 집필자로 잘 알려져 있는 아유가이 후사노신(鮎貝房之進), 그리고 오오에 타쿠(大江卓), 마에마 쿄사쿠(前間恭作) 등이 활동하고 있었다. 최석영, 『일제의 동화이데올로기의 창출』 및 최석영, 『일제하 무속론과 식민지권력』, 서울: 서경문화사, 1999.

24 회장에는 동경제국대학 교수 우메카네 지로(梅議次郞)를 법정고문으로 초빙하고 조사방법으로서는 조사위원들이 주로 이사청, 觀察府 등의 이사관, 부윤, 군수 등을 찾아가 질문응답 하는 방식이었다. 1906년 7월 26일부터 12일 간의 조사(경성, 인천, 개성, 평양, 수원, 대구, 마산, 부산 등 주요 지역) 결과를 같은 해 8월에 『韓國不動産に關する調査記錄』로서 간행하였다. 그 다음 해에도 충청남도 12군과 황해도 3군, 평안남도 1부 7군을 답사 조사한 결과를 『韓國不動産に關する慣例第一綴』로 간행하고 1907년 6월에는 황해도 12군을 답사 조사한 결과를 『韓國不動産に關する慣例第二綴』로 간행하였다. 이 뿐만 아니라, 토지소유권에 관한 문헌조사도 실시하여 『삼국사기』, 『고려사』, 『문헌비고』, 『문헌통편』, 『경국대전』, 『대전회통』 등에서 관련 자료들을 발췌하여 『한국토지소유권의 연혁을 논한다』라는 보고서를 내놓기도 하였다 이상은 최석영, 『일제의 동화이데올로기의 창출』 참조.

법령의 제정을 위한 토대구축의 의미가 강하였는데, 일본국내법에 의거하여 206항에 걸친 조사항목을 설정하고 이를 한국 현지사정에 정통한 한국인을 위원장 및 위원으로 채용하여 조사하도록 하였다. 1910년 9월까지 이루어진 조사결과를 1913년에『관습조사보고서(慣習調査報告書)』로 간행하였다. 일제의 대한제국의 내정 간섭은 정치·문화·사회적으로 다방면에서 나타났는데, 그 방향은 일본 국내의 변화로부터 일정하게 영향을 받았다.

일본에서는 1889년 "대일본제국은 만세일계(萬世一系)의 천황이 이를 통치"하며 "천황은 신성하여 침범하지 못한다."라는 「대일본제국헌법」이 발포되고 그 다음 해 「교육칙어(敎育勅語)」가 "하사(下賜)"됨으로써 신민들의 천황에 대한 충성이 최고덕목으로 강조되었다. 이는 적어도 명치시기부터 전전(戰前)까지 일본의 국내·외 정책의 기조였다고 말해도 과언이 아니다. 무라카미 시게요시(村上重良)는 이를 제사라는 측면에서 "역사적으로 일본인의 종교의식의 중심을 차지해 왔던 조상숭배의 관념은 교묘하게 천황에 대한 멸사봉공(滅私奉公)으로 수렴되어 국체(國體)의 교의를 구성하는 중요한 요소가 되어 경신숭조(敬神崇祖)가 국가신도의 근본정신으로 강조되었다."[25]라고 주장한다. 1868년 신불분리령(神佛分離令)으로 상정되는 폐불훼석(廢佛毁釋)운동은 불교계와 마찰과 갈등을 불러 일으켰다. 왜냐하면 명치 이전 신불습합의 상태에서는 적어도 불교가 신도보다는 우위적인 역할을 수행해 왔기 때문이다.[26] 일본 국내에서 천황을 정점으로 하는 천황제 국가의 출현은 대한제국의 국가제례의 주관자였던 황실의 변화도 불가피하게 만들었다.

---

25 村上重良, 「天皇制と國家神道」, 丸山照雄編, 『天皇制と 日本宗敎』, 亞紀書房, 1985.

26 伊顧友信, 최석영 역, 「폐불훼석(廢佛毁釋) 논쟁」, 小澤富夫編, 『논쟁을 통해 본 일본사상』, 성균관대학교 출판부, 2001.

　　1910년 한일합방과 더불어 대한제국 황실의 위상에도 변화가 일어났다. 일본 천황의 친족수준으로 격하된 것이다. 순종에게 황제위를 물려준 뒤 태황제로 있던 고종은 태왕(덕수궁 李太王)으로, 순종은 왕(창덕궁 李王)으로 격하되었고 황태자는 왕세자로 격하되었다. 일본의 황실봉작제를 기준으로 할 때 이왕가의 등급은 천황의 4세까지 적용되는 유복친 밖의 친족에 해당했다. 또한 그간 국가제례를 관장하던 궁내부는 이왕직(李王職)으로 이름이 바뀌면서 일본 궁내성의 직속이 되었다. 이에 따라 이왕가 사람의 출생, 명명, 혼인, 사망은 일본의 궁내대신이 직접 관장했고 종묘, 왕릉의 제사와 아악은 이왕직 장사계(掌祀係)(1915년 3월 이후로는 제사과)가 관장했다.[27] 종묘제례의 명맥은 유지되고 있었는데 그렇다면 일제가 이를 온존시킨 이유는 어디에 있는가. 일제는 천황을 중심으로 하는 왕실봉작제에 조선의 왕족들을 적용·편입시켜, 종묘제례를 폐지하는 데까지에는 이르지 않았던 것으로 생각한다.

　　일제가 놓여 있었던 일본 국내·외의 변화와 대한제국 강점 상황 때문에 대한제국의 국가제례 공간은 더 이상 의례적 기능을 수행할 수 없게 되었고 그 대신 일본 천황을 제신(祭神)으로 하는 조선신궁이 조선에 모습을 드러냄으로써 그간의 국가제례 공간들은 한국의 역사에서 자취를 감추어 버렸다.

　　일제는 국가제례 가운데 소사를 완전히 폐지시키고 대사 중 환구단은 폐쇄하고 그 자리에 1913년에 철도호텔을 세움으로써 환구단의 자취는 사라졌으며[28] 사직단은 1922년 10월 경성부로 이관된 후 1924년 5월에 도로와 정자, 벤치, 조명등 등을 새로 설치하여 사직공원으로 바

---

27 이왕직에 대해서는 김문식·송지원, 앞의 논문 및 신명호, 「일제하 이왕직과 이왕가 족보」, 『한국학대학원논문집』 11, 한국정신문화연구원 한국학대학원, 1996 참조.

28 1968년에 철도호텔이 헐리고 현재 환구단에는 황궁우와 석고단만이 남아있다.

구고 다만 종묘제례는 이왕가의 집안 행사로 전락시켜 버림으로써[29] 궁극적으로 국가제례의 핵심인 대사를 폐지시켰다. 고종대에 대사에 부가되었던 대보단(大報壇)은 임진왜란 때 조선을 구원한 중국의 명나라 신종(神宗) 황제를 추모하기 위하여 만든 제단이기 때문에 1908년 7월 일제가 이를 폐지한 것은 당연한 것이었다. 중사 가운데 일제강점기에 들어서서도 온존된 것이었다면 그것은 문묘제사였지만 성균관 내부행사로 제한되었고, 관왕묘 제사는 민간단체가 주도하는 제례행사로 변하였다.

3. 일제강점시기 '국가' 제례공간의 대체

1) 일제의 통치방식: 국가신도의 '신민 도덕화'

일본에 의한 강점의 역사가 어떠한 성격의 것이었는가에 대해서는 식민지에 대한 일본의 통치방식의 특징이 무엇이었는가에 대한 고찰이 우선적으로 이루어져야 할 것이다. 강점시기 동안 일본의 통치방식은 특징적으로 구분하여 논할 수 있다.

일본 군부는 청일전쟁 이후 1895년 대만영유(臺灣領有)의 경우와는 달리 조선에 대해서는 긴급칙령 제324호 〈朝蘇二施行スヘキ法令二關スル件(조선에 시행해야 하는 법령에 관한 건)〉을 사전승낙을 거쳐야 하는 제27회 제국의회의 회기(1910. 12. 20~1911. 1. 24)를 피해 사전에 발포하고, 그에 대한 사후승낙을 제국의회에 제출하는 과정을 밟았다. 이는 일본의 식민지 경영을 둘러싸고 일본 국내 정치세력과 군부와의 갈등

---

29 김문식·송지원, 앞의 논문.

을 노골적으로 나타낸 '사건'이었다. 우여곡절 끝에 결국에는 긴급칙령 제 324호를 비롯한 12건의 긴급칙령에 대한 사후승낙건이 통과됨으로써 일제의 조선강점에 따른 통치방식은 일본 국내 정치세력들의 영향력 행사를 원치 않는 군부 독자적인 통치시스템이 적용되었다. 그 결과 적어도 1910년대 말까지는 총독의 제령(制令) 제정권 발동에 의하여 무력적인 통치가 이루어졌다.

그러나 1919년 3월 조선에서 「독립만세운동」이 발발한 이후의 상황은 일제의 조선통치방식의 변경을 불가피하게 만들었다. 당시 일본의 수상은 1918년에 취임한 하라 다카시(原敬)였고 그는 대만영유 당시부터 일본의 해외 식민지 경영방식에 대해 일본 국내법의 적용에 의한 「內地延長主義」의 입장을 고수해 온 사람이었다.[30] 일본국내에서는 「독립만세운동」을 "조선사변(朝鮮事變)"[31]이라고까지 규정하고 사건에 대한 책임을 총독에게 물어 경질하고 대신 사이토 마코토(齋藤 實)가 제2대 총독으로 취임하게 되면서 일제의 조선통치방침이 일본의 국내법을 적용시키는 방향으로 바뀌어갔다. 이와 같은 변화를 국가제례의 변화와 관련시켜 말하면 일본 국내의 국가신도가 조선의 국가제례 대신에 조선사회 전역에 파급되고, 조선인들에게 참배를 강요함으로써 천황에 대한 "신민"으로서의 도덕을 강조하게 되었다는 점이다. 물론 일본 강점 이전에도 부산에 용두산신사(龍頭山神社), 경성 남산공원에 대신궁사(大神宮社),[32] 한성신사(漢城神社) 등이 있었지만 그것들은 주로 당시 조선에 거주하던 거류민들을 위한 제례공간이었다.

---

30 최석영, 『일제의 동화이데올로기의 창출』, pp.45~49.

31 제41회 제국의회중의원, 『大日本帝國議會錄』11, 1929, p.1245.

32 대신궁사에 대해서는 京城居留民團投所, 『京城發達史』, 1912, pp.451~453 참조.

일본의 국가신도가 본격적으로 조선에 모습을 드러내기 시작한 것은 1925년 조선신궁의 조영(造營)이었다. 이는 바로 조선이 일본 국내의 종교정책의 적용을 받기 시작하였음을 알리는 신호였다. 남산 기슭에 건립된 조선신궁의 제신을 둘러싸고 그들이 소위 강점의 명분으로서 주창하였던 「일선동조」라든가 「일선문화동원」에 토대로 한 동화를 구현하기 위해서는 단군을 제신으로 하여야 한다는 의견이 신도 관계자로부터 제기되기도 하였다. 이와 같은 제신논쟁에도 불구하고 조선신궁의 제신은 아마테라스 오카미(天照大神)와 메이지천황(明治天皇, 1852~1912)으로 결정되었다. 특히 아마테라스 오카미는 일본의 역대천황이 최고의 권위로서 국가와 사회에 군림할 수 있는 근원이 되는 최고의 신이다. 즉 역대 천황들은 아마테라스 오카미의 직계로 만세일계의 혈통으로 유지해 왔다는 논리이다.[33] 그러면 1920년대 이후 조선사회에 모습을 나타낸 일본 국내의 국가신도는 어떠한 과정을 거쳐서 창출되었는가.

앞서 언급한 바와 같이 1889년 「대일본제국헌법」의 발포와 1890년 「교육칙어」의 "하사"를 통해 신민들의 천황에 대한 충성이 최고덕목으로 강조되었다. 충성의 논리는 무라카미 시게요시의 언급대로 "조상 숭배의 관념이 교묘하게 천황에 대한 멸사봉공으로 수렴되어 국체의 교의를 구성하는 중요한 요소"[34]가 되었으며 이는 적어도 전전(戰前) 일본의 국내·외 정책의 기조였다. 1868년 3월 28일 신불판연령(神佛判然令)으로 상징되는 폐불훼석운동은 불교계와 마찰과 갈등을 불러 일으켰다. 왜냐하면 명치 이전 신불습합의 상태에서는 적어도 불교가 신도보다

---

33 스즈키 마사유키 저, 류교열 역,『근대 일본의 천황제』, 서울: 이산, 1998, p.68.

34 村上重良,「天皇制と國家神道」, 丸山照雄編,『天皇制と 日本宗教』, 亞紀書房, 1985.

는 우위적인 역할을 수행해 왔기 때문이다.[35] 1871년 5월 5일 사사영상지령(社祀領上知令)을 발포하여 판적봉환(版籍奉還)에 대응하여 사령(寺領)은 관수(官收)됨으로써 사원의 경제적인 기반이었던 토지와 인민의 소유권이 박탈되었다. 한편 신사에 대해서도 태정관은 신사가 모두 국가의 종사라고 선언함으로써 역사적으로 다양하게 전개되어 왔던 신사가 오로지 정치적인 필요에서 황실신도를 기축으로 중앙집권적으로 재편성되었다. 결국 전국 12만여 신사는 국가적이고 공적인 성격으로 바뀌게 되어 자주적인 발전은 불가능하게 되었다.

그러나 여기에 모순적인 문제점이 개재되어 있었다. 즉 1889년 대일본제국헌법에서 '신교의 자유'를 허용함으로써 기독교·불교와 함께 국가신도에 대한 종교로서의 숭배는 국가신도를 중심으로 한 '신민통합'의 효과에 의문이 제기되었던 것이다. 그 때문에 신도가 종교인가 비종교인가를 놓고 한 때 논쟁이 일어나기도 하였는데 대세는 비종교 쪽으로 흘러갔다. 명치정부는 1920년 9월 17일 칙령 제409호에 의하여 동경제국대학 안에 "세도인심(世道人心)에 관한 연구"의 필요성에서 학과를 초월한 신도강좌(神道講座)를 마련하고 그와 같은 모순에 대한 해결방안을 모색하였다.[36] 신도강좌의 담당교수 가운데 1938년 정년까지 주임교수로서 신도강좌를 이끌었던 다나까 요시노(田中義能)는 일본의 신도를 고래로부터 고유신앙으로 규정하고 외래종교인 기독교·불교에 대해서도 변화가 없이, 오히려 외래종교들을 동화하는 초역사적인 민족정신이라고 전제하고, 기독교·불교는 단순한 종교이지만 신도는 정치

---

35 伊顧友信, 최석영 역, 「폐불훼석(廢佛毁釋) 논쟁」, 小澤富夫編, 『논쟁을 통해 본 일본사상』, 성균관대학교 출판부, 2001.

36 遠藤 潤, 「文學部神道講座の歷史的變選」, 『東京大學史紀要』, 1995, p.13.

이며 도덕이고 모든 종교를 포섭하는 상위개념이라고 위치시켰다.[37] 따라서 이 같은 '신도담론'은 점차적으로 조상에 대한 전통적인 숭배 개념이 신민으로서 천황에 대해 갖추어야 할 도덕 및 윤리라는 방향으로 수렴되어 갔다. 국가신도가 초종교로서 신민이 갖추어야 할 도덕 윤리 규범적 성격으로 자리매김 되어 갔던 반면에, 종교로서의 신도도 만들어졌는데 그것이 다름 아닌 교파신도(敎派神道)[38]였다. 이하에서는 교파신도가 종교로서 인정받는 과정과 그에 따라 해외포교가 인정된 후 조선에서의 포교활동을 간단히 살펴보기로 한다.

에도(江戶) 막부말기부터 농상공인들 사이에서 강신 체험을 토대로 현세구복적인 경향을 가진 민간신앙들이 나타났다. 천리교,[39] 금광교[40] 등 13파의 종교단체들이 그것인데, 이들 종파들은 신 앞에서의 인간평등과 인간본위, 그리고 국가와 민족을 초월한 보편적인 가치를 지향하고 있었기 때문에 충군애국(忠君愛國)·멸사봉공·경신숭조라는 충효의 모델을 국민에게 심으려고 하는 천황을 정점으로 하는 신도국교화와의 충돌이 불가피하였다. 이에 명치정부에서는 이들 종교단체들을 「유사종교」로 규정하고 탄압을 가하였다. 이들 종교들을 단속하기 위하여 경찰범처벌령(1907)이 제정되었고, 이 법령이 조선의 유사총교를 탄

---

37 磯前順一,「近代神道學의成立-田中義能論」,『思想』860, 岩波書店, 1996.

38 교파신도는 宗派神道라고도 불리웠다.

39 1838년 나카야마 미키(中山 幹, 1789~1887)에 의하여 개교한 이래, 1867년 에는 최초의 교전인 「미카구라우타」가 마련되어 1869년부터 만들어지기 시작한 교가(敎歌)인 「오후데사키」의 원형이 되었다. 나카야마는 현세의 "陽氣" 세계를 설파하고 그러한 세계를 구현하기 위해서는 교조의 수호신이기도 한 「덴린오후」에게 봉사하여야 한다고 가르치고 있다. 천리교에 대해서는 최석영,『일제의 동화이데올로기의 창출』참조.

40 천리교와 마찬가지로 접신에 의해 아카자와(赤澤文治, 1814~1883)에 의하여 개교한 것이다. 그에게 나타난 신은 사람들에게 탈올 불러일으키는 金神으로서 그 신에게 빌면 현실적인 기원이나 욕망을 풀 수 있다고 가르치고 있다. 금광교에 대한 것은 최석영,『일제의 동화이데올로기의 창출』참조.

압·단속하기 위해서 제정된 경찰범처벌규칙(1912)에 그대로 적용되었다.[41] 그 과정에서 명치정부는 제국헌법과 교육칙어를 발포하여 무리하게 그들의 교의변경을 강요하여 교파신도의 범주에 편입시켰다. 천리교는 1903년 소위 명치교전(明治敎典)을 만들어 국가신도에 대한 충성을 표명하였고 금광교도 신·충·효 일체를 강조하여 국가신도의 교의를 밑으로부터 보완하는 역할을 하기에 이르렀다. 결국 이와 같은 정부의 '강요'를 받아들임으로써 막부말기의 유사종교들은 국가신도 시스템에 편입되었고 '교파신도'로서 국내·외 포교활동이 가능하게 되었다.

따라서 명치시기 국가신도는 초종교로, 교파신도는 종교로 규정됨으로써 전전 일본에서 종교의 범주는 기독교, 불교와 신도였는데, 여기에서 말하는 신도는 국가신도가 아니라, 바로 교파신도였음은 물론이다. 이와 같은 초종교로서의 국가신도와 종교로서의 교파신도는 일본이 확보한 식민지로 이식·포교활동을 전개하기에 이르렀다. 국가신도와 교파신도 중 우선적으로 식민지로 '외출'을 시작한 것은 교파신도였다. 조선에서 교파신도의 포교는 주로 부산, 인천 등 개항 도시를 중심으로 시작되었다. 이들 교파신도의 포교활동은 일본이 대한제국과 체결한 협약―한일의정서(1904), 외국인고문협약(1904), 한일신협약(1905), 제2차 한일신협약(1907)―의 성격으로부터 일정하게 영향을 받으면서 전개되고 있었다는 점을 특징으로 지적할 수 있다. 천리교의 부산포교소는 1904년에,[42] 금광교의 부산교회소는 1907년에 각각 설립되었다.[43]

교파신도의 뒤를 이어 조선신궁으로 대표되는 국가신도가 새로운

---

41 이 양자의 내용은 동일하다. 보다 구체적인 것에 대해서는 小關紹夫, 「類似 宗敎團體の現勢とその分析」, 『宗敎硏究』 11-6(同文館) 참조.

42 高野友治, 『天理敎傳道史 海外編』, 天理敎道友社, 1975.

43 통감부지방부, 『布敎所ニ關スル綴』, 정부기록보존소 소장자료, 1907~1909.

문화지배의 코드로서 등장하였다. 이는 크게 보아 1920년대 내지연장주의의 실천이었다.[44] 조선에는 관국폐사(官國幣社)-부현사(府縣社)-향사(鄕社)-촌사(村社)-무격사(無格社)라는 신사의 위계시스템 가운데 관국폐사로서 조선신궁[45]이 세워졌다. 조선시대 목멱대왕(木覓大王)으로 신격화되어 기우제, 기청제를 지내기도 하였던 남산 기슭에 일본 황실의 조상신 아마테라스 오카미(天照大神)와 명치천황을 제신으로 하는 조선신궁을 조영하였다. 조선신궁의 제신을 누구로 할 것인가 하는 문제는 상당히 현실적인 성격을 띤 것으로서 단지 원칙론적인 것이 아니었다. 왜냐하면 앞서 언급한 바 있지만 신도 관계자들은 일제의 조선 강점에 대한 명분론으로서 주창해 왔던 일선동조론이나 '일선문화동원론'에 토대를 한 동화주의를 실현하기 위해서라도 조선의 개조(開祖)에 해당하는 단군도 제신으로 해야 마땅하다는 주장을 제기하였다.[46] 당시 최남선 등에 의하여 단군에 대한 연구가 축적되었고 심지어 일부에서는 단군이 일본의 조상신 스사노미 코토(素盞男尊)와 "이명동일(異名同一)의 조상신"[47]이라고까지 주장하였다. 당시 이와 같은 주장의 배

---

44 조선신궁이 조영된 이후 2회에 걸친 祈年祭(토시고이노마츠리)와 3회에 걸친 新嘗祭(니이나메사이)에 총독을 비롯한 정무총감이 참가하지 않고 대리를 보냈다는 것은 일본 국내의 내지연장주의에 의한 식민지 경영의 '관여'를 달갑지 않게 생각한 결과라고 생각한다. 이는 조선신궁 초대궁사를 지낸 다카마츠 시로우(高松四郞)가 1929년 1월에 「야마나시 총독에게 올린 글」에 잘 나타나 있다. 爛木壽男, 「朝蘇總督府の神社政策」, 『海映』 4, 社會評論社 所收, 1976.

45 조선신사에서 조선신궁으로 명칭이 바뀐 것은 1925년이었다. 당시 신궁으로서는 일본 국내에 일본 황실의 조상신인 아마테라스를 제신으로 하고 있는 이세신궁(伊勢神宮)과 명치신궁(明治神宮)이 있었다. 보통 신궁이라고 하면 황실이나 권력자와 관계가 있는 특별한 신을 제신으로 하는 신사를 말하는 데(박규태, 「신사」, 윤상인 외, 『일본을 강하게 만든 문화코드 16』, 나무와 숲, 2000), 조선신사에서 조선신궁으로 명칭을 바꾼 현실적인 이유는 가장 고귀한 칭호를 부여하는 '格上'을 통하여 경신숭조의 정신을 이끌어내기 위해서였다고 생각한다.

46 葦律耕次郎, 「朝蘇神宮に關する意見書」, 小笠頂省三 편, 『海外神社史(上卷)』, 1925, 海外神社史編纂會, 1953 所收.

47 植松通太郎, 「檀君合祀の議」, 『朝蘇佛敎』 59호, 1929, p.16.

후에는 일본 국내에서 국가신도의 도덕 윤리화에 대한 방향이 식민지에서는 효과를 거둘 수 없다고 판단했기 때문이다. 오히려 식민지에서는 국가신도를 종교차원에서 접근하여 "확고한 교의를 수렵하는 것이 급무"[48]라고 주장하였다. 그러면 왜 식민지에서는 국가신도를 종교적인 차원에서 접근하려고 하였는가. 이는 최남선의 주장대로 당시 조선 사회에서 단군이 제례의 대상이 되어 숭경되고 있었으며, 또한 동경제국대학 사학과 교수로서 필화사건을 일으켜 교단을 떠나야 했던 구메 구니다케(久米邦武, 1839~1931)가 「神道は祭天の古俗」에서 주장했던 것처럼 천(天)에 대한 경신이 지역적으로 일본뿐만 아니라 조선과 중국에서도 찾아볼 수 있으며 신사는 한 개인을 숭배하고 제사지내는 공간이 아니라 기본적으로 하늘에 대한 제사의 기능을 하는 곳이라는 연구결과에 일정하게 영향을 받은 것이 아닌가 생각한다.

조선신궁이 일본천황의 신민이라면 누구나 고개 숙여 참배를 마땅히 해야 하는 국가제례 공간이었지만, 우가키(宇垣一成) 총독이 관찰한 바에 따르면 일본인들은 모두 신전 앞에 서서 경건하게 고개를 숙이고 있는 반면에 조선 사람들은 다만 경치가 좋다는 이유로 운동 겸 높은 곳에 구경하러 온다는 사람들이 많았다.[49] 이는 1930년대 만주사변으로 대표되는 비상시국을 극복하기 위하여 필요로 하는 내선융화의 효과를 높이기 위해서는 정신면의 개발이 중요하다고 느끼게 한 계기가 되었다. 우가키는 이를 위해 1934년 4월 28일 중추원에서의 최종회의에서 이른바 심전개발(心田開發)의 방법을 제안하기에 이르렀다. 그 후 기독교, 고유신앙, 불교, 신도 관계자로부터 심전개발에 관한 의견을

---

48 神岐一作, 「新領土及び植民地の神社」, 『神道學雜誌』 제8호, 神道學會, 1929.
49 宇垣一成, 「朝鮮統治に就いて」, 『朝鮮』 제201호, 1932, p.3.

모으기도 하였고, 1935년에는 중추원의 신앙심사위원회가 「심전개발에 관한 강연회」를 열었는데, 그 강연회에 초빙된 강사들은 최남선, 이능화, 무라야마 지준(村山智順), 아키바 다카시(秋葉隆)와 아카마츠 지죠(赤松智城) 등 주로 조선의 민간신앙 연구자들이었다. 그들은 조선의 고유신앙의 형성시점을 고대로 보고 일본의 고신도(古神道)와 관련지어 경신(敬神)을 중심개념으로 하는 심전개발의 방향을 제시하였다. 이와 같은 결론은 결국 조선에서 심전개발을 위해서는 신사정책이 상당히 중요하다는 것을 제시한 것이나 다름없었다. 1936년 8월 이후 조선총독부가 신사정책을 강화시켜 나가기 위하여 법적 토대를 마련하고 있는 것은 그러한 결론에서 얻은 방향설정이었다.

2) 심전개발운동과 신사건립: 1930년대 중후반

1931년 6월 17일 우가키는 조선총독에 취임하면서 통치방침으로서 조선과 일본이 정신·물질적으로 결합하는 "내선융화"를 주창하였다. 그것을 보다 구체화한 것이 1932년부터 제창하기 시작한 「민심작흥운동(民心作興運動)」과 1935년에 제창하기 시작한 심전개발운동이었다.

우가키 총독은 1932년 11월 10일, 1923년 9월 1일에 발생한 관동대지진에 의한 사회적 불안에 대처하기 위하여 다이쇼 천황(大正天皇)이 발포한 국민정신작흥조서를 기념하여 수일간에 걸친 민심작흥운동을 전개하였다.[50] 민심작흥운동은 기념일 당일에 총독이 민심작흥에 관한 성명서를 일반인에게 낭독하는 것으로 시작하여 관서, 은행, 학교, 회사, 신사, 사원, 교회, 청소년 단체, 교화단체 등에서 그 조서의 봉독식을 거행하고 강연회, 좌담회, 영화회 등을 개최하고 국기게양탑이 있

---

50 조선총독부, 「民心作興運動に關する施設」, 『朝蘇』 제210호, 1932, pp.145~149.

는 곳에서는 국기를 게양하고 신문사와 잡지사를 통하여 그 취지를 널리 알렸다. 그와 같은 운동의 궁극적인 목적은 비상 국면을 극복해 나가기 위한 '국민'정신무장에 있었다. 물론 여기에서 말하는 국민은 일본신민을 의미하였다. 민심작흥운동에서도 종교의 역할이 중요하다는 면이 강조되었지만, 그 강령을 통해 보면 준법정신의 고취, 비합법적 행동의 배척, 배타적 의뢰심의 타파, 관혼상제에서의 전통적 악습 타파, 인습적 천시관념의 타파, 집무시간의 엄수 등 사회운동적인 성격이 강하였던 반면에, 주로 종교적인 차원에서 "조선인의 신앙심 향상"[51]을 목적으로 전개된 것이 심전개발운동이다. 우가키 총독은 심전개발 운동의 방향을 설정하기 위하여 1935년 1월부터 3월까지 불교(일본불교 및 조선불교), 신도, 고유신앙 관계자들과 간친회(懇親會)를 가졌다.[52] 그는 같은 해 4월에 총독 자문기관 중추원에 "민중에게 안심입명을 줄 수 있는 가장 적당한 신앙심의 부흥책" 및 "각지의 민심동향 및 그 선도에 관한 의견"에 대한 자문을 청하고, 이에 중추원에서는 17명의 위원으로 구성된 신앙심사위원회를 설치하고 그 결과를 1936년 2월에 『心田開發に關する講演集』으로 발간하였다.

17명의 위원 가운데 조선의 고유신앙으로 자리매김 되고 있었던 무속 연구자―최남선, 이능화, 무라야마 지쥰, 아키바 다카시, 아카마츠 지죠―들은 심전개발을 위해서는 조선의 고유신앙을 토대로 할 것과 그것을 일본의 "고신도"과 관련시켜 "경신"을 불러일으키는 방안을 제시하였다.[53] 이러한 제안은 1930년대 중·후반에 신사정책의 강화에 반

---

51 『宇垣一成 日記』 2, みすず書房, 1970, p.957.

52 青野正明, 「朝鮮總督府の神社政策」, 『朝鮮學報』 160, 日本朝鮮學會, pp.100~101.

53 조선총독부중추원, 『心田開發に關する講演集』, 1936.

영되었다.

신사정책을 강화하기 위한 법적인 토대가 마련되었다 1936년 7월 31일에 칙령 5건(제250호~제254호)이 공포되었다.[54] 제253호를 제외하고는 모두 개정건이었는데, 조선신궁을 비롯한 신사에 대한 조선총독의 권한을 강화시키는 방향이었다. 또한 1936년 8월 1일에는 국폐사에 관한 제식·회계·직원여비·처무, 신직의 재계 및 봉급 등을 규정하였고, 특히 신직의 경우에는 신직고등시험위원회, 신직심상시험위원회를 설치[55]하는 등 신사정책에 대한 틀을 확고히 하고자 하였다.

우가키 총독 후임에 미나미 지로(南 次郎)가 총독으로 취임한 후 바로 착수한 것이 신사에 관한 법률의 개정 및 공포였다. 1936년 8월 11일에 31조에 걸친 「신사규칙」과 17조에 걸친 「사원규칙」을 정함에 따라 「신사사원규칙」은 폐지되었다.[56]

이에 따라 전국에 걸쳐서 관폐대사 조선신궁을 비롯하여 국폐소사로서 경성신사, 용두산신사, 대구신사 외에 각 도에 인천, 청주, 대전 등지에 도공진사가, 부신사로서 군산신사, 송도신사, 마산신사 등이 세워졌다. 이와 같은 신사뿐만 아니라, 신사가 없는 곳에는 조선신직회에서 신사[57]의 사전(祀前) 또는 군·도청 회의실에 대마(大麻)를 반포하고 반포식을 거행하도록 하였다. 물론 위와 같은 신사의 제신으로서 공통적으로 아마테라스 오카미가 봉재되고 있었다.

---

54 조선총독부, 『朝蘇總督府官報』 제2868호, 1936. 8. 4.

55 조선총독부, 『朝蘇總督府官報』 號外 〈府令〉, 1936. 8. 1.

56 조선총독부, 『朝蘇總督府官報』 제2874호, 1936. 8. 11.

57 신사(神洞)의 수 증가를 보면 1936년에는 293, 1937년에는 307, 1938년에는 325, 1939년에는 497처로 늘어났다. 森田芳夫, 『朝蘇終戰の記錄』, 嚴男堂書店, 1964, p.108.

지금까지 강점을 통하여 조선이 '지방'으로 전락됨에 따라 강점 이전의 조선왕조의 국가제례 공간이 파괴되고 그 대신 1920년대 중반부터 일본의 신도문화로 대체되어 갔다는 점을 살펴보았다. 이와 같은 일본 천황신의 제례공간의 역할을 하였던 국폐대사 조선신궁을 비롯한 전국 각지의 도공진사, 부신사, 그리고 여러 신사들은 일본의 패전과 함께 이 땅에서 사라지게 되었다.

1945년 8월 15일 평양신사를 비롯하여 전국 각지의 신사들이 방화되기 시작하여 총독부의 통계에 의하면 1945년 8월 16일부터 8일 동안 신사·봉안전에 대한 파괴·방화가 136건에 이르렀다고 한다.

조선총독부는 1945년 8월 16일 오전에 제신이었던 신령에게 돌아갈 것을 기원하는 승신식을 전국의 신궁, 신사에 대해 올리기로 결정하고 같은 날 오후 5시에 궁중으로 반납하기로 하고 식을 거행하였다. 승신식에는 궁사 이하 전 인원이 봉사하고 조선총독부 관방 지방과장 본다 다케오(本田武夫), 조선총독대리로서 총독부의 제무관 다카마츠 다다기요(高松忠淸) 등이 참석한 가운데 거행되었다. 또한 영대(靈代)는 8월 24일 경성비행장을 출발하여 궁중으로 옮겨졌고 이전 조선신궁 진좌제가 열렸을 때 다이쇼 천황에게 보물로서 봉납하였던 명치천황의 패용대도(佩用大刀)를 8월 16일 궁중으로 다시 반납하고 신보 및 보물, 제문 등은 8월 19일부터 소각하기 시작, 8월 25일에 끝냈다. 전국의 신사에 대한 승신식은 8월 16일에서 10월 5일 사이에 거행된 것으로 보인다.[58]

---

58 위의 책, pp.107~110.

4. 맺음말

대한제국시기 가운데 1898년과 1907년 7월이라는 역사적 시점은 일제와 열강과의 관계 설정에 있어서 차이가 있었다는 측면에서 국가제례의 변화를 고찰하는 데 중요한 역사적 요인이 되었다. 칭제를 둘러싸고 열강들 사이에도 서로 다른 입장이 표명되기도 하였고, 국내 유생들의 의도도 각각 달랐다. 열강들 가운데 러시아는 칭제를 통하여 국제관계 속에서 조선에 대한 용이한 접근의 토대를 마련하고자 하였다면, 국내의 유생들은 아관파천, 을미사변 등으로 실추된 왕실권위를 회복하고자 하는 의도가 있었다. 의도가 각각 달랐지만 그것이 1897년 10월 12일 고종의 황제 즉위식을 낳았고, 대한제국의 탄생과 함께 그간의 국가제례 시스템도 당연히 황제 지위에 어울리게 변하였다. 천자의 제천례라는 이유로 제후국으로서 조선시대 세조 때 폐지되었던 원구제가 부활되었다는 점은 분명 칭제에 따라 대한제국으로서 국제사회에서 대등한 위상을 확보하려는, 이전 시대와는 다른 '국가'의식이 표출된 결과였다.

그러나 러일전쟁 이후 국제관계 속에서 변화된 일본의 입장은 고종의 국가제례 강화에 압박으로 작용하였다. 1907년 7월 23일 그간의 국가제례가 영구폐지·합사·축소 쪽으로 전반적인 변화가 일어났다. 물론 그러한 변화들은 국가제례가 제실(帝室)과 관련이 있어야 하고 시의에 맞지 않는 제사는 폐지하고 중요하지 않은 제사는 생략하는 등 국가제례의 개념에 변화가 일어난 결과이지만 그러한 변화를 불러일으킨 역사적 상황의 변화도 작용하였다. 즉 1907년 7월은 정미7조약으로 상징되듯이 일본의 대한제국 내정간섭이 절정에 달한 시점이었다. 일제는 정치적으로뿐만 아니라, 법전조사국 등을 설치하여 대한제국 사회에 대한 조사활동을 통해 조선 문화를 규정하고 변화시키고자 하였다. 일본 국내적으로는 명치유신에 의하여 천황을 정점으로 하는 국가신도가 신민에 대한 도덕 윤리규범으로서 자리를 잡아갔다. 그와 같은 국가신도가 상징적으로 조선 사회에 적용되기 시작한 것은 남산에 조선신궁이 세워지면서부터였다. 이는 일본 정부의 식민지에 대한 국내법의 적용, 즉 내지연장주의의 표현이었다. 1930년대에 들어서서는 비상시국의 극복을 위하여 우가키(宇垣一成) 총독 시기에 와서는 내선융화가 강조되었을 뿐만 아니라, 신사정책의 강화를 통한 심전개발운동이 전개되기도 하였다. 이와 같은 방향이 미나미 지로(南 次郎) 총독시기에 와서는 더욱 강화되어 전국 각지에 도공진사, 부신사뿐만 아니라, 신사 등이 세워져 전국은 온통 일본의 천황신 제례 공간이 되어 버렸다.

일본의 패전은 바로 조선에서의 신사라는 천황신 제례공간의 소멸을 의미하였다. 승신식의 거행으로 조선 땅에 머물던 일본 천황신들은 물러갔다. 해방 이후 잃었던 종묘, 선잠제, 선농제 등 국가제례 공간들이 부활되고 있다. 이처럼 국가제례는 역사적 상황의 변화에 따라 소멸(폐지), 부활이 반복되어 왔다.

참고문헌

『舊韓國官報』,『문화일보』,『純宗皇帝實錄』,『朝蘚總督府官報』

『宇垣一成 日記』2, みすず書房, 1970.

강만길,『韓國近代史』, 창작과 비평사, 1984.

高野友治,『天理敎傳道史 海外編』, 天理敎道友社, 1975.

磯前順一,「近代神道學の成立-田中義能論」,『思想』860, 岩波書店, 1996.

김문식·송지원,「국가제례의 변천과 복원」,『서울 20세기 생활·문화변천사』, 서울시정개발
       연구원·서울시립대학교 서울학연구소, 2001.

爛木壽男,「朝蘚總督府の神社政策」,『海映』4, 社會評論社 所收, 1976.

박규태,「신사」, 윤상인 외,『일본을 강하게 만든 문화코드 16』, 나무와 숲, 2000.

박종서,「한말 국가제사의 변화에 대한 사회학적 연구」, 서울대학교 대학원 석사학위논문,
       1998.

박현수,「일제의 조선조사에 관한 연구」, 서울대학교 대학원 박사학위논문, 1993.

______,「일제의 침략을 위한 사회, 문화활동」,『한국사연구』30, 한국사연구회, 1980.

森田芳夫,『朝蘚終戰の記錄』, 嚴男堂書店, 1964.

城居留民團投所,『京城發達史』, 1912.

스즈키 마사유키 저, 류교열 역,『근대 일본의 천황제』, 서울: 이산, 1998.

植松通太郎,「檀君合祀の議」,『朝蘚佛敎』59호, 1929.

神岐一作,「新領土及び植民地の神社」,『神道學雜誌』제8호, 神道學會, 1929.

신명호,「일제하 이왕직과 이왕가 족보」,『한국학대학원논문집』11, 한국정신문화연구원
       한국학대학원, 1996.

______,『조선왕실의 의례와 생활: 궁중문화』, 돌베개, 2002.

왕현종,「대한제국기 입헌논의와 근대국가론」,『韓國文化』29, 서울대학교 한국문화연구
       소, 2002.

宇垣一成,「朝蘚統治に就いて」,『朝蘚』제201호, 1932.

遠藤 潤,「文學部神道講座の歷史的變選」,『東京大學史紀要』, 1995.

葦律耕次郎,「朝蘚神宮に關する意見書」, 小笠頂省三 편,『海外神社史(上卷)』, 1925, 海外
       神社史編纂會, 1953 所收.

伊顧友信, 최석영 역,「폐불훼석(廢佛毀釋) 논쟁」, 小澤富夫編,『논쟁을 통해 본 일본사상』,
       성균관대학교 출판부, 2001.

이광린,「일제의 주권침탈과 의병항쟁」,『한국사강좌』, 일조각, 1981.

이민원,「대한제국의 성립과정과 열강과의 관계」,『한국사연구』64, 한국사연구회, 1989.

이영춘,『차례와 제사』, 대원사, 1994.

이태진,『고종 시대의 재조명』, 서울: 태학사, 2000.

제41회 제국의회중의원,『大日本帝國議會錄』11, 1929.

조선총독부,「民心作興運動ニ關する施設」,『朝蘇』제210호, 1932

조선총독부중추원,『心田開發ニ關する講演集』, 1936.

靑野正明,「朝蘇總督府の神社政策」,『朝解學報』160, 日本朝蘇學會.

村上重良,「天皇制と國家神道」,『天皇制と 日本宗敎』, 丸山照雄編, 亞紀書房, 1985.

최석영,『일제의 동화이데올로기의 창출』, 서울: 서경문화사, 1997.

______,『일제하 무속론과 식민지권력』, 서울: 서경문화사, 1999.

최혜주,「시데하라의 고문활동과 한국사연구」,『국사관논총』79, 1998.

______,「시데하라의 식민지 조선경영에 관한 연구」,『역사학보』160, 1998.

통감부지방부,『布敎所ニ關スル綴』, 정부기록보존소 소장자료, 1907~1909.

한형주,『朝蘇初期 國家察禮 硏究』, 일조각, 2002.

E.Hobsbawm & T.Ranger (ed), *The Invention of Tradition*, Cambridge Univ. Press, 1983; 최석영 역,『전통의 날조와 창조』, 서울: 서경문화사, 1995.

Paul T. Cohen, "Order Under Heaven: Anthropology and the State", Grant Evans(ed.), Asia's Cultural Mosaic, Prentice Hall, 1993.

http://cafe.daum.net.KoreanEmpire

개화기에서 일제강점기까지
혼인유형과 혼례식의 변모양상

이영수_단국대학교 동양학연구원 연구교수

1. 서론

우리 사회에서 성장한 남녀는 혼인을 통해 진정한 의미에 있어서의 성인으로 대접받는다. 세월이 흘러 일정한 나이가 되었다고 해서 성인이 되는 것은 아니다. 아무리 나이가 많다고 하더라도 혼인하지 않으면 동(童)이라 하여 아이 취급을 받았으며, "설령 결혼을 12세 13세의 소아시(少兒時)에 할지라도 그때 붓터는 성인(어른)이 되"[1]었다고 해서 중대사를 논하는 자리에 참석할 수 있는 권리가 주어진다. 혼인 여부가 한 개인의 사회 구성원으로서의 자격을 결정짓는 기준이 되었던 것이다. 이러한 혼인을 우리 사회에서는 '대례(大禮)', '인륜지대사(人倫之大事)', '백년지원(百年之源)', '백복지원(百福之源)'이라고 하여 인간의 일생 중에서 가장 중요한 것으로 여겼다.

개화기에서 일제강점기 초반까지 행해졌던 당시 혼인 관행을 춘원 이광수는 「혼인론-1의 속」[2]에서 "네 딸을 내 며느리로다고.", "오냐 네 아들을 내 사위로 삼으마." 하면서 서로 약주 한잔을 기울이면 이에 혼인이 성립된다. 이처럼 자신의 소중한 '아들'과 '딸'의 일생이 걸린 중요한 혼사를 술좌석에서 결정하는 일이 비일비재했다고 하면서 당시 혼인을 가볍게 여기는 세태를 비판하고 있다. 전통사회에서 배우자가 부모의 뜻대로 정해진 것은 개인이 아닌 집안의 가장을 중심으로 한 가족과 문벌 본위로 혼인이 이루어졌기 때문이다. 따라서 정작 혼인당사

---

* 이 글은 『아시아문화연구』28호, 가천대학교 아시아문화연구소, 2012. 12에 게재되었던 것을 재수록하는 것임을 밝혀둔다.

1 샤를르 다레 저, 李能植·尹志善 공역, 『朝鮮敎會史』, 대성출판사, 단기4280, p.198(인용문 중에서 고어(古語)투는 문맥에 지장이 없는 범위 내에서 현대식으로 표기하고, 한자는 한글로 변환하며 필요한 경우에만 한자를 병기하였다).

2 李光洙, 「婚姻論-1의 속」, 『매일신보』, 1917. 11. 23, p.1.

자들의 역할은 전무하거나 미미하였다. 이러한 혼인이 "갑오(甲午) 이후로 조선에 자유주의의 사조가 들어오면서 혼인에 대한 관념도 일변(一變)켜"[3] 된다.

19세기 후반 개항과 함께 수용된 기독교를 통해 서양의학의 도입과 보급, 근대교육기관의 설립 운영, 여성의 지위향상을 위한 노력, 각종 도서의 출판과 보급을 통한 근대과학의 도입과 한글의 보급, 문맹퇴치 그리고 재래의 각종 폐습타파와 생활의 합리화 등 여러 분야에서 현실적 모순을 타개하고 극복하기 위한 노력이 전개되었다.[4] 서구문물이 유입되면서 전통사회 내부의 모순을 극복하고자 하는 노력을 기울이게 된다. 이때 서구로부터 들어온 외래문화는 통상적으로 우리 문화보다 더 과학적이고 합리적인 것으로 여겼다. 그래서 외래문화를 동경하면서 이를 맹목적으로 추종한다. 이 과정에서 우리의 전통은 낡은 것, 한물 간 것으로 규정되고, 새로운 형태의 외래문화가 그 자리를 대신하게 된다. 이러한 경향은 우리 사회 전반에 걸쳐 커다란 영향을 미치게 되는데, 혼례의 경우도 예외가 아니었다. 당시 만연했던 조혼 풍습은 봉건적 유교전통에 기반을 둔 전근대적인 것으로 인식되어 타파의 대상으로 여긴다. 통상적 관례에 따라 행해지던 조혼을 폐지하자는 주장은 전통 혼례의 근간을 부정하며 새로운 형태의 혼인방안을 모색하게 되는 계기가 된다.

부모에 의한 혼담에 반기를 들고 자신의 의지에 따라 혼처를 정하고, 유교식으로 거행되던 혼례식을 구식으로 규정하고 서구식의 '예배당 혼인'을 선호한다. 그리고 혼인잔치는 피로연으로 대치되고 새롭게

---

3 柳光烈, 「結婚難의 打開策−理智的 批判과 手腕力量에 置重」, 『삼천리』 5권 4호, 1933, p.43.
4 『한국사』 46, 국사편찬위원회, 2000, p.179.

신혼여행이 등장하게 된다. 외부에서 유입된 근대적 문물과 서구식 사상, 제도 등이 우리의 혼례에 영향을 미쳐 새로운 문화전통을 만들어 냈지만, 여전히 관행에 따라 택일을 하고 궁합을 보았다. 『동아일보』와 『조선중앙일보』,『신시대』 등에는 궁합이 맞지 않아 파혼하는 사례가 심심치 않게 등장한다. 당시 지식인들은 택일과 궁합을 미신시하여 폐지할 것을 주장하였지만 현실적으로 이들 관행을 없애기에는 역부족이었던 듯하다. 이처럼 당시의 혼례문화는 과거와 현재가 공존하며 다양한 방식으로 변모하게 된다. 이 시기 혼례문화 전반에 관해서 고찰하는 일은 너무나 광범위하기에 이 글에서는 혼인유형과 혼례식에 국한하여 논의를 진행하고자 한다.

현재 우리 사회에서 남녀 간에 부부가 되는 일과 의식을 결혼과 결혼식이라는 용어를 사용하고 있으나, 민법과 가정의례준칙에서는 혼례 또는 혼례의식으로 규정하고 있다. 따라서 이 글에서는 혼인과 혼례식이라는 용어를 사용하고자 한다.

개화기에서 일제강점기까지 혼인에 관한 기존의 연구로는 혼례문화시설인 예식장에 주안점을 둔 연구[5]와 일제강점기 이후의 혼례양상을 살펴본 연구,[6] 1930~40년대 혼전 이성교제와 결혼결정과정을 살핀 연구,[7] 1910~20년대를 중심으로 일제의 식민정책으로 굴절된 민족의 생활상과 변화된 습관의 일면을 고찰한 연구,[8]『제국신문』에 게재된 ‘잡

5　박근택, 「혼례문화시설 건축설계 연구―공공적 공원형 혼례시설 설계제안」, 명지대학교 대학원 석사학위논문, 2000.

6　김선령, 「일제강점기 이후 한국혼례양상에 관한 연구」, 원광대학교 동양학대학원 석사학위논문, 2011.

7　유가효, 「일제시대 결혼결정과정을 통해서 본 결혼문화의 변화」,『한국학논집』 36집, 계명대학교 한국학연구원, 2008.

8　강병식, 「일제하 한국에서의 결혼과 이혼 및 출산 실태 연구」,『사학지』 28집, 단국대학교

보'와 '논설'들을 포함한 혼인담론을 대상으로 혼인제도와 파트너십의 근대성을 조명한 연구,[9] 혼인의례의 변천과정이 한국 가족 그리고 한국 여성의 위상과 어떤 관련이 있는가를 문헌과 현지조사를 통해 고찰한 연구,[10] 그리고 신문과 잡지 등의 문헌자료를 토대로 1920~30년대의 결혼과 조혼, 가족과 현모양처, 이혼, 가족의 대안 형태 등을 살펴본 연구[11] 등이 있다. 이러한 일련의 연구들은 당시의 혼인풍습의 면면을 고찰하였다는 점에서 의의를 지니고 있지만, 혼인의 주체 논쟁과 혼례식의 변모양상을 살피기에는 미흡한 감이 없지 않다.

이 글은 기존의 연구 성과를 토대로 하여 전통 혼례에서 신식 혼례로 전환하는 과정에서 중요한 역할을 한 혼인유형과 혼례식의 변모양상에 대하여 고찰하고자 한다. 이를 위해 이 글에서는 『독립신문』, 『매일신보』, 『동아일보』, 『조선일보』, 『조선중앙일보』 등의 신문과 『신여성』, 『삼천리』, 『신시대』 등의 잡지에 수록된 혼인 관련 자료를 활용한다.

2. 혼인유형-중매와 연애

1) 혼인유형의 여명기(1890년대~1910년대 중반)

개항 이후 서구 문화의 유입과 신교육의 발달로 인해 전통 혼례에서 가장 큰 변화를 겪게 된 것이 바로 이 혼인유형이 아닌가 한다. 개인주

사학회, 1995.

9 김현주, 「『제국신문』에 나타난 혼인제도와 근대적 파트너십」, 『한국근대문학연구』 23집, 한국근대문학회, 2011.

10 박혜인, 「한국 전통혼례의 연속과 단절」, 『자본주의 시장경제와 혼인』, 또 하나의 문화, 1991.

11 김경일, 『근대의 가족, 근대의 결혼』, 푸른역사, 2012.

의보다는 가족주의를 표방하던 전통적인 사회에서 혼례는 혈연이 다른 두 집안이 결합하여 공동체로서의 유대를 더욱 공고히 하는 것이었다. 따라서 혼인에서 당사자보다는 집안이 중심이 되었던 것이다. 이 시기에는 이러한 전통적인 혼인 관행에 변화가 생기기 시작한다. 부모가 정해준 배우자를 거부하고 자신의 의지에 따라 인생의 반려자를 찾고자 하는 경향이 나타난다. 그래서 사회 전반에 걸쳐 부모의 주도하에 이루어지는 혼인과 개인의 의사를 존중하는 혼인이 양립하게 된다.

혼인의 주체가 부모인가 아니면 당사자인가에 따라 중매와 연애로 구분할 수 있다. 전통 사회에서 혼례 관습은 부모가 주체가 되는 중매였다. "가주(家主)의 권리가 넘우나 전제적이여서 자녀질제(子女姪娣)의 결혼에 까지 간섭할 뿐 아니라 배우자의 선택에 대해서는 절대의 권리를 보지(保持)하고 왓다. 그리하여 아들은 어버이가 정해준 곳에 두말 못하고 장가를 들엇고 딸은 또한 어버이가 택해준 남자에게로 시집을"[12] 갔다. 자신의 미래를 결정하는 일이건만 혼인당사자는 한마디의 의견도 개진하지 못한 채 부모의 독단적인 결정에 맹목적으로 순종해야 했던 것이다.

부모의 독단에 의한 정혼으로 조혼이 성행하게 되고, 이러한 당사자들의 의사를 무시한 혼인은 여러 가지 문제를 야기한다. 1899년 7월 20일자 『독립신문』에는 조혼하는 악습이 사람에게 극히 해로운 것은 이루 말할 수 없다고 하면서 이렇게 조혼한 사람의 경우 열에 여덟아홉은 부부 간에 화순치 못하다고 한다. 조혼에 의한 폐습을 강조하면서 이상적인 혼인 형태로 서양의 풍습을 소개한다. 서양의 혼인풍속은 내외간에 서로 사랑하고 서로 공경하여 죽기까지 조금도 두 마음을 두

---

12 北熊生, 「靑春男女들의 結婚準備」, 『별건곤』 28호, 1930. 5, p.9.

지 않는다. 그것은 다름 아니라 당초에 부부될 사람들이 각기 자기 마음에 배필 되기를 즐겨함으로 정혼한 까닭이라고 한다. 혼담이 혼인당사자의 의견을 존중하는 방식으로 바뀔 필요성이 있음을 역설한다. 이렇게 당사자가 주체가 되어 혼인에 이르게 되는 것이 바로 연애이다.

연애는 서구적인 사랑을 의미하는 번역어로써, 재래의 사랑과 구별되는 새로운 사랑의 방식을 표상한 문화적 고안물이다. 서구적인 사랑의 방식을 전달하는 용어로 등장한 연애는 전통적인 사유 방식으로는 이해하기 어려운 관념이었다. 연애가 구세대와 신세대 간에 가장 첨예하게 부딪히게 되는 문제적 사안으로 등장한 것도 이 때문이다. 사랑이 연애라는 어휘를 통해 새롭게 표상되면서, 당시 유교 윤리가 지배적인 삶의 원칙이었던 우리 사회는 사랑과 혼인을 둘러싼 인식과 관계에 총체적인 전환을 맞이하게 된다.[13]

1914년 4월 『신시대』의 「이즘 청년남녀들의 결혼청서」[14]는 결혼과 관련된 10개 항목을 선정하여 여러 분야에 종사하는 23명의 청춘남녀를 대상으로 설문지방식으로 조사를 진행하고 이 중에서 17편을 추려 발표한 것이다. 아홉 번째 항목이 '결혼형식에 대하여서 연애결혼? 중매결혼? 신식결혼? 구식결혼? 신혼여행은?'이다. 한국어에서 남녀 간의 사랑을 지칭하는 의미로 '연애'를 처음 사용한 시기는 1910년대로 추정된다. 이 시기는 일본에서 연애라는 용어가 우여곡절을 겪으면서 활발하게 사용되던 때이다. 현재 알려진 바로는 우리 사회에서 '연애'라는 어휘가 처음 사용된 것은 1912년 『매일신보』에 발표된 조일제의 『쌍옥루』이다. 당시 '연애'라는 어휘는 독립된 의미를 형성하지 못하고 '사랑'

---

13 김지영, 『연애라는 표상』, 소명출판, 2007, p.14.
14 편집부, 「이즘靑年男女들의結婚靑書」, 『신시대』 4집, 1914. 4, pp.172~177.

과 '편애' 등과 혼용된다.[15] 1914년에 연애라는 단어가 설문지에 사용되었다는 것은 불과 2년 사이에 젊은이들 사이에 연애라는 말이 널리 통용되었음을 보여준다.

'결혼형식에 대하여서 연애결혼? 중매결혼?'에 대답한 사람 중에서 중매결혼을 하겠다는 남녀는 17명 중에서 6명이다. 이중에서 부모가 주가 되는 전통적인 혼담을 원하는 사람은 3명이며, 결혼 전에 약간의 교류가 필요하다는 사람이 1명, 사진이라도 미리 보아야 승낙하겠다는 사람이 2명이다. 중매로 이루어지기를 바라는 사람 중에서 남자가 3명, 여자가 3명이다. 연애로 혼인하겠다는 사람은 모두 5명으로, 이중에서 2명은 연애결혼이기를 바란다는 완곡한 표현을 사용하고 있다. 이들 5명 모두가 여성으로, 직업은 교원이 3명, 점원 1명, 여급 1명이다. 연애와 중매를 절충하는 방식의 혼인을 원하는 사람은 3명이다. 그 이유는 "연애결혼을 하고 싶으나 하도 말성이 많으니 두 가지 절충"이 좋다고 한다. 나머지 3명은 연애와 중매 둘 다 괜찮다고 대답한다.

수치상으로는 중매와 연애로 혼인하겠다는 사람이 6대 5이고, 둘 다 괜찮다는 사람이 3명인 것으로 보아 전통적인 혼인 관념이 어느 정도 유지된 듯이 보인다. 하지만 중매로 혼인하겠다고 대답한 사람 중에서 3명이 전제조건을 내세우고, 절충안을 선택한 사람도 3명이나 되는 점으로 미루어 당시 혼인 방식에 일정한 변화가 일어나고 있음을 짐작할 수 있다. 그리고 중매와 연애의 절충안을 들고 나온 사람이 3명이나 되는 것으로 보아 당시에 자유연애에 대한 폐단이 나타나고 있었음을 짐작할 수 있다.

연애를 선호하는 경향은 여성에게서 압도적으로 높게 나타난다. 이

---

15 김지영, 앞의 책, pp.44~45.

러한 경향은 신여성의 등장과 함께 그들이 주장했던 자유연애에 기인한 것으로 보인다. 당시의 진보적인 분위기와 근대적 여성교육의 결과, 전통적인 여성상을 대치할 대안적 여성상으로 등장한 것이 신여성이다. 이들은 주로 잡지와 신문의 기고와 여성단체 활동을 통해 전통적인 유교의식을 깨뜨리고 자유주의적인 운동을 전개한다. 이들이 주장한 핵심적인 내용은 자아의 발견이었으며, 그 구체적 내용은 자유연애에 의한 혼인과 신정조론이다.[16]

1914년 『신시대』의 「이즘 청년남녀들의 결혼청서」의 설문조사에 의하면, 중매와 연애를 선호하는 사람이 엇비슷하고, 중매와 연애에 구애받지 않겠다거나 절충식 혼인을 선호하는 등 다양한 형태의 혼인 양상이 나타난다. 제시한 자료가 빈약한 편이기는 하지만, 이를 통해서 자유연애관념과 근대적 의미의 혼인 개념이 수용되기 시작했음을 알수 있다. 1910년대 중반까지는 기존의 혼인 관행인 중매에 새로운 형태의 연애가 접목하는 혼인유형의 여명기라고 할 수 있다.

2) 혼인유형의 과도기(1910년대 중후반~1920년대)

1910년대 중후반에 이르면 혼인당사자가 주가 되는 연애의 비중이 더욱 높아지게 된다. 이전까지 연애에 대해 관망하는 태도를 보이던 젊은이들이 연애에 적극적인 모습을 띠게 됨을 노치생(老痴生)의 「자유결혼이 가호」[17]를 통해 엿볼 수 있다.

근자 조선 청년계에난 자유결혼의 사조가 창만함과 여하도다 차(此)

16 조혜정, 「가부장제의 변형과 극복」, 『한국여성연구 1-종교와 가부장제』, 청하, 1988, p.271.
17 老痴生, 「自由結婚이 可乎」, 『반도시론』, 1919. 2, pp.18~22.

난 시대가 점차 문명에 취향함을 반하야 연함인지 학생계에난 남자
뿐 아니라 여자도 역시 결혼의 자유를 창도하며 조선 청년계에는 동
경유학생발행 「여자계(女子界)」란 잡지의 구매수가 증가함도 기 잡지
기사 중 자유결혼을 주창한 논제가 매다(每多)함이라 하니 내지(內地)
에 유학하난 청년은 차 자유결혼의 사상이 우극팽창(尤極膨脹)함과
여하도다.

위의 인용문에서 노치생은 연애가 유행하게 된 것을 문명의 발달과
함께 당시 동경유학생회에서 발행한 『여자계』의 영향에 기인한 것으로
본다. 『여자계』는 1917년 12월에 창간되어 1920년 6월 통권 5호로 종간
된 잡지로, 70면 내외의 국판으로 발행되었으며 재일본여자유학생친
목회에서 봄·여름·겨울 방학을 이용하여 연 3회씩 간행하였다. 『여자
계』에서 자유혼인에 대한 다양한 논의가 조선에 연애가 급속도로 퍼
지게 되는 계기가 되었다는 것이다. 노치생은 자유혼인이 주창되는 현
실에 대해 우려를 표시하면서 "자유결혼은 인민의 학식이 십분한 연후
사(事)"에야 가능하다고 한다. 당시 사회적 여건이 연애를 수용하기에
는 시기상조임을 강조한다. 그 연유를 서양은 남녀가 어려서부터 함께
생활하는 데 비해 조선은 남녀칠세부동석이라는 관념이 존재하여 서
로 교제할 기회를 갖기 어려운 현실에서 찾는다. 자연스런 이성교제가
불가능했기에 서양과 조선의 연애관에는 커다란 차이가 있다는 것이
다. 당시 청춘남녀들이 올바른 연애관이 성립되지 못한 상태에서 연애
를 받아들였기 때문에 "목전의 연애로써 탕정(蕩情)을 남발"하여 여러
가지 문제를 야기한다는 것이다. 노치생은 글의 말미에 "부모가 자녀
의 자유결혼을 방임키 불가하니 만약 자유결혼을 허"락했을 때는 반
드시 이혼은 불허할 것을 요구한다. 이것은 1910년대 중후반에 이르면

앞선 시기에 비해 연애에 대한 논의가 사회적으로 폭넓게 전개되었음을 반증하는 것이다.

1920년대에 접어들면 부모끼리 혼담이 이루어지고 강제로 혼인하게 되는 상황을 비판하고 자유연애와 자유혼인을 옹호하는 목소리가 높아진다. 이 시기는 "신사상과 구사상이 서로 충돌하는 과도시대요 뿌리 깊흔 구사상과 갓 피어나는 신사상이 서로 흘기고 다투는 결과에 로린네와 절문사람 사히에는 엇지하기 어렵은 높은 장벽이"[18] 존재하게 된다. 노치생의 지적처럼 "사천년 유래의 풍습"에 젖어 있던 기성세대는 하루가 다르게 변화는 사회적·문화적 환경에 빠르게 적응할 수 없었다. 불과 몇 년 사이에 연애에 대한 사고가 사회적으로 확산되면서 신구세대 간에 혼인하는 방식을 두고 서로 대립할 수밖에 없는 상황에 이르렀던 것이다.

1924년 『동아일보』에는 혼인과 관련해서 두 가지 충격적인 사건이 보도된다. 첫째는 1월 5일 「신부의 임의결혼으로」라는 제목으로 정차숙과 박평길의 임의 혼인에 관한 것이고, 둘째는 8월 20일 「강제결혼의 반기」라는 제목으로 "딸의 의견을 뭇지도 안코서 부모가 뎡한 혼인의 깨진 일"에 관한 내용이다. 전자의 정차숙은 전라남도 담양군 남면 지곡리에 사는 양반집 규수로 학교교육을 받지 못한 19세의 처녀이다. 정차숙의 부모는 딸이 어떤 생각을 갖고 있는지 묻지도 않고 마음대로 혼처를 구한다. 그러자 정차숙은 평소에 사귀고 있던 박평길과 부모 몰래 신식혼인을 올리고 집안 친척들에게 이 사실을 알린다. 정차숙의 집안에서는 부모 모르게 혼인하였다고 해서 난리가 난다. 정 씨 문중에서 신랑신부를 때려죽이겠다고 하여 경상도 어느 곳으로 도망을 갔

---

18 李元任, 「新女子의 結婚生活(一)」, 『동아일보』, 1921. 2. 27, p.3.

다고 하는 내용이다.

후자는 서울에 사는 20세인 김정숙이 부모가 정해준 혼인을 거부한 사건이다. 그녀는 신랑 될 전교환에게 혼인할 뜻이 없음을 밝힌다. 그런데 두 집안에서는 김정숙의 뜻을 무시하고 혼례를 준비한다. 김정숙은 부모 몰래 대구로 내려가고, 그곳에서 교편을 잡는다. 그녀의 거처를 알게 된 부모에 의해 김정숙은 강제로 서울로 끌려온다. 하지만 혼인할 생각이 없었던 김정숙이 끝까지 버터서 결국에는 파혼에 이르게 되었다는 것이다. 당시 『동아일보』에는 이 두 혼인당사자의 행동을 두고 갑론을박하는 독자들의 논쟁이 실려 있다.[19] 이 두 사건은 연애에 대한 사고를 좀 더 공고히 하는 계기가 되었던 것으로 보인다. 혼인은 자유의지에 따라야 한다는 담론이 어느 정도 형성되었음에도 불구하고 일상에서는 재래적 관습에 따라 중매에 의한 혼인이 여전했음을 보여준다. 혼인에 대한 이상과 현실 사이에는 괴리가 있었던 것이다.

당시 연애를 중시하는 혼인 행태에 대해 일분한생(一憤恨生)[20]은 "소위 신사상에 대한 이해를 구하고 그 방면에 노력하야 자기의 신생명(新生命)을 발견하려고 한다는 청년남녀들이 연애에 대한 오해와 그로 인하여 발생되는 죄악이야말로 용서할 수업는 악행이라고" 분괴한다. 당시 청춘남녀들에게 연애에 대해 그릇된 생각이 만연하고 있음을 지적하고 "과연 자유의 정신과 본의에 합당한 행동인가를 재삼 자성하고 숙고할 필요가 잇"다고 하면서 연애에 대해 신중히 생각할 것을 당부한다. 무분별하게 자행되는 연애에 대한 우려의 목소리가 높았음에도 불구하고 당시의 사회적 분위기는 "자유연애란 것은 일반이 아는 원칙

---

19 이에 대해서는 김경일이 당시의 신문자료를 인용하여 비교적 자세하게 언급하였다(김경일, 앞의 책, pp.32~37을 참고할 것).

20 一憤恨生, 「「可憐한罪惡」을 보고」, 『동아일보』, 1925. 1. 9, p.3.

일 것갓다. 완미(頑迷)한 부모들도 그들이 완미하다는 비난을 피하기 위하야 실허하면서라도 승인"²¹ 할 수밖에 없는 상황으로 치닫고 있었다.

요사이 자유 결혼이란 말이 류행된다.『누구는 자유결혼을 하얏다』하는 말을 우리가 흔히 듯는다. 그러면 자유결혼이란 무엇인가. 그 문자대로 해석하면 자유로 결혼을 한다하는 뜻이 되겟다. 밧구어 말하면 부모나 누구에게 강제의 혼인을 하는 것이 아니라 당사자 제 마음대로 혼인을 하는 것을 자유결혼이라고 하는 뜻이 되겟다. (중략) 혼인은 자유로하여라 하는 울님이 드러온 후로부터 어른 아해 할 것 업시 다 혼인은 내 마음대로 하겟소 하고 떠들게 되엇다. 아즉 어린남녀들은 장차 혼인을 내 마음대로 하겟다고 하며 임의혼인한 사람들은 임의한 혼인은 강제혼인이닛간 생전의 자유결혼을 한번 해보겟노라고 떠둘게 되엇다.²²

위의 기사는 당시에 자신들의 의지에 따른 자유혼인이 성행하였음을 보여준다. 자유는 외부적인 구속이나 무엇에 얽매이지 아니하고 자기 마음대로 행동하는 것으로, 그 어떤 속박이나 강압에 구속되지 않고 몸과 마음이 자유로운 상태를 말한다. 그러나 자유에는 그만한 책임이 따른다. 즉 사회적 규범이나 최소한의 법적 테두리를 벗어나면 그에 따른 대가를 치러야 한다. 이에 비해 방종은 제멋대로 행동하여 거리낌이 없는 것으로, 여기에는 책임과 의무가 뒤따르지 않는 것을 말한다. "아즉 어린남녀들은 장차 혼인을 내 마음대로 하겟다고 하며 임

---

21 沈大燮,「片想-結婚의藝術化」,『동아일보』, 1925. 2. 26, p.3.
22 「청년남녀의 부르짓는 자유결혼에 대하야」,『동아일보』, 1925. 11. 6, p.3.

의혼인한 사람들은 임의한 혼인은 강제혼인이닛간 생전의 자유결혼을 한번 해보겟노라"는 생각은 혼인에 따른 책임을 도외시한 것으로 자유가 아닌 방종에 가까운 행태였음을 보여주는 것이다.

1920년대 중반까지는 혼인과 사랑을 동일선상에 놓고 낭만적으로 이해하는 분위기가 우세했다. 낭만적 연애감정이 혼인의 기반이 되면 부부사이에 무질서와 갈등을 야기하게 되고 자녀양육의 사회적 책임을 달성할 수 없게 된다. 혼인의 사회적 기능을 위해서는 부부간의 개인주의적 이해와 감정을 초월한 강한 애정이 요구된다. 그리고 자녀의 양육을 위해 자신들의 자유주의적 행동을 억제할 필요가 있는 것이다.[23]

연애를 우선시하는 사회적 풍토에 우려를 표시한 TS는 "필경에 련애라는 그것의 연구도 업시 그저 덥허노코 련애만 잇스면 리상의 결혼이라고"[24] 생각하기에 자유연애에 의한 혼인이 실패할 수밖에 없다고 한다. 그는 "그 련애라는 것이 미친 듯, 타는 듯이 발동(發動)하야 와야만 쓴다고 생각하야서는 아니 된다."[25]라고 하면서 사랑이란 연애 과정에서 뿐만 아니라 혼인을 해서 남편과 원만한 가정생활을 영위하면서도 만들어 갈 수 있다고 한다. 오히려 열광적인 사랑은 혼인과 더불어 식을 수 있음을 경고한다. 결코 사랑이 혼인의 전제조건은 아니라는 것이다.

1928년 『별건곤』에 남녀대토론이라는 제목으로 「자녀결혼에 간섭을 할가 자유로 둘가」[26]라는 글이 수록되어 있다. 신(申)알베트는 '간섭

---

23 이효재, 「가족의 민주화와 혼인」, 『자본주의 시장경제와 혼인』, 또 하나의 문화, 1991, p.14.

24 TS, 「未婚한處女에게 性, 戀愛, 結婚에 關하야-족하딸을위하야숨김업시쓰는편지」, 『신여성』 3권 2호, 1925. 2, p.31.

25 TS, 「未婚한處女에게 性, 戀愛, 結婚에 關하야-족하딸을위하야숨김업시쓰는편지」, 『신여성』 3권 3호, 1925. 3, p.33.

26 「子女結婚에 干涉을 할가 自由로둘가」, 『별건곤』 16·17호, 1928. 12, pp.138~142.

편'에서 "사회제도와 가정제도가 완전하게 개선이 되지 못한 때에 청춘
의 남녀가 아모 이해와 각오가 업시 다만 시대풍조에 딸아우고 일시적
기분이나 감정에 끌리여서 소위 자유연애니 자유결혼이니 하고 자긔
네 끼리 결혼을 한다면 그 가정이 과연 얼마나 원만한 가정이되"겠느
냐고 하면서 연애에 의한 혼인의 당위성을 부정한다. 이에 비해 신흥우
(申興雨)는 '방임편'에서 "결혼은 개인의 생명 내지 인격적 결합인즉 제
삼자로 내용에 까지 깁히 들어가 간섭할 바 안이라고 생각한다."라고
한다. 또 다른 '방임편'을 주장한 이돈화(李敦化)는 "이것은 맛치 배곱흘
때에 내가 음식은 먹고 십은데 부모의 간섭이 업스면 자기 비위에 당기
는 맛잇는 것도 먹지 못할리라는 것과 동일한 문제"라고 하면서 부모
가 간섭하는 것은 옳지 않다고 한다. 1920년대 중반까지 혼인의 주체
논쟁은 절충이 불가능할 정도로 대립하는 듯한 양상을 보인다. 하지만
기존의 전통을 유지하려는 쪽이나 전통을 파괴하고 새로운 전통을 세
우려는 쪽이나 논리가 빈약하기는 마찬가지였다. 어느 한쪽도 상대방
의 논리를 압도하지 못한다.

　1928년 4월 『매일신보』의 「결혼공개내용」에서 '혼담은 엇더케 되얏
나'라는 질문에 7명이 대답한 것을 살펴보면, 진정한 의미에서의 중매
와 연애는 각각 1쌍씩이며 나머지 5쌍은 중매와 연애의 혼합, 혹은 친
구로 교제하다가 연애로 발전한 경우이다. 본인들이 연애라고 밝힌 경
우, 혼인 전에 먼저 친구나 학교 선생의 소개로 수차례 교제한 끝에 부
부가 된다. 일종의 중매와 연애의 절충으로 볼 수 있다.

　혼인에서 절충식이 바람직하다는 것은 「연애결혼이혼문제대좌담
회」[27]에서도 일부 언급된다. 사회를 맡은 주요섭이 "결혼난의 한 계책

190

---

27 「戀愛結婚離婚問題大座談會」, 『신가정』 1권 6호, 1928. 6, pp.58~65.

으로는 교제할 기회를 주는 것이 옳을까요 중매하는 것이 좋을까요?" 라고 질문하자 당시 이화교감으로 재직하던 김창제(金昶濟)는 "그것은 절충하는 수밖에 없지오. 순전히 자유연애로 할 수도 없고 순전히 매 개로 할 수도 없고 부모가 상당한 배우자로 생각하는 이들을 만나게 해주는 것이 좋겠지요? 그 후에는 자유에 맡겨두"자고 한다. 좌담회에 참석한 사람들은 혼사에 있어 자식의 의견을 수렴할 수 있는 절충식이 바람직하다는 견해를 피력하지만, 그것은 여전히 부모 위주의 혼인 형 태를 지향하는 것임을 알 수 있다.

앞에서도 살펴보았듯이, 1914년 『신시대』의 조사에서 절충식 혼인 을 추구하는 사람은 17명 중에서 3명에 불과했으나 1928년 『매일신보』 에서 기혼남녀를 대상으로 조사한 자료에서는 절충식 혼인이 7명 중 에서 5명으로 대다수를 차지한다. 절충식 혼인에서 주체가 누구인지는 명확하지 않으나, 앞에서 살펴본 「연애결혼이혼문제대좌담회」에서 부 모가 배우자를 선택하여 자식에게 결정하도록 하자는 것으로 보아 전 통적인 혼인 관념이 당시 사회를 지배했던 것으로 보여진다.

거시적 관점에서 보았을 때, 1920년대는 자유연애라는 근대적 사조 의 유입으로 사회적 분위기가 중매에서 연애로 넘어오는 시기이다. 이 과정에서 재래의 중매와 당시 유행하던 연애에 문제가 있음을 인식하 고 새로운 형태의 혼인을 모색하고 이를 실행에 옮기는 혼인유형의 과 도기라고 할 수 있다.

3) 혼인유형의 정착기(1930년대 이후)

1930년대에 이르면 혼인의 형태가 연애와 중매에서 서서히 이 둘을 절충하는 방식이 자리를 잡아간다. 1932년 『삼천리』는 서울의 모 여학 교 학생들이 가슴 속에 품고 있는 혼인과 관련된 문항을 무기명투표로 실시하여 정리한 것이라고 하면서 「푸로와 쌕르 여학생의 정조와 연애관」[28]이라는 글을 발표한다. 이 글에 실린 조사 자료를 활용하여 계급적 조건에 따른 자유연애와 근대 결혼에 대한 선호도를 파악하기도 한다.[29] 그런데 이 조사 자료에 대해서는 그 신뢰성에 의문을 제기하지 않을 수 없다. 여학생문제 특집호로 꾸며진 1933년 『신여성』 10월호에 남강춘(南江春)이 쓴 「처녀 이십에 무엇을 생각나-결혼을 압둔 여자들의 심리조사」[30]의 내용과 거의 유사하기 때문이다. 남강춘(南江春)은 "이 일문(一文)은 동경문화원의 교유(敎諭)로 잇는 병하(並河) 씨의 논문에서 옴겨온 것"이라고 하면서 「푸로와 쌕르 여학생의 정조와 연애관」에 수록된 조사 자료와 동일한 내용을 소개하고 있다.

「푸로와 쌕르 여학생의 정조와 연애관」와 「처녀 이십에 무엇을 생각나-결혼을 압둔 여자들의 심리조사-」에 다른 점이 있다면, 전자가 A그룹은 중역, 지주, 거상, 귀족의 따님이며, B그룹은 졸업 후에 부모와 형제를 부조하여야 되는 중산계급 이하의 가정의 따님이라고 한 것에 비해 후자는 A교는 동경 시내에서도 유수(有數)한 부르조아 학교로 가정의 79%가 중역 다액납세의원 부호 지주 등으로 부인잡지 장화(裝畵) 같은데 늘 나타나는 명랑 쾌활한 모던 걸이며, B교는 프롤레타리아 자녀를 가르치는 모(某)상업학교로, 어떤 때는 월사금조차 밀리면서 학교에를 보내는 가정이 대부분이라고 한 것과 질문에서 "연애로부터 결혼에 들고 십노라."를 "연애를 통하야 결혼하겠다."라고 하는 정도이다. 두 자료에 있어서 각 문항에 대한 숫자와 백분율에는 차이가 없다.

---

28 「푸로와 쌕르女學生의 貞操와 戀愛觀」, 『삼천리』 1932. 12, pp.69~70.

29 김경일, 앞의 책, pp.80~82.

30 南江春, 「處女二十에무엇을생각나-結婚을압둔女子들의心理調査」, 『신여성』 7권 10호, 1933. 10, pp.74~77.

이 자료가 주목을 끄는 것은 연애로 혼인을 하겠다는 사람보다 절충식을 선호하는 사람의 퍼센트가 높게 나타나고 있다는 점이다. 일본 여학생을 대상으로 한 것이지만, 연애가 일본을 통해 들어왔다는 점에서 일본에서의 변화 양상이 어느 정도 우리 사회에도 영향을 미쳤을 것으로 생각된다.

1939년 8월 18일자 『동아일보』의 「신랑신부에게-2. 결혼성질과 비교」[31]에서는 혼인 양상을 크게 1) 가족주의 결혼, 2) 개인주의 결혼, 3) 절충주의 결혼의 세 가지로 구분하고 장단점을 비교한다. 가족주의의 장점으로는 (1) 조상숭배 (2) 가풍애호 (3) 효행주의 (4) 단결(團結)주의 (5) 이타(利他)주의를, 단점으로는 (1) 호주권남용 (2) 남존여비 (3) 일부다처(一夫多妻) (4) 벌족(閥族)관념 (5) 한편쪽도덕 (6) 개인경제무능 (7) 의뢰심 (8) 노예적 복종을 언급한다. 개인주의적 장점으로는 (1) 인격존중 (2) 인권신장(人權伸張) (3) 자유평등관념 (4) 생활의 독립자영 (5) 일부일처(一夫一妻) (6) 개인경제발달을, 단점으로는 (1) 이기심(利己心) (2) 비단결(非團結) (3) 약육강식주의(弱肉强食主義) (4) 무절제 생활을 거론한다. 이만규는 기존의 두 가지 주의에는 단점이 있기에 가장 이상적인 혼인은 이 둘의 장점을 결합한 절충주의식 혼인이라고 한다.

이러한 경향은 1940년대도 마찬가지로 보인다. 1942년 『신시대』 신년호에 수록된 「전문학교를 나오는 지식여성의 결혼이상좌담회」의 내용 일부를 인용하면 다음과 같다.

복택(福澤): 그러면 결혼을 한다면 연애결혼이 좋을까요, 또는 「미아이결혼(중매결혼)」이 좋을까요?

---

31 李萬珪, 「신랑신부에게-2. 결혼성질과비교」, 『동아일보』, 1939. 8. 18, p.5.

G: 미아이결혼도 좋지만 절대로 그것이 필요라고, 생각지는 않아요.

B: 절충식이 낫잖겠어요.

E: 소개를 받아서 점잖게 교제해보고서 약혼을 하는 것이, 타당할꺼 예요.

F: 연애결혼은 개개 실패두군요.

A: 절충식, 반중매 반연애가 제일 견실성이 있을꺼예요.

복택: C씨도 한마디 하구료.

C: 심각하게 생각해보질 아니했어요.

D: 절충식이 좋든군요. 바로 결혼을 중매하는 것도 아니고…… 말하 자면 여유가 있지 않습니까.

복택: 모두들 결혼에 대한 모험성이 적군요. (중략) 아무턴 지금 조선 의 시기에 있어서는 절충식이라는 게 제일 「가당」하고 현명할 겁니 다.[32]

위의 인용문에서 좌담회에 참석한 여학생들이 절충식 혼인을 선호 하고 있음을 볼 수 있다. 이런 여학생의 태도에 대해 사회를 맡은 '복택' 은 "모두들 결혼에 대한 모험성이 적"음을 지적하면서도 "지금 조선의 시기에 있어서는 절충식이라는 게 제일 「가당」하고 현명"한 결정이라 고 한다. 복택의 지적을 통해 근대적 교육의 혜택을 받은 여학생들의 사고가 여전히 전근대적임을 알 수 있다.

절충식 혼인뿐만 아니라 당시에 중매에 의한 혼인이 성행했음을 임 화(林和)의 「결혼론」을 통해 확인 할 수 있다. 그는 "현하(現下)의 조선 청년들이 자기들의 결혼을 거이 순종할 환경 가운데 생기는 일이라고

---

32 「專門學校를 나오는 知識女性의 結婚理想座談會」, 『신시대』 2권 4호, pp.143~144.

대하는 것과 같은 태도를 기우(杞憂)하고 싶다. 그러한 태도는 어리석은 부모를 즐겁게 할지는 몰라도 현명한 부모들에게는 근심을 끼치는 것이다."[33]라고 하면서 혼인에 대한 우려를 표명하고 청춘남녀에게 사고의 각성을 촉구한다. 혼인에 있어서 자식의 의사를 존중해야 한다는 것이 시대적 흐름이었음에도 불구하고 여전히 사회의 한편에서는 재래의 관습에 따른 혼인이 거행되었던 것이다. 오랜 시간에 걸쳐 성립된 전통적 혼례 관행을 단기간에 변화시키는 것은 어려운 일이었던 것이다. 오늘날 우리 사회에서 행해지고 있는 혼인유형은 개화기에서 일제강점기를 거치면서 '구식'과 '신식', '봉건'과 '근대'가 대립하는 과정에서 여러 차례 시행착오를 겪은 끝에 형성된 것이다.

3. 혼례식의 변모양상

1) 신식혼인의 도입

(1) 예배당 혼인

서구 문물의 수입과 기독교, 일본의 영향으로 개화기에서 일제강점기를 거치는 동안 혼례식에 많은 변화를 가져온다. 족두리에 원삼을 입은 신부와 사모관대를 차려입은 신랑이 서로 절을 하며 일생을 맹세하는 전통적인 유교식 혼례를 구식혼인이라 부르고 경제적으로 비용이 많이 든다는 이유로 기피하는 경향을 보인다. 이에 비해 서구의 종교와 신사조의 영향으로 간편하고 경제적인 새로운 형태의 예식을 신식혼인

---

33 林和, 「結婚論」, 『신시대』 2권 1호, 1942. 1, p.134.

이라 하여 선호하게 된다. 당시에 신식은 도시에서, 구식은 농촌에서 주로 거행된다.[34] 오늘날에는 도시와 농촌에 상관없이 신식으로 혼례를 올리며, 구식으로 혼례를 치르면 오히려 유별난 것으로 여긴다. 이러한 경향은 "구식대로 혼인식을 하는 이가 잇스면 오히려 이상히 생각할 만치 되엿다."[35]라는 기록으로 보아 일제강점기에도 마찬가지였다.

신식혼인은 "서양의 혼례식"[36]을 말하는 것으로, 우리나라에서 신식혼인은 1880년대 후반부터 거행된다. 1888년 3월에 정동교회에서 아펜젤러가 감리교 신자의 주례를 맡아 혼례를 이끌고,[37] 1890년 2월에는 그의 부인인 노(盧) 씨가 남신도 강신성과 여신도 박신실의 주례를 맡아 혼례를 올린다. 이때 신랑은 사모관대를 하였고 신부는 족두리를 쓰고 활옷을 입었으며 얼굴에는 연지곤지를 찍었다. 그리고 1892년 가을 이화학당 학생 황메례와 배재학당 황 씨가 기독교식으로 혼례를 올린다. 신랑은 프록코트에 예모를 쓰고 신부는 면사포를 썼다.[38] 초창기 신식혼인은 예배당에서 기독교식으로 거행된 '예배당 혼인'을 말한다.

웻딩테불생의 「자유결혼식장순례기(일)」[39]에서 혼례식 광경을 간추리면 다음과 같다. 시대적 배경은 1919년 중춘이다. 먼저 큰 예배당에 하객과 목사가 입장한다. 자동차를 타고 온 신랑신부가 예배당 앞에서 내린다. 신랑은 조선옷 대신에 양복을 입고 신부는 낭자족두리 대신에 베일(面紗)을 썼다. 신랑이 입장하고 이어서 어린아이가 신부에 앞서

---

34 장철수, 『한국의 관혼상제』, 집문당, 1997, p.192.

35 「대개는 형식에 불과한 소위 신식결혼식」, 『동아일보』, 1925. 11. 17, p.3.

36 「신식결혼식의 유래와 최근의 경향」, 『동아일보』, 1928. 8. 25, p.3.

37 이이화, 『한국사 이야기 22-빼앗긴 들에 부는 근대화 바람』, 한길사, 2005, p.280.

38 고부자, 『우리생활100년·옷』, 현암사, 2003, p.93.

39 웻딩테불생, 「自由結婚式場巡禮記(一)-抱腹絕倒할結婚形式의各樣各色」, 『별건곤』 1호, 1926. 11, pp.77~86.

서 꽃을 들고 들어온다. 신부는 풍금소리에 맞춰 최대한 천천히 걸어서 "십오 분인가 이십오 분 만에 겨우" 주례 앞에 선다. 신부가 입장할 때 축하의 뜻으로 찬송가를 부른다. 신랑신부가 주례 앞에 서면 주례는 "「한우님이 텬지만물을 창조하시고 자기와 가튼 형상으로 한 산아희를 만들어 일홈을 아담이라 하며 그의 자는 틈을 타서 웬쪽 갈비떼 한 개를 뽑아 녀자를 만드시니 그 일홈은 이화⑺라」고" 하면서 성경 봉독을 한다. 이어 "「신랑이여! 신부가 성하든지 병들든지 행복하든지 불행하든지 끈임업시 사랑하기를 맹세하시요? 〈네〉라 하시요」「네!」" 하고 혼인서약을 한다. 이어서 "신랑이 신부에게 반지를 줍니다. 그것도 그냥 주는 것이 아니라 엄숙하게 신부의 손을 붓잡어다가 자기의 손으로 끼어" 준다. 반지 교환이 끝나면 두 사람이 부부가 되었음을 선언한다. 식이 끝나면 신랑신부는 자동차를 타고 단거리 신혼여행을 떠나게 된다.

웻딩테불생이 바라본 조선의 혼례는 마치 신부가 서양 사람에게 시집가는 형상이며, "성례를 례로 하지 안코 금반지로 하고 수모중매 대신에 들러리⑺목사 친구들이 하고 색떡밥소태 대신에 명월관 식도원 무슨루 무슨 식당에서 하고 사인교 대신에 자동차로 하"는 동서양의 형식이 뒤섞인 것이다. 여기서 금반지로 성례를 대신했다거나 "이새 조선에서도 교회결혼이니 또는 달은 례식혼인에도 결혼의 계약으로 지환을 교환하는 풍습이 잇"[40]다는 것으로 보아 1930년대에 혼례식 중에 예물로 신부 손에 반지를 끼워주는 절차가 덧붙여졌다[41]고 하는 견해는 제고되어야 한다. 다만 1930년대에 들어서면서 "약혼시와 결혼시에 반지를 보내는 습관은 원래 서양풍속인데 근자에는 조선에서도 만히

---

40 「신식결혼식의 유래와 최근의 경향」, 『동아일보』, 1928. 8. 25, p.3.

41 박혜인, 「건전혼례의 이념과 실천–'본보기'와 '본보이기'」, 『과학논집』 26집, 계명대학교 생활과학연구소, 2000, pp.5~6.

이것이 실행"[42]된다는 것으로 보아 이 시기에 신부의 손에 반지를 끼워주는 것이 일반적인 풍습으로 자리 잡았음을 알 수 있다.

(2) 혼례식의 변화

1920년대 중반까지 "소위 자유결혼식의 형식이라는 것은 순진한 사람의 창조력에서 나온 것이 안이라 다만 종교에 빠저서 종교를 데일의 덕으로 생각하"[43]는 것으로, 예식절차가 종교적 형식에 치우쳐 있었다. 그런데 당시 기독교식으로 혼례를 거행한 사람들 중에는 기독교 신자보다는 비신자인 경우가 많았다. 비신자들의 기독교식 혼례에 대해 "큰 례배당에서 유명한 목사 아래 혼인식을 하는 것이 외형덕으로는 거룩해 보이고 신성해 보일는지 모르나 신랑신부 그 당자가 종교덕 의식이 업스면 그것은 일종의 허위덕 행동"[44]이라고 비판한다. 비신자의 '예배당 혼인'은 단지 의식을 흉내 낸 것이기에 종교적 진정성이 없는, 신성함을 가장한 위선적 행동이라는 것이다. 내실을 기하는 것이 바람직하다는 비판에도 불구하고 외형에 치우친 혼례식을 거행하였다는 것은 당시 '예배당 혼인'이 대세였음을 미루어 짐작할 수 있다. 신지식인들의 무분별한 외래 선호 풍조와 문화적 사대주의가 만연한 사회적 풍토를 개탄한다.

1920년대에는 이전까지 행해지던 기독교식 '예배당 혼인'의 예식절차에 대한 부당함을 지적하면서 꾸준히 새로운 방식의 혼례식을 탐구하게 된다. 이러한 상황을 방인근은 "조선인은 불상하다고 밧게 할 수

---

42 「약혼반지와 결혼반지니야기」, 『매일신보』, 1931. 10. 3, p.5.

43 윗텽테불生, 「自由結婚式場巡禮記(承前)-波瀾重疊한現代的異性結合」, 『별건곤』 2호, 1926. 12, p.79.

44 「대개는 형식에 불과한 소위 신식결혼식」, 『동아일보』, 1925. 11. 17, p.3.

없다. 뒤죽박죽, 별별 모양이 다만허 우습다고 할지 미웁다고 할지 한심하기 짝이 업다. 신식이니 구식이니 할 것 업시 현대 조선인으로 특유(特有)하고 일정한 결혼예식을 제정할 필요가 긴급하다고"[45] 하면서 우리 실정에 맞는 혼례식을 제정할 것을 제안한다.

다양한 논의를 거쳐 사회적 공감대를 형성하여 제정된 혼례식이 계명구락부식이다.[46] 계명구락부식은 사회식 혼인을 대표하는 양식으로, 1931년 제28회 정기총회에서 의결된다.[47] 이 의식은 "중등이상의 번화한 예식을 표준으로 하야 규정한 것이니 일반으로는 식의 정신을 지킬 것이오 형식에는 검약(儉約)을 도(圖)"한 것이다. 계명구락부에서 혼례식의 표준으로 규정한 예식절차를 정리하면 다음과 같다.

1. 친척 급 내빈착석 2. 개식사 3. 신랑신부입장 4. 신랑신부경례 5. 고천(告天)–사례(司禮)가 고천문을 낭독함 6. 예물증정 7. 혼인의 완성을 고함 8. 내빈축사 9. 신랑신부가 일동에 경례 10. 신랑신부퇴장 11. 친척상견례–별실(혹 혼례식장)에 신랑신부가 신랑부모와 신부부모에게 최경례(最敬禮)를 행함

계명구락부식 혼례는 박승빈이 창안 것으로, "재래의 구식가치 형식만 홀란스럽게 갓추고 내용이 업스면서 공연한 비용만 만히 드린다든가 또 종교의 신자가 아니면서 교회식으로 한다든가 하는 것은 크나

---

45 方仁根, 「戀愛男女備忘錄」, 『별건곤』 10호, 1927. 12, pp.147~148.

46 계명구락부는 1918년 서울에서 조직된 애국계몽단체로, 민족 계몽과 학술 연구를 목적으로 최남선(崔南善)·오세창(吳世昌)·박승빈(朴勝彬)·이능화(李能和)·문일평(文一平) 등 당시 지식인 33명이 발기하여 우리 문화 증진에 공헌하고 구락부원간의 친목 도모를 목적으로 설치하였다(『한국민족문화대백과』 2, 한국정신문화연구원, 1995, p.260).

47 朴勝彬, 「婚姻儀式에對하야」, 『신가정』 5권 5호, 1935. 5, pp.79~83.

큰 모순이"[48] 있기에 되도록이면 종교적인 색채를 배제한 것이다. 계명 구락부식 혼례가 결정된 것은 1931년이지만, 이러한 논의는 이전부터 전개되었다. 1928년 4월 16일자 『매일신보』에 게재되었던 「결혼내용공개(사)-장차 결혼할 분들을 위하야 여섯 가지의 회답」에 의하면, 1925년 5월 28일에 결혼한 사람 중에서 "그 의식은 박승빈(朴勝彬) 씨 외 유지가 모히는 계명구락부에서 제정한 것"을 따랐다고 한다. 계명구락부식 혼례는 1925년 이전부터 논의되어 왔으며, 1930년대에 이르러 사회식 혼례로 어느 정도 자리를 잡은 것으로 보인다. 따라서 1930년대 초까지의 혼례식은 종교적 배경 속에서 '신식혼례'와 '예배당 혼인'이라는 이름으로 행해졌다고 하는 견해[49]는 제고되어야 한다.

개화기에서 일제강점기까지 행해진 신식혼인은 기독교식과 사회식만 있었던 것은 아니다. 당시 신문과 잡지에 의하면, 기독교식과 사회식 이외에 '불교식·카톨릭식·천도교식·라마교식' 등이 있다.[50] 불교의례의 생활화에 지대한 관심을 갖고 있던 이능화는 기독교식 혼례를 보고 마음에 느끼는 바가 있어 블식 화혼식을 의정(擬定)한다. 이능화는 "지금 조선에는 유교·기독교·불교의 세 종교가 병치"한다고 하면서 유교식은 홍사근배를 주고받는 혼례식을 하고, 기독교에서는 금반지를 끼는 혼례식을 하는데, 유교는 비용이 많이 들고 화려하며 기독교식은 간단하고 편리하다고 한다. 그래서 식자들이 유교식 혼례의 번쇄함을 고치기 위해 기독교식 혼례를 따르는 경향이 있다고 하면서, "오늘날에는 불교가 부흥하여, 이로부터 점점 조선 전역 곳곳에 포교당(布教堂)이 별처럼 널려

---

48 朴勝彬, 「우리가가질 結婚禮式에對한名士의意見-나의創案한것」, 『별건곤』 28호, 1930. 5, pp.3~4.

49 박근택, 앞의 논문, p.21.

50 『신가정』 1권 6호에 「結婚禮式關한諸家의意見」에 수록된 혼인예식을 종합한 것이다.

있고, 바둑처럼 깔리어 부처를 만드는 이가 여마사속(如麻似粟)으로 많으니, 불도들의 혼가례(婚家禮)는 당연히 불식에 따라 행"[51]해져야 한다는 것이다. 이능화가 의정한 불식화혼절의를 정리하면 다음과 같다.

주례법사가 신랑·신부를 인도하여 부처를 향해 꿇어 앉히고, 이때 신랑·신부에게 각각 배도가 따르되 양옆에 선다. 신랑·신부는 각각 오분향을 사르고, 주례법사가 삼귀의(三歸依)를 부르면 신랑·신부가 따라 부르고, 이어 부처를 향해 삼배하고 일어난다. 주례법사가 두 사람의 혼인을 부처님께 고하는 설송을 외우고, 이것이 끝나면 신랑이 다섯 송이, 신부가 두 송이의 꽃을 부처님께 바친다. 주례법사는 신랑·신부로부터 받은 꽃을 꽃병에 꽂고, 신랑·신부는 부처를 향해 삼배한다. 주례법사는 신부와 신랑에게 혼인에 임하는 자세에 대해 묻고, 이에 신부와 신랑이 답한다. 주례법사는 신랑을 시켜 화관을 신부에게 씌워주게 하고 홍상을 신부의 몸에 입혀준다. 그 다음 신랑·신부는 부처께 삼배한다. 대중은 여래 십대발원문(十大發願文)·사홍서원(四弘誓願) 및 찬불가(讚佛歌)를 동창한다. 주례법사가 예필(禮畢)를 고하고, 신랑·신부가 먼저 나가면 모인 손님도 따라서 헤어진다.[52]

1923년 4월 1일자 『동아일보』에 금일 오후 두 시에 시내 수송동 각황사(覺皇寺)에서 오시권(吳時權) 군과 이상숙(李相淑) 양이 결혼한다는 기사가 실려 있고, 1924년에 창간된 월간지 『불교』에 1928년부터 전국 각지에서 거행된 불전 화혼식을 소개하고 있다. 이 잡지에 따르면 당시 경성에서는 주로 각황교당(覺皇敎堂)(현 조계사의 전신인 각황사의 교당)에서 화혼식이 치러졌다고 하며, 1931년 1월에는 경성을 비롯해 함북·경남·

---

51 李能和 지음, 金尙憶 옮김, 『조선여속고』, 동문선, 1990, pp.166~167.
52 위의 책, pp.168~169.

충남 등지에서 행해진 5건의 화혼식을 소개하고 있다.[53] 그리고 1936년 9월 22일자 『매일신보』에 불식 결혼식을 거행하였다는 기사가 등장한다. 하지만 당시 대중적인 신문이나 잡지에서는 불교식 혼례와 관련된 기사나 자료를 쉽게 찾아볼 수 없다는 점에서 불식 화혼식이 대중화에까지는 이르지 못한 것으로 보인다. 불식 화혼식이 '예배당 혼인'에 비해 일반화되지 못한 것은 의례 공간이 협소하고 장소에 대한 접근성이 용이하지 않았기 때문으로 보인다.

이극로는 「서약문을 교환하던 날」에서 자신이 고안하고 실행에 옮긴 혼례식에 대해 언급하고 있다. 이극로가 고안한 혼례식을 정리하면 다음과 같다.[54] 시기는 1929년 섣달 24일이며, 장소는 경성의 천도교 기념강당이다. 신랑은 사모관대하고 신부는 원삼 족두리를 한다. 탁자 위에 좌편에는 솔가지를 꽂은 백병(白瓶)을 놓았다. 솔앞에는 신랑이, 대 앞에는 신부가 선다. 탁자 앞에는 화문석을 펴고, 좌우에 마주 서서 주례의 지도에 따라 신랑신부가 상견례로 한 번 맞절을 한다. 각자 가져온 서약문을 주례와 내빈 앞에서 낭독한다. 그 다음에는 솔가지가 꽂힌 백병과 대까지가 꽂힌 백병을 자수(自手)로 교환한다. 송죽교환으로써 혼인이 이루어진 것을 증명한다. 신랑은 대까지 백병을, 신부는 솔가지의 백병을 두 손으로 들고 나란히 서서 퇴장한다. 이극로는 자신의 혼례식이 "당시에 신문 학예면의 페지를 채웠다."라고 하는데, 이것은 예식 절차가 일반인의 상식을 뛰어넘는 파격적인 것이었기 때문으로 보인다. 이와 같은 혼례식이 이후에 신문과 잡지에 등장하지 않는 것으로 보아 일반화되지는 못한 듯하다.

---

53 구미래, 「제5장 불교 일생의례의 체계적 이해를 위한 시론」, 『종교와 일생의례』, 민속원, 2006, p.123.

54 李克魯, 「結婚當日의感激」, 『조광』 5권 7호, 1937. 7, pp.233~234.

(3) 혼례식의 실태

1910년대부터 30년대 사이에 신문과 잡지에 수록된 혼인 관련 자료를 통해 당시 혼인이 어떤 방식으로 치러졌는지를 살펴보고자 한다.

1914년 4월 『신시대』의 「이즘 청년남녀들의 결혼청서」에서 '신식결혼과 구식결혼' 항목에 답한 12명 중에서 10명이 신식혼인을 선호한다고 대답한다. 10명 중에는 중매혼인을 선호하는 사람 3명, 중매와 연애의 절충식을 선호하는 사람 4명이 포함되어 있다. 전통적인 혼인절차를 따르고자 하는 사람도 혼례식만큼은 신식혼인으로 하고자 했음을 알 수 있다. 구식혼인은 새로운 시대에 뒤떨어지는 예식으로, 다소 진부한 것으로 여겨졌기 때문이다.

1928년 4월 『매일신보』의 「결혼공개내용」에서 '식은 어는 것을 취햇나'는 질문에 대해 구식은 1명, 신식은 6명이었다. 신식혼례를 거행한 6명 중에서 기독교식 1명, 계명구락부식 1명, 나머지 4명은 신식 또는 최신식이라고 대답하여 정확한 방식을 알 수 없다. 다만 "주례는 나의 선배되시는 분"이거나 "목사는 일업고 나의 가장 친애하는 모우(某友)의 주례로 행하얏"다는 것으로 보아 사회식으로 치렀을 개연성이 크다. 그리고 이들이 예식을 거행한 장소는 '공회당, 동아일보사강당, 식도원' 등이었다. 따라서 1934년 조선총독부가 반포한 '의례준칙' 이후에 혼례 양식은 예식장에서 거행하는 '신식'이 보편화되기 시작하는 변화를 보여주었다거나[55] 일제 통치기간을 통하여 혼례 변천사에 중요한 사건은 1934년 조선총독부가 발표한 「의례준칙」으로 이른바 신식혼례의 보편화를 촉구하여 도시형 혼례가 본격적으로 등장하게 되는 계기

---

55 이광자, 「광복이후 우리나라 혼·제례의 변화에 관한 연구」, 『한국가족복지학』 4호, 한국가족사회복지학회, 1999, p.154.

를 마련하였다[56]고 하는 견해는 제고될 필요가 있다.

조선총독부 주관의 「의례준칙」은 기존의 유교의 예를 '문명'의 시세에 맞게 고친 것으로, 이후 허례허식 담론에 하나의 모델을 제시한다. 「의례준칙」의 간행으로 근대적 의례 개념이 전통적인 유교의 예 개념을 포섭하고 변형시켜 본격적인 지배력을 행사하게 된다. 우리나라 정부에서 제정한 1969년 「가정의례준칙」, 1973년 「가정의례에 관한 법률」, 1999년 「건전가정 의례의 정착 및 지원에 관한 법률」 등 일련의 가정의례에 관한 법률은 허례허식을 일소하고 건전한 사회기풍을 진작한다는 점에서 1934년 조선총독부의 『의례준칙』에 바탕을 둔 것이다.[57] 일상생활에서 영위되었던 관혼상제와 같은 의례를 전근대적인 허례허식으로 규정한 것은 한국의 고유문화를 부정하고 일제의 지배를 공고히 하고자 하는 의도가 숨어있는 것이다.

1934년 조선총독부가 반포한 '의례준칙'에서 혼례식을 거행하는 장소로 "가. 신부가 나. 신사 다. 사원 또는 교회당" 등으로 선정한 것은 당시의 시대 상황을 반영한 것이지 결코 조선총독부에서 제정한 '의례준칙'으로 인해 예식 장소가 다변화된 것은 아니다.

1932년 6월 『신동아』의 「가정내용공개―팔방으로 해부한 그네의 생활방식」은 1910년대에서 1930년대 초반에 걸쳐 전문학교나 고등보통학교를 나온 조선여성들의 결혼 방식을 조사한 것이다. 이들 중에서 신식결혼을 거행한 사람은 30명이고, 구식으로 혼례를 올린 사람은 5명이며, 신구절충식으로 혼례를 행한 사람이 5명이었다. 특히 1910년대

---

56 홍나영·최혜경, 「서울지역의 혼수 및 예단 풍속에 관한 연구―일제말부터 현재까지」, 『서울학연구』 17권 1호, 서울시립대학교 부설 서울학연구소, 2001, p.4.

57 장석만, 「한국 의례 담론의 형성―유교 허례허식의 비판과 근대성」, 『근대를 다시 읽는다』, 역사비평사, 2006, pp.79~82.

에 결혼한 10명 중에서 신식결혼 5명, 구식결혼 2명, 신구절충식결혼 3명이었으며, 1920년대 이후에 결혼한 30명 중에서 신식결혼 27명, 구식결혼 2명, 조양절충식결혼 1명이었다. 여기서 신구절충식결혼과 조양절충식결혼의 의미를 정확히 알 수 없다. 다만, "종래의 유교식도 안이요 또 기독교의 신식도 아니요 말하자면 신구를 절충하야 거행하얏슴니다. 그 의식은 박승빈 씨 외 유지가 모히는 계명구락부에서 제정한 것"[58]을 신구절충의 혼례방식이라고 한 것으로 미루어 사회식 예식을 말하는 것이 아닌가 한다.

2) 예식문화의 변화

시대적 변화에 따라 사회식 예식도 변화하게 된다. 장강(長江)이 1942년에 『조광』에 발표한 「풍속월평 결혼식」[59]에서 "요지음 항용있는 사회식이라는데 대해서는 다분이 고려할 여지가 생겨가고 있는 듯 싶다."라고 하면서 당시 유행하던 사회식 예식에 문제가 있음을 지적한다. 그는 "번거로히 한참 당년(當年)의 여러 가지 결혼식을 이얘기하지 아니 하드래도 이러한 독자적 형식으로 변화된 결혼식의 특징을 한 날로 표현하면 의식으로부터 집회로 화(化)하"였다고 하면서 "부모가 무시되고 신(神)이 돌아보아지지 않고 오즉 그들의 우인(友人)이나 선배 등 신랑신부와 사회적 관계를 맺고 있는 사람이 그 예식에 주체가 되었다."라고 개탄한다. 혼례식에서 그동안 신랑신부를 키워준 양가 부모의 존재가 미미해지고, 하객으로 온 사람들이 주가 되는 주객이 전도되는 상황이 벌어지게 되었다는 것이다. 혼례식을 치르는 장소가 더 이상 신

---

58 「結婚內容公開(四)-장차 결혼할 분들을 위하야 여섯가지의 回答」, 『매일신보』, 1928. 4. 16, p.3.

59 長江, 「風俗月評 結婚式」, 『조광』 8권 11호, 1942. 11, pp.150~151.

성하고 경건한 곳이 아니며, 온갖 사람들이 모여드는 시장통과 같다고 한다. 혼례식은 두 사람이 부부가 되는 형식적인 절차에 불과하며 혼례식으로서의 존엄성은 사라지게 되었던 것이다.

이어서 "목사님 대신에 주례자로서는 소위 사회적 명망이 높은 사람이 스게 되고, 부부의 맹서와 약속은 따라서 신(神)의 대신에 사회에 대해서 행하게" 되었다고 한다. 사회식에서 눈에 띄는 점은 주례자가 소위 사회적으로 명망이 높은 사람이 서게 되었다는 것이다.

「결혼내용공개-장차 결혼할 분들을 위하야 여섯 가지의 회답」에서 주례와 관련해서 언급한 것을 보면, '선배'나 '친구' 등인 것으로 보아 1920년대 후반까지 사회식 혼례식에서 주례의 역할은 예식을 거행하는 진행자 내지 사회자의 역할에 국한되었던 것으로 보인다.

이정호(李定鎬)는 「식장설비 등 일곱 가지」[60]에서 "사회식은 다른 의식과 같이 판에 박은 듯한 일정한 형식이 잇지 않기 때문에 주례자에 따라 그 절차도 같지 안으니 무어라고 꼭 집어내어 비판하기는 어"렵다고 한다. 그러면서 "내 생각에는 앞으로 결혼의식은 필연적으로 사회식이 많이 적용될 것"이라고 하면서 종래에 거행되던 사회식에서 고쳐야 할 부분을 일곱 가지로 정리한다. 그중에서 하나가 바로 '내빈축사'이다. 그는 "종래의식에 잇어 가장 불쾌를 주는 것이 이 축사문제이다. 물론 사회적으로 저명한 이를 추리고 싶은 것은 상정일 것이나 너무도 신랑신부와는 거리가 먼 이를 선택하는 것은 큰 잘못이"라고 하면서 저명한 사람이 사회식 예식에서 일정한 역할을 맞게 된 것을 폐단으로 지적한다.

---

60 李定鎬, 「結婚禮式에關한諸家의意見-式場設備等일곱가지」, 『신가정』 1권 6호, 1928. 6, pp.42~44.

「여류예술가의 결혼비화」[61]를 보면, 이화여전 음악과를 수석으로 졸업한 조은경(曺恩卿)은 미국 공학박사인 최황(崔晃)과 1934년에 이화여전 대강당에서 기독교 조선감리회 총이사였던 양주삼의 주례로 혼인식을 거행하고, 여류작가인 백신애(白信愛)는 1933년 3월 17일 대구공회당(大邱公會堂)에서 친구의 주례 하에 지금의 부군인 이근채 씨와 혼례식을 거행한다. 그리고 여류작가인 장덕조(張德祚)는 부군인 박명환과 1933년 4월 13일 장 씨의 고향인 대구공회당에서 조선일보 사장인 유진태의 주례 하에 혼례식을 거행한다. 1930년대에 접어들면서 주례의 역할이 단순이 예식을 집행하는 것에서 '래빈축사'에서의 축사자 역할을 병행하는 형태로 변모되고 있음을 알 수 있다. 오늘날과 마찬가지로 혼례식에서 주례의 비중이 높아지게 된 것이다.

한편, 김들러리생은 「결혼양식 결혼식장 대문제」[62]에서 당시 조선사회의 문제를 두 가지로 진단하는데, 하나는 주택문제요 다른 하나는 결혼식장 문제라고 한다. 그는 반년 동안의 서울 생활을 통해 느낀 예식장 관련 문제를 언급하면서 일개의 젊은 문인으로서 "문제를 문제삼음으로서 암시적인 모종의 제의(提議)를 조선사회에 던지"고 있다.

김들러리생은 서울의 결혼식 장소로는 '가정, 교회와 절, 부민관 혹은 다른 홀과 공회당, 요릿집' 등이라고 한다. 그는 가정에서 혼례를 올리는 것이 제일 자연스러운 것이지만 "조선가정의 현실과 사회상의 변천으로 말미아마 그의 불편과 불리가 적지 않다는 결점이 있"으니 "가정 이외의 장소를 택함이 자연일 것이"라고 하면서 교회와 절, 그리고 동아조선의 양신문사강당에서 거행되던 혼례식의 문제점을 차례대로

---

61 「女流藝術家의 結婚秘話」, 『여성』 3권 2호, 1938. 2, p.34.

62 金들러리生, 「結婚樣式 結婚式場 大問題」, 『여성』 1권 4호, 1936. 7, pp.46~48(이화영 외, 『한국근대여성의 일상문화』, 국학자료원, 2004, pp.419~424).

거론한다. 넷째로 부민관을 언급하면서 "이번 4월에 부민관이 낙성(落成) 되기까지는 아마 공회당에서 많이들 조선남녀가 결합" 되었다고 하면서 부민관이 생긴 이후에 매일 그곳을 지나는데 하루도 빠짐없이 혼례식이 거행된다고 한다. 그는 부민관이 혼례식장으로 이용되는 것은 이곳에 몇 개의 대소 집회실이 있기 때문이기도 하지만, 더욱 근본적인 문제는 "현대 조선사회에는 적당한 결혼식장이 없으니 자연히 이따위 비혼례식적(非婚禮式的) 장소를 식장으로 이용하게 된" 것이라고 한다. 다섯째로 식도원과 명월관 같은 요릿집에서 혼례식을 거행하는 것을 두고 "대개는 순결치 못한 동기와 계획 야래서 전개되는 남자의 향락적 사교장"이라고 하면서 이곳에서 "두 남녀의 결혼식을 거행한다는 것은 그 얼마나 몰상식한 일이며 「나리낀」 취미"냐고 한다. 그러면서 이곳에서 거행되는 혼례식을 '타이피스트와 술집 색시'와의 차이라고 하면서 원색적으로 비난한다. 끝으로 김들러리생은 "뜻있는 조선사회에 경고하나니 결혼식장으로서의 청초한 회관 하나를 먼저 서울에 하나 세워라."라고 하면서 글을 맺는다. 김들러리생이 이 글을 집필할 당시인 1936년까지만 해도 혼례식을 위한 전문적인 예식장은 없었던 듯하다.

1920년대 후반에 예식부라는 명칭이 등장하는 데, 오늘날 혼례식 전문공간인 예식장과는 구별되는 것이다. 우리나라에서 처음으로 예식부라는 이름이 등장한 것은 1927년의 일로, '만화당 예식부'가 그 시초이다. 이 예식부는 진명여고 출신의 변상희에 의해 만들어진 것으로, 면사포와 신랑 연미복, 신랑이 꽂는 장미 조화 등을 대여해주는 곳이었다. 김정렬에 의하면, 예식부라는 명칭은 자신의 어머니가 처음으로 지은 것이며 이후로 예식부라는 명칭이 널리 퍼졌다고 회고한다. 그는 당시 세물점이라고 하여 구식 예식이나 상례에 필요한 물건을 빌려주는 가게를 지칭하는 명칭이 있었으나, 인텔리 여성으로서의 프라이드로 인해 예식부라는 말을 지어냈다고 한다. 만화당 예식부는 사업이 번창하자 서대문에 있는 건물을 개조하여 조그만 예식장을 만들었으며, 예배당이나 공회당에서 예식이 있을 때에는 물건을 빌려주는 일을 했다.

만화당 예식부는 전문 예식장 이었다기보다는 혼례식에 쓰일 물건을 대여해주는 역할을 했던 것이다. 변상희는 1938년에 일본 도쿄의 긴자(銀座) 거리에 있는 오기나도(翁堂) 가게에서 보내주는 조화로 화환을 만들어서 대여해주는 일을 시작한다. 그 후 오기나도의 조화를 조선 내에서 보급하는 도매상이 되어 신의주, 평양, 원산, 부산, 대구, 광주 등의 주요 도시에 부내는 사업도 하였다. 김정렬에 의하면, 만화당 예식부 사업에 종사했던 사람이 독립하여 '금구예식부(金龜禮式部)'를 차렸으며 이를 필두로 여기저기에서 예식부가 생겨났고, 해방 이후에는 거의 우후죽순(雨後竹筍)격으로 퍼져나갔다고 한다.[63]

1940년 4월 5일자 『동아일보』에 의하면, 문명(文明) 예식부를 비롯하여 10여 개의 예식부가 서울에서 성업 중이라고 한다. "예식부 자체보다도 예식부가 꾸며 논 결혼식장이 아름답"다고 하여 당시 성업 중인 예식부가 오늘날의 예식장과 같은 구실을 하였음을 알 수 있다. 문명 예식부 주인인 채 여사는 신부를 웬만큼 꾸미려면 50~60원이 든다고 한다. 그러면서 당시 혼례식장으로 널리 사용되고 있던 부민관과 조선일보사강당, 공회당의 사용료에 대해 언급한다. 부민관과 조선일보사 강당, 공회당같이 큰 곳은 식장설비만 30원이고 신부 단장에 40원 가량 들며, 부민관 소강당과 식도원, 그리고 일본청년회관 같은 곳은 식장설비가 20원에 신부 치장이 20원 도합 40원이 필요하다고 한다. 전 예림여자고등기술학교 이사장이었던 임형선은 1985년 12월 13일자 『경

---

63 김정렬, 『항공의 경종』, 도서출판 대희, 2010, pp.42~44.

향신문」「패션산책」 기고문에서 1940년대 전후 서울에서 신식혼례를 올리는 장소로 충무로2가의 김구예식부(금구의 잘못-필자), 낙원동에 문명예식부, 평동에 천향각이 있었다고 하였다.

지금까지 살펴본 바에 의하면, 예식부에서 신식혼례를 거행한 것은 1930년대 후반의 일이다. 1930년대도 1920년대와 마찬가지로 동아·조선일보사 강당과 공회당, 그리고 요릿집에서 예식을 거행하였으며, 1935년 12월에 준공된 부민관과 새롭게 등장한 예식부가 추가된다. 따라서 1934년 조선총독부가 반포한 '의례준칙' 이후에 혼례 양식은 예식장에서 거행하는 '신식'이 보편화되기 시작하는 변화를 보여주었다거나 1930년대 이후 혼례도 예식장에서 거행하는 신식이 보편화되기 시작했다[64]고 하는 견해는 제고되어야 한다.

4. 결론

지금까지 개화기에서 일제강점기까지 발행된 『동아일보』, 『매일신보』 등의 신문과 『신여성』, 『삼천리』, 『별건곤』 등의 잡지에 수록된 혼인 관련 자료를 중심으로 혼인유형과 혼례식의 변모양상에 관하여 살펴보았다.

혼인은 혈족 유지 확대와 사회발전이라는 측면뿐만 아니라 시대적·역사적 상황에 따라 변화한다. 개항 이후 서구 문화의 유입과 기독교의 전파, 그리고 일제의 식민통치로 인해 전통 혼례는 서구식 근대 혼례로 변모하게 되었다. 이 시대에는 서구문화건 일본문화건 외래문화

---

64 박근택, 앞의 논문, p.21.

는 무조건 선진적인 것으로 인식되어 무분별한 수준에서 모방하고 수용되던 시기였으며, 전통문화는 근대화를 방해하는 것으로 인식되어 극복되어야 할 대상으로 여겼다. 혼례의 경우도 마찬가지이다. 이 과정에서 신식혼례는 구식혼례와 문화적 복합을 이루게 되는데, 여컨대 "그러케결혼식(기독교식 결혼을 말함-필자 주)을 한사람들은 다시 조선사람의 집에 (그의 부모집) 도라가면 한번은 더 구식으로 하는 사람이 만"[65] 았다고 한다. 혼례를 이중으로 올리는 경우가 비일비재했는데, 이것이 오늘날까지 지속되고 있는 이중 혼례구조의 단초인 셈이다.[66]

전통적으로 계승되던 혼례 중에서 가장 많은 변화를 겪게 되는 것 중의 하나가 바로 혼인유형이다. 혼인은 부모와 자식 중에서 누가 주체가 되느냐에 따라 중매와 연애로 구분할 수 있다. 당시 자유연애사상이 도래하자 부모 혹은 집안끼리 이루어지던 중매혼인에 대해 반기를 들고 사랑을 기반으로 한 연애혼인을 주장하게 되었다. 1910년 중반까지는 기존의 혼인 관행인 중매에 새로운 형태의 연애가 접목하는 혼인유형의 여명기라면, 1910년대 중후반부터는 연애에 관망적인 자세를 취하던 젊은이들이 적극적인 태도를 보이게 됨으로써 혼인에서 당사자가 주를 이루는 연애의 비중이 높아지게 되었다.

1920년대에 접어들면 부모가 주가 되는 혼인을 비판하고 자유연애와 자유혼인을 옹호하는 목소리가 높아지게 되었다. 불과 몇 년 사이에 연애에 대한 사고가 사회적으로 확산되면서 신구세대 간에 혼인하는 방식을 두고 절충이 불가능할 정도로 대립하는 양상을 보였다. 이 시기는 자유연애라는 근대적 사조의 유입으로 사회적 분위기가 중매에

---

65 웻딩테불生, 「自由結婚式場巡禮記(一)-波瀾萬丈한現代的異性結合」, p.86.

66 박혜인, 「가정의례의 변화와 21세기의 지향 모색」, 『한국가족복지학』 제6권 1호, 한국가족복지학회, 2001, pp.41~42.

서 연애로 넘어온다는 점에서 혼인유형의 과도기라고 할 수 있다.

1930년대에 이르면 혼인유형이 연애와 중매를 절충하는 방식으로 바뀌기 시작하였다. 절충식 혼인이 우세했던 것은 고유한 모성적 역할을 찬양하는 일제 식민지 정책과 함께 여성의 자아발견과 독립적 삶을 주장하던 분위기가 잦아들게 된 것에서 원인을 찾을 수 있다. 이런 사회적 분위기는 1940년대에도 마찬가지였다. 절충식 혼인이 시대적 흐름임에도 불구하고 임화의 〈결혼론〉에서 보듯이 여전히 사회 일면에서는 전통적인 혼인 관행을 따르는 경우가 많았다. 오늘날 우리 사회에서 행해지고 있는 혼인유형은 개화기에서 일제강점기를 거치면서 구식과 신식, 봉건과 근대가 대립하는 과정에서 여러 차례 시행착오를 겪은 끝에 형성된 것임을 알 수 있다.

개화기에서 일제강점기를 거치면서 사모관대를 차려입은 신랑과 족두리에 원삼을 입은 신부가 서로 절을 하며 일생을 맹세하는 전통적인 유교식 혼례는 구식혼인이라 하여 기피의 대상이 되었다. 대신에 서구의 종교와 신사조의 영향으로 간편하고 경제적인 새로운 형태의 예식을 신식혼인이라 하여 선호하였다. 이때 신식혼인은 서양의 혼례식을 지칭하는 것으로, 특히 예배당에서 기독교식으로 올리는 혼례를 일컫는다.

예배당 혼인을 거행한 사람 중에는 기독교 신자가 아닌 경우가 많았다. 비신자가 기독교식으로 혼례를 치르는 것이 불합리하다고 하여 새로운 형태의 혼인 예식을 모색하게 되었다. 그래서 등장한 것이 계명구락부식이다. 계명구락부식은 사회식 혼인을 대표하는 양식으로, 공식적으로는 1931년에 제정되었으나 이에 대한 논의는 1920년대 중반이전부터 있었음을 1928년 4월 16일에 『매일신보』「결혼공개내용(4)」을 통해 알 수 있었다. 사회식으로 거행되는 혼례식은 1930년대에는 자리를

잡은 것으로 생각되며, 해방 전까지 사회식 혼인이 주를 이룬 것으로
여겨진다.

개화기에서 일제강점기까지 행해진 신식혼인이 기독교식과 사회식
만 있었던 것은 아니었다. 당시의 신문과 잡지에 수록된 자료를 종합해
보면, 기독교식과 사회식 이외에 불교식·카톨릭식·천도교식·라마교식
등이 있었다. 신문과 잡지에서 이들 예식에 대한 기사가 미미한 것으로
보아 널리 통용되지 못한 것으로 보인다.

시대적 변화에 따라 사회식 예식의 절차도 변화를 겪게 되었다.
1942년『조광』에 장강이 발표한「풍속월평 결혼식」에 의하면, 혼례식
이 양가 부모가 아닌 하객 위주로 치러졌고 단지 부부가 되는 형식적인
절차로 변질되었음을 알 수 있었다. 혼례식이 갖고 있던 존엄성은 서서
히 사라지게 되었던 것이다. 장강은 소위 사회적으로 명망이 높은 사람
이 주례를 서는 것에 대해 비판적인 시각으로 바라보았다. 1920년대 후
반까지 사회식 혼인에서 주례자로 친구나 선배가 서는 경우가 있었는
데, 이것은 주례가 예식을 진행하는 사회자의 역할을 담당했음을 보여
준다. 그러던 것이 1930년대에 들어서면서 명망 있는 사람이 주례자로
선정됨으로써 오늘날과 마찬가지로 혼례식에서 주례의 비중이 높아지
게 되었다.

1920년대 후반에 예식부라는 명칭이 등장하는데, 이것은 혼례식 전
문공간인 예식장과는 구별되는 것이었다. 우리나라에서 예식부라는
이름이 처음 등장한 것은 1927년의 일로, '만화당 예식부'가 그 시초이
었다. 초기에 '만화당 예식부'는 면사포와 신랑의 연미복, 신랑이 꽂는
장미 조화 등을 대여하는 일을 하였다. 예식부에서 신식혼례를 거행하
게 된 것은 1930년대 후반의 일이었다. 1930년대도 1920년대와 마찬가
지로 혼례식이 거행되던 장소는 동아·조선일보사강당과 공회당, 그리

고 요릿집이었다. 여기에 1935년에 준공된 부민관과 새롭게 등장한 예식부가 추가되어 다양한 장소에서 혼례식을 거행하게 되었다.

1934년 조선총독부가 제정한 「의례준칙」 이후에 혼례 양식은 예식장에서 거행하는 '신식'이 보편화되기 시작하는 변화를 보여주었다거나 「의례준칙」이 일제 통치기간을 통하여 혼례 변천사에 가장 중요한 사건으로 이른바 신식혼례의 보편화를 촉구하여 도시형 혼례가 본격적으로 등장하는 계기를 마련했다고는 볼 수 없다. 조선총독부가 제정한 「의례준칙」에서 혼례식을 거행하는 장소로 "가. 신부가 나. 신사 다. 사원 또는 교회당" 등이 선정된 것은 당시의 시대 상황을 반영한 것이지 결코 조선총독부에서 제정한 「의례준칙」으로 인해 예식 장소가 다변화된 것은 아니었다.

이 글은 개화기에서 일제강점기까지의 혼례문화의 변모 양상을 혼인유형과 혼례식에 주안점을 두고 살펴본 것으로 혼례문화 전반에 걸친 변화 양상을 고찰하는 데까지는 이르지 못했다. 이것은 추후의 과제로 남긴다.

참고문헌

『독립신문』,『동아일보』,『매일신보』,『조선일보』,『경향신문』,『삼천리』,『신시대』,『여성』,
        『반도시론』,『별건곤』,『신여성』,『신가정』,『조광』,『중앙』
『한국민족문화대백과사전』 2, 한국정신문화연구원, 1995.
『한국사』 46, 국사편찬위원회, 2000.
강병식,「일제하 한국에서의 결혼과 이혼 및 출산 실태 연구」,『사학지』 28집, 단국대학교
        사학회, 1995.
강영심 외,『일제 시기 근대적 일상과 식민지 문화』, 이화여자대학교 출판부, 2008.
고부자,『우리생활100년·옷』, 현암사, 2003.
구미래,「제5장 불교 일생의례의 체계적 이해를 위한 시론」,『종교와 일생의례』, 민속원,
        2006.
김경일,『근대의 가족, 근대의 결혼』, 푸른역사, 2012.
김선령,「일제강점기 이후 한국혼례양상에 관한 연구」, 원광대학교 동양학대학원 석사학위
        논문, 2011.
김용덕,『한국의 풍속사1』, 밀알, 1994.
김정렬,『항공의 경종』, 도서출판 대희, 2010.
김지영,『연애라는 표상』, 소명출판, 2007.
김현주,「『제국신문』에 나타난 혼인제도와 근대적 파트너십」,『한국근대문학연구』 23집,
        한국근대문학회, 2011.
다카하시 치하야 지음, 김순희 옮김,『에도의 여행자들』, 효형출판, 2004.
박근택,「혼례문화시설 건축설계 연구-공공적 공원형 혼례시설 설계제안」, 명지대학교 대
        학원 석사학위논문, 2000.
박혜인,「가정의례의 변화와 21세기의 지향 모색」,『한국가족복지학』 제6권 1호, 한국가족
        복지학회, 2001.
______,「건전혼례의 이념과 실천-'본보기'와 '본보이기'」,『과학논집』 26집, 계명대학교 생
        활과학연구소, 2000.
______,「한국 전통혼례의 연속과 단절」,『자본주의 시장경제와 혼인』, 또 하나의 문화,
        1991.
샤를르 다레 저, 李能植·尹志善 공역,『朝鮮敎會史』, 대성출판사, 단기4280.
유가효,「일제시대 결혼결정과정을 통해서 본 결혼문화의 변화」,『한국학논집』 36집, 계명
        대학교 한국학연구원, 2008.
이광자,「광복이후 우리나라 혼·제례의 변화에 관한 연구」,『한국가족복지학』 4호, 한국가

개화기에서 일제강점기까지 혼인유형과 혼례식의 변모양상

족사회복지학회, 1999.

이능화 지음, 김상억 옮김, 『조선여속고』, 동문선, 1990.

이방원, 「일제하 미신에 대한 통제와 일상생활의 변화」, 『동양고전연구』 24집, 동양고전학회, 2006.

이이화, 『한국사이야기 22-빼앗길 들에 부는 근대화 바람』, 한길사, 2005.

이효재, 「가족의 민주화와 혼인」, 『자본주의 시장경제와 혼인』, 또 하나의 문화, 1991.

이화영 외, 『한국근대여성의 일상문화』, 국학자료원, 2004.

임재해, 「민속문화와 외래문화가 만나는 다양한 실상과 그 포착」, 『민속문화가 외래문화를 만나다』, 집문당, 2003.

장석만, 「한국 의례 담론의 형성-유교 허례허식의 비판과 근대성」, 『근대를 다시 읽는다』, 역사비평사, 2006.

장철수, 『한국의 관혼상제』, 집문당, 1997.

조혜정, 「가부장제의 변형과 극복」, 『한국여성연구 1-종교와 가부장제』, 청하, 1988.

최인학, 『민속학의 이해』, 밀알, 1995.

편무영 외, 『종교와 일생의례』, 민속원, 2006.

홍나영·최혜경, 「서울지역의 혼수 및 예단 풍속에 관한 연구-일제말부터 현재까지」, 『서울학연구』 17권 1호, 서울시립대학교 부설 서울학연구소, 2001.

일제강점기 혼례문화의 지속과 변용

-'택일·궁합·피로연·신혼여행'을 중심으로-

이영수_단국대학교 동양학연구원 연구교수

최인학_인하대학교 명예교수

1. 서론

우리 사회에서 혼인은 '인륜지대사'라고 하여 인간의 일생 중에서 가장 중요한 의례로 여긴다. 그런데 전통사회에서 거행된 혼인은 당사자의 의견을 무시한 채 부모의 뜻에 의해서 일방적으로 배우자가 정해지는 일이 비일비재했다. 이러한 전통적인 혼인관행은 개화기에서 일제강점기를 거치면서 급격한 변화를 겪게 된다. 기존의 부모에 의해 진행되던 혼담에 반기를 들고, 혼인은 남녀의 사랑을 매개로 이루어져야 한다고 하면서 자유결혼이 유행한다. 혼례식은 유교식으로 거행되던 방식을 탈피하고 서구식의 '예배당 혼인'을 선호한다. 그리고 혼인잔치는 피로연으로 대치되고 새롭게 신혼여행이 등장하게 된다.

일제강점기의 신식혼례는 서구식 혼례와 구식혼례의 절충형태였다. 신랑신부의 혼례복은 기존의 사모관대와 원삼에서 양복과 웨딩드레스로 대체되었으나, 폐백을 올릴 때는 신랑신부가 사모관대와 원삼을 착용하였다. 그리고 기존의 맞선, 궁합, 사주, 택일에 신혼 첫날밤을 치르고 난 후의 신랑다루기 등 구식혼례의 관행이 여전히 신식혼례에서도 지속되었다. 외부에서 유입된 근대적 문물과 서구식 사상, 제도 등이 우리의 혼례문화에 영향을 미쳐 새로운 문화전통을 만들었지만, 한편으로는 여전히 기존의 관행에 따라 혼례를 올렸던 것이다. 『동아일보』와 『조선중앙일보』, 『신시대』, 『별건곤』 등의 신문과 잡지에는 궁합이 맞지 않아 파혼하는 사례가 심심치 않게 등장하고 있다. 당시 지식인들은 전통적인 혼인 관행의 하나인 택일과 궁합을 미신시하며 이를 폐지할 것을 주장하였지만 현실적으로 이들 혼인관행을 없애기에는

---

* 이 글은 『아시아문화연구』 30호, 가천대학교 아시아문화연구소, 2013. 6에 게재되었던 것을 재수록하는 것임을 밝혀둔다.

역부족이었던 것이다. 이처럼 당시의 혼례문화는 과거와 현재가 공존하며 다양한 방식으로 변모하게 된다.[1] 일제강점기에 형성된 혼례문화가 오늘날에도 거의 그대로 존속하고 있다는 점에서 이 시기의 혼인관행에 대해 살펴보는 것은 나름의 의미가 있다고 하겠다.

일제강점기 혼인관행에 관한 기존의 연구로는 박혜인의 「한국 전통혼례의 연속과 단절」[2]이 있다. 박혜인은 현지조사 자료를 분석한 결과 우리나라 전통사회에서의 실제 혼인관행은 이상형으로 제시된 혼인의 내용과 현저한 차이가 있다고 하면서, 혼인관행 절차를 〈준비의례〉, 〈대례〉, 〈대례 치른 후의 의례〉로 구분하였다. 특히 왕실과 사대부의 친영례와 사서인의 서류부가관행을 비교하고, 일본문화의 침식과 서구문화의 유입을 통해 식민지시대 이후의 혼례의 변화에 관하여 살펴보았다. 이 연구는 서류부가혼속이 우리의 오랜 혼인관행이었음을 밝혔다는 점에서 의의가 있다. 하지만 이 글에서 다루고자 하는 택일, 궁합 등에 대한 논의는 다소 미흡한 감이 없지 않다.

김선령의 「일제강점기 이후 한국혼례양상에 관한 연구」[3]는 혼례를 구분 짓는 기준이 되는 '혼인의식', 즉 전안례, 교배례, 교수례, 합근례를 조선시대와 일제강점기로 구분하여 고찰한 것이다. 이 연구는 일제강점기를 기준으로 조선시대와 일제강점기 이후 혼례양상과 혼례 절차를 일목요연하게 정리하였다는 점에서는 의의가 있으나, 혼인절차에 대한 깊이 있는 논의에까지는 이르지 못한 듯하다.

---

1 이영수, 「개화기에서 일제강점기까지 혼인유형과 혼례식의 변모양상」, 『아시아문화연구』 28집, 가천대학교 아시아문화연구소, 2012. 12, p.153.

2 박혜인, 「한국 전통혼례의 연속과 단절」, 『자본주의 시장 경제와 혼인』, 또 하나의 문화, 1991.

3 김선령, 「일제강점기 이후 한국혼례양상에 관한 연구」, 원광대학교 동양학대학원 석사학위논문, 2011.

이 밖에 혼인유형과 혼례식을 중심으로 한 연구[4]와 현장답사자료와 문헌자료를 통해 택일풍속의 전승양상을 살핀 연구,[5] 신혼여행에 주안점을 둔 연구[6] 등이 있다.

우리나라의 혼례는 두 차례에 걸친 외부적인 요인에 의해 커다란 변화를 겪게 된다. 하나는 16세기 말경부터 가례의 혼례 절차가 서서히 수용되기 시작하여 전안, 교배, 합근의 유교절차가 제주도를 제외한 전지역의 혼례구조로 정착하게 된 것이고 다른 하나는 1900년대 초반 서구식 신식혼례가 일본의 혼인문화 요소와 함께 도입되면서 도시화의 진전에 따라 예식장 혼인 형태를 띠게 된다.[7] 따라서 혼인문화 전반에 관해서 고찰하는 일은 너무나 광범위하기에 이 글에서는 그 범위를 축소하여 논의를 진행하고자 한다. 필자는 기존에 이미 혼담과 혼례식을 중심으로 개화기에서 일제강점기까지의 혼례문화의 변모양상을 살펴본 바 있다. 이 글은 이에 대한 후속 작업의 일환이다.

이 글은 기존의 연구 성과를 토대로 하여 우리의 혼례문화에서 전통을 그대로 고수한 것과 새롭게 받아들인 것 중에서 '택일, 궁합, 피로연, 신혼여행'에 대하여 고찰하고자 한다. 이를 통해 일제강점기 혼례문화의 지속과 변용 양상을 파악하고, 오늘날의 혼인 형태가 정착하게 되는 과정을 살펴볼 수 있을 것이다. 이를 위해 이 글에서는 『동아일

---

4 이영수, 「개화기에서 일제강점기까지 혼인유형과 혼례식의 변모양상」, 『아시아문화연구』 28집, 가천대학교 아시아문화연구소, 2012. 12.

5 김만태, 「한국 택일풍속의 전승양상과 특징」, 『정신문화연구』 32권 1호, 한국학중앙연구원, 2009년 봄호.

6 박부진, 「첫날밤과 신혼여행의 문화분석」, 『인문과학연구논총』 25호, 명지대학교 인문과학연구소, 2003.
박부진, 「신혼여행의 문화사-새로운 통과의례의 시작과 현재」, 『한국문화인류학』 40-1, 한국문화인류학회, 2007.

7 박혜인, 앞의 논문, pp.56~57.

보』, 『조선일보』, 『매일신보』 등의 신문과 『신시대』, 『별건곤』 등의 잡
지에 수록된 혼인 관련 자료를 활용한다.

2. 일제강점기 혼례문화의 변모양상

1) 택일

택일은 혼례식을 올릴 날짜를 정하는 것으로, '연길(涓吉)' 또는 '날받
이'라고도 한다. 택일된 날짜는 혼인 이후에 혼인당사자들의 결혼기념일
이 된다. 택일은 단순한 개인행위 차원이 아니라 사회문화 차원에서 오래
전부터 전승된 것으로, 좋은 날에 행해지는 일은 그 날의 좋은 기운을 받
아 그 결과도 당연히 좋을 것이라는 기대가 작용한 때문이다. 이렇게 길
흉일을 가려서 어떤 일을 행하고자 하는 믿음은 인류의 보편적인 인식이
라 하겠다.[8] 혼례에서 좋은 날을 받고자 하는 것은 신랑신부의 결혼생활
이 순탄하기를 바라는 부모의 의중을 반영한 것이다. 택일은 혼례 이외에
도 여행이나 제사, 이사, 장례 등에서도 광범위하게 활용되고 있다.

우리나라에 택일에 대한 관념이 언제부터 생긴 것인지 그 정확한 연원
은 알 수 없지만, 일제강점기에도 혼례에서 택일은 관행적으로 행해졌다.
『매일신보』에는 1928년 4월 13일부터 20일 사이에 7회에 걸쳐 「결혼공개
내용」이라는 제목으로 기혼남녀의 혼례 양상을 소개하고 있다. 이 기사
는 앞으로 결혼할 사람들에게 도움을 주고자 하는 의도에서 기획된 것으
로, '장차 결혼할 분들을 위하여 여섯 가지의 회답'이라는 부제를 달고 있
다. 이 중에서 택일과 관련된 내용을 살펴보면 다음과 같다.

---

8 김만태, 앞의 논문, pp.374~375.

(1) 양가에서 택일에 대하야는 여러 가지 말이 만하스나 결국 내 마음대로 작년 4월 1일에 결혼식을 거행하얏슴니다. 엇지하야 4월 1일로 택일을 하얏느냐고요? 첫재는 오란동안 학생노릇을 하야 왓스며 또한 내 직업이 교원인 까닭에 이날의 인상은 매우 깁허 젓슴니다. 신학년이 새로 시작하는 날임으로 둘재는 해마다 이날은 연도 초라 하야 새 연도가 비롯하기 때문이올시다. 그럼으로 4월 1일은 나에게는 참으로 무명(無名)한 명절이라 하겟스니 이러한 일자를 택하야 일생의 기념일인 결혼식일로 하라 하얏슴이올시다.(4월 13일)[9]

(2) 크리스마스의 전날—12월24일—로 내 스스로 택일하얏슴니다. 성탄일을 압두고 결혼을 하는 것이 얼마나 그룩함니까.(4월 14일)

위의 인용문에서 혼인 당사자들은 전통적인 택일 방법을 무시하고 스스로 혼인 날짜를 잡았다고 한다. (1)은 중앙고보 선생으로 재직하던 심형필의 택일 과정을 소개한 글이다. 심형필이 혼례일자를 4월 1일자로 정한 것은 교원이라는 직업상 "나에게는 참으로 무명한 명절이"기에 "일생의 기념일인 결혼식일로 하"였던 것이다. (2)는 미국에서 유학한 의학박사 최영임이 혼인 날짜를 12월 24일에 정하게 된 이유를 설명한 글이다. 최영임이 크리스마스이브를 혼례일로 택한 것은 "성탄일을 압두고 결혼을 하는 것이 얼마나 그룩"하게 여겼기 때문이다. 당시 미국 유학은 기독교계 학교 출신이거나 미국인 선교사나 미국에 인연이 깊은 사람의 주선으로 이루어졌다.[10] 기사내용을 통해서 신랑신부의 종교 여부를 알

---

9 인용문 중에서 고어(古語)투는 문맥에 지장이 없는 범위 내에서 현대식으로 표기하며, 한자는 한글로 변환하고 필요한 경우에만 한자를 병기한다.

10 張圭植, 「일제하 미국유학생의 서구 근대체험과 미국문명 인식」, 『한국사연구』 133, 한국

수 없다. 종교 여부를 떠나 신랑이 성탄절의 종교적 의미를 잘 알고 있음을 알 수 있다. 그래서 성스러운 날에 맞춰 혼례식을 거행하였던 것이다.

(1)과 (2)의 경우 '신학기의 시작', '크리스마스이브' 등 사회적으로나 종교적으로 기념이 될 만한 날을 택하여 혼례식을 거행한다. 이처럼 자신들의 혼일 날짜에 나름대로 의미를 부여하고 있다는 점에서 기존의 택일 방법과 별다른 차이가 없는 것으로 보인다. 여기서 주목할 점은 혼인 당사자, 특히 남성이 혼인 날짜를 정하고 있다는 점이다. 택일하는 방식도 시대적 상황에 맞춰 변화하고 있음을 알 수 있다.

(3) 드디어 혼인의 예식하라 할대 그 택일에는 무엇보다도 피차에 근무에 방해되지 안토록 하얏습니다 이편이나 저편이나 모다 노동을 하는 터임으로 첫재 직업에 방해가 되지 안는 일요일을 택하여 작년 12월 18일에 거행하얏습니다.(4월 15일)

(3)은 신랑신부가 직장을 갖고 있는 상황에서 서로 간에 "직업에 방해가 되지 안는 일요일을 택하여" 혼인하였다는 것이다. 길일이 아닌 요일을 먼저 선택하고 있다. 혼인 날짜를 정하는데 있어 서로의 여건을 고려하고 있다는 점에서 기존의 택일 방식과는 차이를 보인다. 여기서 신랑신부가 택일을 했는지의 여부는 정확히 알 수 없다.

택일은 신부측에서 작년 12월 4일로 결정하여와서 그날에 식을 거행하얏습니다. 이 택일을 할 때에 우리 신랑측에서는 다만 일요일이면 어느 날이든지 관계치 안타는 의견만 말하얏습니다. 그랫드니 신부

측에서 구식(舊式) 택일법(擇日法)도 좀 참고하고 해서 일요일인 12월 4일로 결정하얏든 모양입니다.[11]

위의 인용문에서 신랑측은 신부측에 혼례식을 일요일에 거행하자고 요청한다. 왜 일요일인지에 대한 구체적인 언급은 없으나, 위의 (3)에서 보듯이 사회생활에 지장이 없는 날을 선택하기 위한 것으로 보인다. 신랑측의 요청에 신부측에서는 구식의 택일법을 참고하여 12월 4일로 혼인 날짜를 정했다는 것이다. 이것으로 미루어 보아 앞에서 살펴본 (3)의 경우도 택일을 했을 개연성이 크다고 하겠다.

(4) 택일은 4년전 11월 20일이엇습니다. 신부의 가정에는 조부모님이 게신데 엇더케 우리 마음대로 할 수 잇든가요. 그러나 택일은 한다함이 미신이라 할 수도 잇겟지만 택일을 안이하는 것보다는 도리어 나흘 듯하야 그대로 하얏습니다.(4월 18일)

(4)에서 신랑은 "신부의 가정에는 조부모님이 게신데 엇더케 우리 마음대로 할 수" 있겠느냐고 반문하면서 집안의 어른이 원하셨기에 전통적인 혼인 방식을 따랐다는 것이다. 그리고 "미신이라 할 수도 잇겟지만 택일을 안이 하는 것보다는 도리어 나흘 듯하야 그대로 하얏"다고 한다. 정서상 택일을 통해 혼인 날짜를 잡는 것이 혼인당사자에게 좋다는 것이다. '좋은 게 좋은 거'라는 일종의 기대심리를 반영한 것으로 볼 수 있다.
　　우리의 택일풍속은 고대 이후 천문역법의 발달과 길흉일의 인식 위에 형성된 것으로 고려를 거쳐 조선에 이르기까지 각종 행사에서 보다

11 「結婚公開內容(六)」, 『매일신보』, 1928. 4. 19, p.3.

구체적으로 나타난다. 그리고 관에서 펴낸 역서에도 의·불의 등 길흉일 관련 항목이 빠짐없이 기재되고, 날 받는 책인 택일서도 계속 증보·발간되어 택일풍속이 민가에 널리 보급된다. 특히 명나라의 임소주가 지은『천기대요』의 경우는 관상감에서 1902년까지 지속적으로 증보되며 발간할 정도로 우리의 택일풍속에서 중요한 위치를 차지한다. 택일풍속이 우리 선조들의 일상생활에서 많은 영향을 미쳤던 것이다.[12] 그런데 위에서 언급한『매일신보』의「결혼공개내용」을 보면, 길일보다 사회생활에 불편을 주지 않는 요일을 우선시하며 자기에게 기념이 될 만한 날짜를 선택하여 혼인을 거행한다. 젊은 세대를 중심으로 택일에 대한 기존 관념에도 변화가 일어나고 있는 것이다.

그런데 기성세대에게 있어 택일은 여전히 결혼생활의 행불행을 좌우하는 척도였다. 1933년 2월 21일자『동아일보』의「택일이하죄?」[13]에는 고부간의 불화가 혼인택일을 잘못한 것에서 비롯된 것으로 여겨 다시 좋은 날을 받아 혼인을 시켰다는 기사가 실려 있다. 안변군 배화면 수려리의 최영칠(18세)과 안도면 오계리의 김서분(22세)은 5년차 부부이다. 이들 부부는 "부부의 사랑이 무엇인지 가정이 무엇인지도 분별조차 못하고 부모의 품속에서 엉석바지 노릇"을 하던 어린 나이에 혼인을 한다. 혼인을 한 이후, 시어머니와 며느리 사이의 불화가 극에 달해서 매일 싸움과 파란으로 집안이 조용할 날이 없다. 그래서 16일 쌍방의 부모들이 한곳에 모여서 한참을 싸우다가 이것은 혼례 때 택일을 잘못한 까닭이라고 하면서 "다시 그런 폐단이 업슬 조흔날을 택하야 이봄에 동방화촉의례를 가추게 되엇다."는 것이다. 양가 부모는 고부

---

12 김만태, 앞의 논문, p.381.
13 「擇日이何罪?」,『동아일보』, 1933. 2. 21, p.3.

간의 갈등 원인을 조혼의 폐단에서 찾는 것이 아니라 택일을 잘못하여 이와 같은 사단이 일어난 것으로 진단한다. 이 기사를 통해 기성세대의 택일에 대한 믿음이 확고했음을 알 수 있다.

일제강점기에 택일관습은 미신적 행동으로 치부되어 많은 비판을 받게 된다. 일제가 미신이란 용어를 사용한 이면에는 한국의 미개와 일본의 문명을 비교하고 이를 통해 한국인에게 열등감을 주지시키고 식민 통치의 정당성을 확보하고, 민족을 말살하고자 하는 의도가 내재되어 있다. 일제는 고래로부터 한국인의 일상을 지배하였던 특정 정신적 유산 중에서, 특히 과학적으로 입증되지 못한 것을 미신으로 치부하여 타파되어야 할 대상으로 인식하게끔 한다. 그리고 미신타파 운동이 전 사회적으로 일어나도록 분위기를 조장한다.[14] 일제의 미신타파 운동에는 한국의 전통 문화를 부정하고 한국인의 정체성을 모호하게 하려는 의도가 숨어 있는 것이다. 이런 '미신 타파' 운동에는 당시 언론도 가세한다. 1927년 11월 29일자 『동아일보』에 「미신으로 인하야 부부가 생리별」이란 기사에서 미신이란 것은 원래 무지에서 나온 것으로 "사회가 발달되면 발달된 그만큼 정복된"다고 하면서 미신이 정복된 만큼 "사회는 진보된"다고 한다. 그러면서 "모든 일을 과학덕으로 이해하고 자긔 자신의 전운명을 자긔 자신이 지배하는 것이 현대문명인의 특색"이라고 하면서 미신타파의 사상을 선전하고 계몽하는데 전력을 다해야 한다고 역설한다.

1930년 12월 12일자 『동아일보』의 「미신적성혼-금년안에가야」에 따르면, 평안남도 순천과 신장 일대에는 "래년부터 3년동안의 싀집를

---

14 이방원, 「일제하 미신에 대한 통제와 일상생활의 변화」, 『동양고전연구』 제24집, 동양고전학회, 2006, p.283.

가면 인명의 사상이 생기고 행운이 좇지 못하다 악풍에 싸힌 미신설이 유행하야 음력세전"으로 시집 장가를 가려는 사람들로 넘쳐났다고 한다. 즉, 1931년부터 1933년까지의 사이에 혼인을 하면 당사자들에게 좋지 못하다는 풍문에 처녀총각이 혼례식을 거행하느라 거리마다 북새통을 이뤘다는 것이다. 이런 현상이 우리나라에게만 있는 것은 아니다. "대만에서는 호랑이해 출생자는 성격이 불같다고 기피할 뿐 더러 2010년은 구루안니엔(孤鸞年)이라고 해 이 해에 남녀가 결혼하면 불행해진다고 결혼식도 기피"[15]한다. 결혼이 불행으로 끝나지 않기를 바라는 마음은 어느 나라나 마찬가지였던 것이다.

하소(夏蘇)는 「혼인중매잡설」[16]에서 택일의 폐해를 언급하면서 "이바께 맹랑한것은 『혼인날』을받는 『장님』의 농간이"이라고 하면서, "어느 실어배 아들놈이 정해 논 규측인지 몰라도 음녁으로 6월에는 혼인을 안하는 법"으로 되어 있다고 하면서 개탄한다. 그러면서 "대개 점치는 김판수, 이판수, 체파퀴장님 등 사이에는 꿍꿍이 연락이 있어서 그럴듯한 날자가 통제(?)되어있는 모양이"라고 하면서 식장을 도급으로 빌리는 모관(某館) 관계자의 말을 빌려 "어째서 혼인이 없을젠 없고 있을젠 하루에도 열아믄이 밀"린다고 한다. 하소는 특정한 날에 많은 사람들이 혼인하는 것을 장안의 유명 점쟁이의 농간에서 비롯된 것으로 보고, 이를 비판하고 있다.

특정한 날을 길일로 생각하는 것은 오늘날에도 마찬가지이다. 1993년 1월 10일자 『조선일보』에는 오늘이 올해의 최고 길일이라고 하여 예식장과 이삿짐센터가 한겨울에 때 아닌 예약사태로 성시를 이뤘다

---

15 http://www.globalwindow.org

16 夏蘇, 「婚姻中媒雜說」, 『조광』 7권 1호, 1941. 1, pp.313~314.

고 한다. 역술가들은 "음력 12월 18일인 이날은 신묘일로 금극목의 날이어서 결혼이나 이사, 개업 등 모든 사업에 좋은 날"이라고 한다. 이에 따라 비수기인 겨울철인데도 불구하고 서울 시내 예식장과 이삿짐센터들이 이날 하루 호황을 누렸던 것이다.

김홍철은 1995년 10월 전북 익산시 일원에 거주하는 20세 이상 남녀 600명을 대상으로 설문조사를 한 내용에 따르면, '결혼식 할 때 점쟁이나 역술가에게 택일하여야 합니까.'라는 질문에 전혀 그렇지 않다 (1)가 49%, 그렇지 않은 편이다(2)가 19.3%, 모르겠다(3)가 9.5%, 그런 편이다(4)가 13.0%, 정말 그렇다(5)가 9.2%로 응답했다. 연령별로는 30대가 (1, 2)합 76.6%, 60대가 (4, 5)합 41.6%였다. 종교별로는 기독교가 (1, 2)합 75.9%, 천주교가 73.8%, 불교가 (4, 5)합 48.7%, 원불교가 38.4%였다.[17] 택일에 대해 부정적으로 대답한 사람이 68.3%로, 긍정적으로 대답한 사람이 22.2%로, 전체적으로 택일을 부정적인 견해가 월등히 많다. 그런데 연령별 분포를 보면 30대보다 60대에서 택일을 해야 한다는 사람이 많음을 알 수 있다. 나이 든 기성세대의 경우 기존의 관습을 따르고자 하는 경향을 보인다. 이러한 경향은 일제강점기에 있어서도 마찬가지임을 앞에서 살펴본 1933년 2월 21일자 『동아일보』의 「태일이하죄?」를 통해서도 확인할 수 있었다.

오늘날에도 택일풍속은 여전히 존속한다. 김홍철의 설문조사를 통해서 알 수 있듯이, 택일을 부정적으로 바라보는 시각이 그렇지 않은 경우보다 많다. 하지만 20%가 넘는 사람이 여전히 택일의 필요성을 인식하고, 특히 60대의 경우 40%가 택일을 인정하고 있다는 점에서 "우

---

17 김홍철, 「한국 점복신앙에 관한 연구」, 『한국종교사연구』 3집, 한국종교사학회, 1995, pp.211~212.

리나라 사람들 대부분은 혼인·이사를 할 때 택일하는 관습에 대해 부정적인 견해를 갖고 있는 걸로 판단된다."[18]라는 식으로 결론을 도출할 필요는 없을 듯하다. 택일을 미신적인 것으로 생각하고 이를 보지 않겠다고 하지만, 막상 혼인이라는 중대사를 결정할 때는 본인의 의지와 상관없이 부모에 의해서 택일이 이루어지는 경우가 많다. 요즘도 인터넷상에 '혼인길일'이나 '결혼길일'을 입력하면 택일과 길일을 알려주는 다양한 사이트가 존재한다. 길일을 택하고 흉일을 피하고자 하는 것이 인간의 기본적인 심리인 것이다. 다만 과학적이고 합리적인 생활방식을 추구하는 현대인에게 있어 택일풍속은 과거에 비해 상대적으로 그 비중이 낮아지고 있을 뿐이다.

2) 궁합

궁합은 신랑과 신부의 사주를 오행에 맞추어 상생(相生)과 상극(相剋)을 보아 길흉을 점치는 방법으로, 서로가 어울리는가를 점치는 운명론적 혼인관을 말한다.[19] 우리나라에서는 예로부터 혼사에 궁합을 보는 습관이 있었으며, 지금도 그 유풍이 그대로 남아있다. 과거 남녀가 혼인하는 데 있어 서로 만나서 상대방의 인물 됨됨이를 확인하는 것이 불가능한 사회에서 사주를 바탕으로 한 궁합은 장래의 불안감을 다소나마 완화해 줄 수 있는 역할을 하였던 것이다.

궁합이 좋지 못한 사람끼리 혼인을 하게 되면 부부 사이가 좋지 못하여 평생 불화한다거나 신부가 일찍 죽는다고 믿는다. 그래서 궁합이 좋지 못하다고 하면 혼인하기를 꺼려한다. 이러한 현상에 대해 WH

生은 「혼담이잇는 묘령처녀들에게(4)」[20]에서 "나는 무슨생이요 어느 달 멋칠날 무슨시에 나헛스니 엇더한 녀자 혹은 엇더한 남자라도 궁합이 마즐 것이라는 것만을 밋고 자귀에게 도라오는 행운을 노치여 버리는 일까지도 잇"다고 개탄하면서 "자긔의 길흉화복을 자긔가 창조하는 것"임을 강조한다. 이렇게 태어난 연도를 갖고 궁합을 보는 것을 겉궁합이라고 한다. 겉궁합은 호랑이띠는 말띠와 맞고 뱀띠는 닭띠와 맞는다는 식으로, 전체적으로 봤을 때 5%의 확률밖에 되지 않는다고 한다.[21] 따라서 이렇게 결혼한 부부가 잘 살 수 있다는 보장은 거의 없는 것으로 볼 수 있다.

WH생은 혼인하는 과정을 "첫재로 야만인은 본능을 쪼찻고 둘재로 그보다 조곰 진보한 반개인은 성격이 맞고 아니 맞는 것을 보앗고 셋재로 문명한 사람은 인격을 차젓다고 하겟슴니다. 이것이 배우자 선택의 대강한 표준이엿다고 말할 수밧게 업슴니다."고 하면서 궁합을 보는 것을 야만과 문명의 중간단계에 속하는 것으로 본다. 그는 "꼭 궁합이 마저야만 잘 살 것이라고 밋는 것은 너무나 허무한 일이올시다."[22]고 하면서 궁합의 좋고 나쁨에 대해서 맹신할 필요가 없다고 한다. 오히려 혼인에서 중요한 것은 그 사람의 됨됨이라는 것이다.

1934년 11월 14일자 『동아일보』의 「결혼 하는 데에는 어떠한 조건을?」에서는 이상적 결혼에 이르기 위한 7가지 조건을 제시하면서 "쓸데없이 미신을 찾고 궁합을 가려가지고 (중략) 좋은 배필도 잃어버리는 수가 잇으니 과학적으로 그러한 잘못된 고관념을 버"릴 것을 당부한

---

20 WH生, 「혼담이잇는 묘령처녀들에게(四)」, 『조선일보』, 1926. 3. 4, p.3.

21 남덕, 「궁합(宮合)의 역학적(易學的)측면과 동서양(東西洋)의 비교 검토」, 『제5회 한국 정신과학 학술대회 논문집』, 한국정신과학학회, 1996, p.292.

22 WH生, 「혼담이잇는 묘령처녀들에게(二)」, 『조선일보』, 1926. 3. 2, p.3.

다. 위의 신문기사에서는 궁합을 혼인하는 데 있어 부차적인 요소라고 하며 그 의미를 축소하고 비과학적이고 그릇된 고정관념으로 단정하였으나, 민간신앙으로서 관습적으로 시행되어온 까닭에 궁합보는 것을 쉽사리 그만둘 수는 없었던 것이다.

이러한 사정을 1936년 5월 2일자 『조선중앙일보』의 「답답한 사정」이라는 기사를 통해서 확인할 수 있다. 경성에 사는 B여성이라는 처녀가 사랑하는 사람과 혼인을 하기 위해 부모님께 말씀을 드리자 사주를 갖고 가서 보고는 "사주와 궁합이 서로 맞지 않아서 장내가 불행하게 되겟다는 것입니다. 오라버니는 신학문을 배워서 리해를 하고 그대로 혼인을 하라고 합니다만 부모님이 반대를 하시니 우리는 끊을 수없이 이렇게 서로 좋아하는데도 불구하고 꿈꾸든 결혼을 깨트려 버려야 할가요?"라고 하면서 속히 답변해 주기를 바란다고 한다. 처녀는 부모의 명을 따를 수도, 그렇다고 사랑을 선택할 수도 없는 딱한 처지에 놓여 있다. 이에 대한 답변으로 일기자(一記者)는 "우리에게는 미신이 너무많"다고 하면서 "오라버니가 다행히 리해를 한다니 오라버니와 협력하야 부모님을 리해시키고 좋은 사람과 결혼하"라고 한다. 그러면서 자신의 일생을 같이할 사람을 고르는 일인데, 어찌 부모님의 명령에 따를 수 있겠느냐고 하면서 궁합 같은 것을 꺼리지 말고 본인의 뜻대로 행하라고 조언한다. 처녀가 일기자의 말대로 사랑하는 사람과 혼인했는지의 여부는 알 수 없다. 당시 신문 기사를 통해 궁합이 혼인을 좌우하는 역할을 하였음을 알 수 있다.

궁합이 혼인에 미치는 영향이 막대했음을 한용경의 「결혼을 권하는 서(중)」[23]를 통해서도 엿볼 수 있다. 한용경은 사주와 궁합보는 것을 폐

---

23 韓龍卿, 「結婚을 勸하는 書(中)」, 『매일신보』, 1941. 10. 23, p.4.

하고 잡된 미신 관념을 일소하자고 하면서, "궁합이 맞지 안허서 혼인을 안 하는 가정을 여럿 보"았다고 한다. 그러면서 "신랑과 신부가 서로 성격이 맞는가 안맞는가를 알어보는 것은 필요하겟지만 아모런한 근거가 업는 궁합을 보고 맛지 안는다고 결혼을 안 하는 것은 이제부터 절대로 페지"하자고 제안한다. 한용경은 궁합이 맞지 않음으로써 파혼하는 사례가 있으며, 이로 인해서 결혼적령기에 이른 여자가 혼인에 이르지 못함을 개탄한다.

1940년대는 대동아전쟁으로 인한 병역과 노무의 문제를 해결하기 위해 국가적 차원에서 혼인을 장려한다. 전시 하에서 젊은이들은 "생활의 리상뿐만 안이라 국책의 하나로서 결혼을 누구나 적령긔(適齡期)를 노치지 말고" "조흔배우자를 어더 결혼을 하는 것이" 국민의 의무라고 한다.[24] 이제 혼인은 개인이 아닌 국가적 차원에서 고려해야 할 문제로 인식되었던 것이다.

> "수(數)는 절대한 힘"이라고 한 말은 지금 세계적으로 전화(戰禍)가 밋치고 잇는 이때에 더한층 절실히 늣겨지는 한개의 금언(金言)이라고 할 수 잇다. (중략) 우리나라에서도 일즉부터 '나어라! 키워라!' 하는 힘찬 표어를 내어걸고 인구증식(人口增殖)에 힘써오고 잇다.[25]

일제는 대동아전쟁을 기점으로 인구정책을 국민의 질이 아닌 양에 중점을 둔다. 그리고 우리 민족의 혼인을 인구증식의 도구로 활용하고자 획책하였던 것이다. '결혼은 건국의 초석'이었다. 위에서 살펴본 한

---

24 「가연을마저국책을바쁠자」, 『매일신보』, 1942. 4. 3, p.4.
25 「結婚은建國의礎石」, 『매일신보』, 1942. 8. 31, p.3.

용경의 궁합보기 폐지와 혼인 장려는 결국 일제의 인구정책을 대변한 것에 불과하다.

궁합에 대한 사고는 신구 세대를 막론하고 혼례의 하나의 절차로 인식하고 있음을 1942년 『신시대』에 수록된 「전문학교를 나오는 지식여성의 결혼이상좌담회」를 통해서 엿볼 수 있다.

> 복택(福澤): 그러면 혼인이 다 잘되어가다가 끝에 가서 소위 사주니 궁합이니 하는 것이 맞지를 않기 때문에 그것 때문에 여러분은 파혼이 돼도 좋겠나요.
> F: 다른 것이 다 『모오시분』 없고 궁합 하나가 틀린다고 파혼을 하는 건 미신이 아니에요.
> 복택: 물론 그렇죠.
> E: 그러나 궁합까지 맞는 것보다는 못하지요. 듣고 나면 께름찍할 것 같아요. 그러나 파혼까지는 심하지요. 그래두 부모가 아주 반대시라면.
> 복택: 못허겠군요.
> E: 그렇죠.(笑聲)[26]

위의 인용문은 전문학교 졸업을 앞둔 여학생들을 대상으로 한 혼인좌담회에서 '궁합이 안 맞으면?' 어떻게 할 것인가라는 질문에 대한 여학생들의 답변 내용이다. E여학생은 궁합을 미신이라고 치부하면서도 궁합을 이유로 부모가 혼인을 반대하면 결국 혼인에 이르기는 어렵다고 한다. 이에 대해 사회를 맡은 복택은 "좋대두 별수없구, 나쁘대도 고만인데 돈 들여가며 쫓아다니면서 그런 걸 문는 건 너무 기매키"라고

하면서 이러한 것은 청년의 손으로 타파하고 무시해야 한다고 강조한다. 이에 대해 F여학생은 "그래두 저쪽에서 그런다문."이라고 소극적인 자세를 취한다. 궁합을 일종의 미신에 지나지 않는다고 폄하하지만 정작 혼인 당사자에게는 허투루 넘길 수 있는 문제가 아니었던 것이다.

일제강점기까지 혼인에 있어 궁합이라는 절차가 인습이든 관습이든 간에 그 위력을 유지하면서 면면히 이어져왔음을 알 수 있다. 물론 오늘날에 있어서도 궁합은 혼인의 절차에서 그대로 유지되고 있다. 박정순의 「경기 지방과 영남 지방의 혼인현황에 관한 비교」에 의하면, '궁합 같은 것은 볼 필요성이 없다'고 대답한 경우가 경기 지방은 64.8%, 영남 지방은 50.6%였으나, 궁합을 보고 혼인한 부부는 경기 지방이 50.9%, 영남 지방은 67.4%로 조사되었다.[27] 혼인을 하는 데 있어 의식적으로는 궁합을 부정하지만 실제 혼인할 때는 궁합을 보고 있음을 알 수 있다. 장래에 대한 불안감을 궁합을 통해 해소하고 있는 것이다.

1999년 대흥기획 마케팅전략연구소의 조사에 따르면, 우리나라 사람의 36%가 궁합이 나쁘면 결혼하지 않는 것이 좋다고 생각한다. 특히 중년 여성일수록 궁합에 대한 신뢰도가 높아서 주부의 46.4%가 그렇다고 대답해 혼인에서 궁합을 가장 중요시하는 것으로 밝혀졌다. 더욱이 한국갤럽이 1997년 18세 이상의 개신교인 1,631명을 대상으로 조사한 바에 따르면, 19%가 궁합과 혼인이 상관관계가 있는 것으로 여긴다. 그런데 무속인들이 점치러 오는 사람의 30%가 기독교인이라고 하는 것으로 보아 통계를 떠난 현실적 체험지수는 이를 훨씬 상회할 것이라고 한다.[28]

---

27 박정순, 「경기 지방과 영남 지방의 혼인현황에 관한 비교」, 『논문집』 13, 인천교육대학교, 1978, pp.257~258.

28 강진구, 앞의 글, p.81.

혼인에서 궁합이 중요시되는 것은 우리 사회의 혼인풍토에서 기인한다. 여성에게 있어 혼인은 '출가외인'이나 '시집귀신'이 되는 절차였다. 혼인과 동시에 여성들은 친정과의 인연을 끊을 것을 강요당했으며, 여기에 재혼을 죄악시했던 사회적 풍토로 말미암아 처음 맺어지는 인연이 그만큼 중요했던 것이다. 그리고 전통사회에서 혼인은 개인이 아닌 집안을 중심으로 이루어졌다. 따라서 혼인을 잘못한 결과는 개인만의 불행에 국한되는 것이 아니라 집안간의 문제로 비화하게 된다. 개인과 가족의 안위를 위해 궁합을 볼 수밖에 없었던 것이다. 시대적 사회적 변화와 종교적 영향으로 그 빈도수가 적어졌을 뿐이지, 오늘날에도 여전히 궁합은 혼인관행의 하나로 자리하고 있는 것이다.

3) 피로연

전통 혼례에서 예식이 끝나고 거행되던 혼인잔치는 일제강점기에 피로연이라는 이름으로 대체된다. 일본에서 메이지 시대 이후에 신도식 결혼이 유행하면서 결혼식보다 친구와 친지 앞에서 혼인을 공인 받게 되는 과정의 하나인 피로연을 더 중요하게 여겼다.[29] 일본에서 넓은 의미의 혼례식은 식과 피로연으로 이루어진다. 식장에는 양가 가족들만 참석하고, 이 식이 끝나면 피로연장으로 이동한다. 피로연에는 초대장을 받은 사람만이 참석한다. 초대장을 받은 사람은 당사자에게 참석여부를 통보하며, 50에서 100여 명 내외의 가까운 친지나 친구, 동료들이 참석한다. 피로연은 나코도를 중심으로 진행되는 데 인사와 연회를 위주로 한다. 식사를 하는 동안 사회자가 자리를 즐겁게 하기 위해 흥을 돋우면, 하객은 신랑신부와 관련된 에피소드를 이야기한다. 식사가 끝나면 가족 대표

---

29 구태훈, 『일본문화 이야기』, 재팬리서치21, 2012, p.31.

가 하객들에게 감사의 인사를 드리는 것으로 피로연이 끝나게 된다.

이러한 피로연이 언제부터 우리나라의 혼례에 수용되었는지 그 정확한 시기를 가늠할 수는 없다. 다만 1920년대 중후반에『조선일보』와『동아일보』에 피로연에 대한 폐단과 관련된 기사와 사설이 등장하는 것으로 보아 1920년대는 이미 우리의 혼례문화에서 피로연이 보편화되었음을 짐작할 수 있다.

최봉칙은 피로연에 대해서 "두 사람이 합하야 부부가 되는 그 언약 즉 신성하고 중대한 그 맺는 언약을 될 수 잇는대로 부모와 친척과 친구와 모든 사회인 앞에서 널리 공포하야 인간으로서의 모든 의무와 책임을 언약함에 그 큰 입증(立證)를 삼으려하는 것이"라고 하면서 "약간의 음식을 작만하야 참석한 이들로 축배를 삼고 주인측으로서 사례를 대하는 것이 피로연 존재의 필요한 의의"라고 한다.[30] 최봉칙이 제시한 피로연의 본질과 의의는 일본의 피로연 개념을 그대로 수용한 것임을 알 수 있다. 그런데 실생활에서 행해진 피로연은 일본식 피로연과는 거리가 멀었던 것이다.

혼인잔치라면 이웃집하인등속이 모다와서 한밥먹든 그 관습을 요사이 신식혼인에도 볼 수가 잇다 피로연이 엇던 료리집에 개최가 된다면 래빈의 수효대로 주문하여 두엇스나 구경왓든 행랑사람들까지 한자리식 차지한다. (중략) 초대를 밧고 피로연에 가게 되는 때는 적어도 관계업는 사람은 끌고가지 말 것이다. 혼인집 국수 한 그릇은 누구나 먹을 수 잇다함도 이왕 구식혼인하는 한 가뎡안에서 쓰는 말이다. 료리집에는 부역구석이나 마루ㅺ테서 하인들 국수먹일 수가 업

---

30 崔鳳則,「단연폐지하고 사회사업에쓰자」,『동아일보』, 1935. 1. 3, p.2.

는 것이다.[31]

위의 인용문에서 "이웃집하인등속이 모다와서 한밥먹든 그 관심을 요사이 신식혼인에도 볼 수 잇다"고 한 것으로 보아, 일부 지식인들을 제외한 대다수 사람들은 피로연에 대한 개념이 전무했음을 알 수 있다. 일반 사람들에게 있어서 피로연은 혼인잔치의 별칭에 불과했던 것이다. "적어도 관계업는 사람은 끌고가지 말 것"을 당부하는 것에서 알 수 있듯이 혼인과 직접적으로 관련이 없는 사람들과 동행하는 일이 비일비재했던 것이다.

잔치가 혼인의례의 중심을 이루었던 오랜 역사를 지닌 만큼 잔치의 중요성이 대단한 것이어서 혼례를 치르는 집을 잔칫집이라고 부를 정도였다. 또한 혼례가 혈연은 물론 지연(地緣)을 바탕으로 한 공동체 의식을 강화하는 기능을 하였다.[32] 그래서 혼인이 있으면 마을 사람들은 일손을 놓고 신명나게 한바탕 잔치판을 벌였고, 내 일처럼 신랑신부를 축하하였다. 상황이 이렇다 보니 신랑신부가 초대한 사람보다 너무 많은 하객들이 참석하여 낭패를 보는 일이 심심찮게 일어났던 것이다.

우린 혼인날에는 일기가 몹시도 치웠습니다. 이상에 말한 바에 의하야 피로연도 특히 간략하게하리라 하야 양가에서 모다 초대장을 내지안코 다만 친근한 사람들만 입으로 또는 몸으로 청하야 약 100명의 손님을 예상하얏드니 연석(宴席)에는 칠팔십명이나 더와서 그 부족한 것을 포용하너라고 약 1시간동안이나 손님께 기다리게 하야 모

31 千里眼, 「혼인잔치」, 『조선일보』, 1927. 6. 29, p.3.
32 박혜인, 앞의 논문, p.51.

진 치위에 욕을 보게 함으로 훌융한 실패이엇습니다. 지금도 오히려
미안한 생각이 사라지지 안이 하얏습니다.[33]

위의 인용문에서 신랑신부 될 사람들은 혼일 당일의 날씨와 자신들
의 경제적 여건 등을 고려하여 하객의 수를 100명 내외로 제한하고자
하였다. 그런데 초대를 받지 않은 사람들이 70~80명이 참석하여 음식이
부족하여 곤란을 겪게 되었다는 것이다. 혼인당사자는 자신의 피로연에
대해 "약 1시간동안이나 손님게 기다리게 하야 모진 치위에 욕을 보게
함으로 훌융한 실패이엇습니다."라고 하면서 "지금도 오히려 미안한 생
각이 사라지지" 않는다고 자조 섞인 목소리로 말한다. 혼례에 초대받지
못한 사람의 피로연 참석은 신랑신부 양가에 경제적인 부담뿐만 아니라
정신적으로도 상당한 고통을 수반하였음을 짐작할 수 있다. 이러한 현
실을 감안하여 피로연을 폐지하거나 축소하자는 주장이 제기된다.

피로연의 본정신인 신랑신부의 축복은커녕 약소한 잔채는 오히려
축복을 받어야 될 결혼당사자들의 욕꺼리가 됩니다. 신가정 건설자
들을 위하야 부조하기는 새로히 뜯어 먹으려고 하는 고약스런 폐단
을 젊은 부부의 장래를 위하야 하로밧비 폐지함이 생활 개선상 당면
한 급부로 압니다.[34]

근일에 유행됨과 가튼 피로연은 폐지함이 가합니다. 아모 필요가 업
고 만흔 패해가 잇을 뿐입니다. 혼가에서 새사람을 맞는 날의 질거

---

33 「結婚內容公開(三)-장차결혼할분들을위하야 여섯가지의回答」, 『매일신보』, 1928. 4. 15, p.3.
34 朴順天, 「신가정을 만드는 용비에 충당할 것」, 『동아일보』, 1935. 1. 3, p.2.

움을 표하기 위하야서 가장 가까운 친척이며 특수한 관계가 잇는 사
람이 모여서는 극히 간단한 음식을 향응함은 가합니다.[35]

재래 결혼 피로연은 너머 낭비적이요 또는 유흥하는 기분을 도두기
위함이엿슴니다. 이러한 습관이 아직도 남어 잇어서 결혼하려는 당
자들도 피로연설계문제로 금전의 융통을 기다리는 폐가 만슴니다.
이러한 점에서 앞으로는 식당에 손님을 청하는 의식같은 것은 할 수
잇으면 단축하고 간단한 형식을 취함이 가장 적당한 길이라고 생각
합니다.[36]

위의 인용문은 '결혼피로연의 시비'라는 주제로 『동아일보』에 실린
내용의 일부이다. 우리나라에서 피로연이 사회적으로 문제가 된 것은
"혼인잔치를 성대(盛大)히 하는 것을 무슨 큰 자랑거리처럼 알고 서로
다투어가며 굉장하게 하려고만 애를 쓰"[37]기 때문이다. 그래서 "어떤집
잔채에는 사람이 몃 백명이 모엿느니 자동차가 몃대이엇느니 하고 잔
채가 굉장한 것을 큰자랑으로 넉이는"[38] 것이다. 상황이 이렇다 보니 자
녀의 혼인잔치를 성대히 거행하고자 논과 밭을 팔고 그것도 모자라서
빚을 내는 것이다.

위의 인용문처럼 만약 피로연을 약소하게 거행하면 "신랑신부의 축
복은커녕 약소한 잔채는 오히려 축복을 받어야 될 결혼당사자들의 욕
꺼리가" 되고 마는 것이 현실이다. 따라서 혼인 당사자들은 "피로연설

---

35 朴勝彬, 「날을 달리하야 간단한 음식을」, 『동아일보』, 1935. 1. 3, p.2.

36 毛允淑, 「낭비적으로말고 식당에서간단하게」, 『동아일보』, 1935. 1. 3, p.2.

37 「허례를폐지하자－혼인잔치도그만둡시다」, 『동아일보』, 1935. 1. 21, p.1.

38 「"나의결혼"과 결혼관(1)」, 『매일신보』, 1936. 9. 16, p.3.

계문제로 금전의 융통을 기다리는 폐가” 생기게 되었다. 실제로 『매일신보』에서 앞으로 혼인할 사람들을 위해 기획한 「결혼내용공개」에 의하면, 변호사였던 이인(李仁)은 “피로연의 비용만해도 육백원이나”[39] 사용하였다고 대답한다. 이인의 혼인 총비용은 2000원이다. 이인 이외에 「결혼내용공개」에서 ‘비용은 얼마나 드럿나’에 대한 질문에 자신의 혼인 비용을 공개한 것을 보면 ‘400원, 1000원, 300원, 500원, 600원, 120원’ 등이다. 이렇게 볼 때 변호사 이인이 피로연 비용으로 지출한 금액은 상당한 거금이었음을 알 수 있다.

이처럼 피로연에 많은 비용을 사용한 것은 “남녀 양성이 일생에 한번 밧게 업는 결혼의식이니 가세가 허락하는 정도에서 한번 큼직하게 함도 의의가 잇는 일인 줄 압니다. 이러한 생각으로 비용은 좀 과용을 하야도 무관할 듯”하다는 생각에서 비롯된 것이다. 혼인이 인간대사(人間大事)이기에 될 수 있는 대로 성대하게 거행하고자 하는 것이 인지상정이겠으나, 여기에는 집안의 재력과 위신, 그리고 개인의 사회적 지위에 대한 고려가 밑바탕에 깔려있는 것으로 보인다. 위의 인용문에서 보듯이 외연에 치중한 피로연에 대해 비판하면서 “고약스런 폐단을 젊은 부부의 장래를 위하야 하로밧비 폐지함이 생활 개선상 당면한 급부”라거나 “재래 결혼 피로연은 너머 낭비적이”기에 개선하는 것이 바람직하다거나 극단적으로 “혼인잔치와 같은 허례는 아주 폐지하자고 주장하”기도 한다.[40]

피로연을 허례허식의 하나로 규정하고 이의 개선과 폐지를 주장하였음에도 불구하고 체면을 중시하는 우리 사회에서 피로연의 행태는

---

39 「結婚內容公開(四)-장차결혼할분들을위하야 여섯가지의회답」, 『매일신보』, 1928. 4. 16, p.3.

40 「허례를폐지하자-혼인잔치도그만둡시다」, 『동아일보』, 1935. 1. 21, p.1.

시간이 경과해도 변하지 않는다. 1940년 건전하고 명랑한 전시생활체제를 건설할 목적으로 정신총동원조선연맹에서 만든 〈전시결혼신체제독본〉에 따르면, "피로연은 식후 수일이 지난 후에 범위를 가족 또는 근친자에 한하고 음식도 간소하고 다과정도로 행"[41]할 것을 권고한다. 이러한 권고에도 불구하고 여전히 피로연에는 많은 손님이 초대되고 "거창하게 음식만 느려노코 화려하게 마치 자랑거리로 아는 경향이 만"[42]연했던 것이다. 피로연에서 다과를 제공하자는 것은 일본식 혼례 풍속에 기인한 것으로 잔치문화를 중요시하는 우리나라에서는 수용하기 어려웠던 것이다.

1940년 2월 9일자 『조선일보』의 「전시하 결혼의식은」에서 빚을 내어가며 거행하는 피로연의 폐해를 막기 위해 회비제 축하연의 개최를 제안한다. 신랑신부 친구들이 일원 내지 이원씩 회비를 내어 피로연 대신에 축하연을 거행하면 "결혼하신 두 집에서는 막대한 피로연의 비용이 전폐되고" 이것은 국가적 차원에서도 이익이라는 것이다. 〈전시결혼신체제독본〉과 회비제 축하연의 등장은 당시 전시체제임에도 불구하고 예식이 사치스러웠으며 피로연 또한 이전 시기와 마찬가지로 호화롭게 거행되었음을 보여주는 것이다.

오늘날에도 피로연은 혼인예식의 한 절차로 인식되고 있다. 1997년 한국소비자보호원의 조사결과에 의하면, 결혼피로연의 필요성에 대한 질문은 5점 만점에 3.64점을 받았다. 그리고 피로연에 대해 전반적인 생각은 '피로연은 푸짐하고 고급스러운 것이 좋다.', '식사 때가 아니더라도 피로연은 필요하다.', '피로연은 축의금에 대한 보상이다.' 등으로

---

41 精神總動員朝鮮聯盟, 「戰時結婚新體制讀本(二)」, 『매일신보』, 1940. 9. 21, p.4.
42 이덕봉, 「허례를 써난결혼」, 『매일신보』, 1940. 10. 21, p.4.

다양하였다.[43] 현재의 피로연은 혼인을 축하하고 서로 친목을 도모하면서 공동체적 결속감을 확인하는 전통혼례의 상징적 의미는 희박해졌고, 축의금에 대한 금전적 답례의 의미가 지배적이다.[44]

우리 사회에서 피로연이 과소비적인 경향으로 흐르는 것은 잔치를 성대히 거행하는 것을 미덕이라고 생각하는 사회적 풍토 때문이다. 예나 지금이나 남의 눈을 의식하면서 살아갈 수밖에 없는, 체면을 중시하는 우리 사회에서 피로연을 검소하게 치른다는 것은 쉬운 일이 아니다.

4) 신혼여행

오늘날 신혼여행은 혼례식이 끝나면 당연히 가는 것으로 생각하지만, 19세기 이전까지는 서구에서도 신혼여행에 대한 개념은 없었다. 간혹 왕실이나 귀족들이 혼례식을 마치고 여행을 갔다는 기록은 있지만 절차가 마련되고 의식적으로 추구된 적은 없었던 것이다. 1840년대 상류계층에 의해서 신혼여행이 시작되었으며, 19세기 말에 이르러 서구에서 신혼여행이 본격화되었다. 이러한 신혼여행이 일본을 경유해서 우리나라에 들어오게 된다.[45] 신혼여행 역시 연애와 마찬가지로 외부에서 유입된 개념인 것이다.

1914년 신시대편집부에서 설문조사한 「이즘청춘남녀들의 결혼청서」[46]에서 '신혼여행은?'이란 질문에 17명의 조사대상자 중 13명이 답변한다. 13명 중에서 12명이 신혼여행을 갈 의사가 있다고 응답했으며,

---

43 김명숙·김기남, 「결혼피로연 음식에 대한 충북지역 주민의 인식 및 만족도」, 『생활과학연구논총』 11권 1호, 충북대학교 생활과학연구소, 2007, p.138.

44 이광자, 「광복이후 우리나라 혼·제례의 변화에 관한 연구」, 『한국가족복지학』 4호, 한국가족사회복지학회, 1999, p.168.

45 이창일, 『정말 궁금한 우리 예절 53가지』, 예담, 2008, pp.108~109.

46 편집부, 「이즘靑年男女들의 結婚靑書」, 『新時代』 4집, 1914. 4, pp.172~177.

1명은 "신혼여행이란 명목으로는 중지"하겠다고 한다. 신혼여행을 가겠다는 12명의 비율은 남녀가 각각 6명이었다. 6명의 남자 중에서 3명은 "신혼여행은 꼭 5일간 절대로 필요"하다거나 "신혼여행은 캠핑으로" 가겠다거나 "일평생 기념이 될 것이"기 때문에 신혼여행이 꼭 필요하다고 하면서 신혼여행에 대해 적극적인 자세를 보인다. 그리고 나머지 3명은 "신혼여행은 그 시기에 적당하면 가겠"다거나 "여행은 할 수 있으면 가하다 생각하"면 "신혼여행은 밤에 하"겠다고 하여 소극적인 자세를 취한다. 여자 중에서 2명은 "신혼여행은 두 사람이 상의해서 가되 일생을 두고 추억할 수 있는 곳으로" 가고 싶어 했으며 "금강산속으로 단둘이만 가면 좋겠"다고 하여 적극적인 모습을 보인다. 나머지는 "멀리 갈 수 있다면", "신혼여행은 연애결혼이 아니면은 이삼일 필요로" 하다거나 신혼여행도 무방하다고 대답한다. 신혼여행을 가겠다고 대답한 사람들이 실제 혼인 이후에 자신들의 바람대로 신혼여행을 다녀왔는지는 알 수 없다. 신혼여행에 대한 설문조사를 종합해 보면, 1910년대 초반까지만 하더라도 신혼여행에 대한 개념 정립이 완전치 않음을 알 수 있다.

1920년 4월 10일자 『동아일보』에 금(金)15일 오후3시에 정동교회에서 경도제국대학 출신 변호사 김우영과 동경여자미술학교 출신 나혜석의 혼인 기사가 실려 있다. 나혜석은 10살 연상의 김우영과 결혼하면서 몇 가지 조건을 내걸었는데, 그 중의 하나가 자신의 첫사랑인 최승구의 묘지에 비석을 세워달라는 것이었다. 김우영은 나혜석과 결혼하기 위해 그녀가 내세웠던 조건을 수용하고 나혜석의 바람대로 신혼여행 길에 병사한 최승구를 위해 그의 묘에 비석을 세워준다. 이처럼 혼례를 끝마치고 신혼여행을 간다는 것은 당시로는 파격적인 것이었다.

재작칠일 오후 세시경에 인천 축항(築港) 구내 긔차 선로에서 달녀가
는 기차에 치어나 행어 생명에 관계가 업섯스니 오른팔이 부러진 사
실이잇다. 피해자는 영종도증산리(永宗島中山里) 김준섭(金俊燮)(48)으
로 늙게야 박씨(朴氏)(23)라는 녀자와 결혼을 한고 늙엇슬망정 애틋한
첫정을 것잡지 못하야 인천까지 신혼려행을 오게 된 바 푸른 물이
넘실거리는 축항에 산가튼 긔선이 오고감을 정신업시 보다가 긔차
가 오는 것도 몰랏다가 고만 그런 참극 맞운 것이라는데 지금 인천병
원(仁川病院)에 입원치료 중이라고 한다.

위의 인용문은 1924년에 12월 9일자 『시대일보』에 「신혼여행에 얼빠
저」라는 제목으로 신혼여행 길에 올랐던 신랑이, 항구에 있는 배들을
구경하는 데 정신이 팔려서 그만 기차에 치어 팔이 부러졌다는 내용의
기사이다. 위의 사례를 통해서 볼 때, 신혼여행이 "일상화되지 않은 '들
어보지도 못한' 새로운 문화였으며, 일부 상류층 그중에서도 개화의 영
향을 많이 받은 사람들의 낯선 선택"[47]만은 아니었던 것이다. 그리고 인
천 축항과 영종도는 배를 타고 하루에도 수십 차례 왕래할 수 있는 거
리로, 당시에는 이른바 '신혼단거리여행'을 떠났던 것으로 보인다.

웻딩테불생은 「자유결혼식장순례기(1)-포복절도할 결혼형식의 각
양각색」[48]에서 혼례식이 끝나면 신랑신부가 함께 자동차를 타고 신혼
여행을 가는데, "자동차 안에 무슨 두려운 게엄령이 부터잇는지 아조
시침이를 딱떼고 원수처럼 엄숙하게 안젓서요. (중략) 말은 신혼단거리
려행이라면서 그 실은 침묵려행이오니 대단히 허위스러운 려행이지

---

47 박부진, 「첫날밤과 신혼여행의 문화분석」, p.222.
48 웻딩테불生, 「自由結婚式場巡禮記(一)-抱腹絕倒할結婚形式의各樣各色」, 『별건곤』 1호,
   1926. 11, pp.85~86.

요.”라고 하면서 당시의 신혼여행의 모습을 비판적인 시각에서 바라보고 있다. 웻딩테불생이 신혼여행을 ‘허위스러운 여행’이라고 한 것은 혼인하기 전에 서로 “귀가 젓게 소근거리다가 결혼식에 이르러서만 구식시악씨보다도 더 붓그러워 하고 인형노릇을” 하기 때문이다. 신식혼인을 통해 구습을 타파하겠다는 사람들이 오히려 더 형식에 구속되고 있는 사회적 현실을 비판하고 있는 것이다.

박수해는 「신혼여행의 필요」[49]에서 “결혼이란 것은 일생일대의 최중대한 예식이라 하겟스니 기(其) 기회에 신혼의 부부가 여행을 한다는 것은 무엇보다도 의의가 깁흔 것이라.”이라고 하면서 “신혼여행은 시간과 여비가 불경제라하야 간단히 반대”할 것이 아니라고 한다. 그는 신혼여행지로 산간이나 온천을 추천하면서 “숭엄한 자연의 분위기에 싸”인 신혼부부는 “경건한 마음으로써 장래의 가정생활을 신, 불(佛)에게 비러오닐 것”이라고 하여 신혼여행기간이 자신들의 장래 가족계획을 세우는 시간이라고 한다. 그러면서 조선의 가정제도에서 신부는 불가불 시부모와 시누이와 생활하게 되는 것이 보통인데, 이러한 상황에서 “세상을 맛보지 못한 청춘소녀로는 매일 눈물노 세월을 보내”게 되는데, 이때 “신혼여행의 회상”이 시집살이를 하는데 있어 도움이 된다고 한다. 그렇기 때문에 “신혼여행만은 우리가 꼭 실행”할 필요가 있다는 것이다. 그런데 일반적으로 “이런 것도 모르는 남자는 신혼여행 갓흔 생각도 아니하고 처음부터 신부를 자기가족들과 갓치 생활하도록 함은 얼마콤 신부된 여자에게 불쾌를 주는 것”이라고 하면서 신혼여행을 무시하고 시가로 들어가는 행동을 가정의 평화를 파괴하는 첫 번째 동기로 본다.

전통사회에서 고부간의 관계는 시어머니의 명령에 대한 며느리의

---

49 江景 朴秀海, 「新婚旅行의 必要」, 『매일신보』, 1926. 10. 24, p.3.

절대적인 순종으로 요약할 수 있다. 우리 속담에 "귀머거리 삼년, 장님 삼년, 벙어리 삼년"이라는 말이 있다. 여자가 시집을 가면 하고 싶은 말이 있어도 하지 말고, 보고서도 못 본 체하며, 듣고도 못 들은 척하라는 것으로 그만큼 여자의 시집살이가 힘들고 고된 일이었음을 의미한다. 박수해는 절대적인 권위를 가진 시어머니 앞에서 주눅들 수밖에 없는 신부에게 정서적으로 위안을 줄 수 있는 것이 바로 신혼여행이라는 것이다. 그래서 신혼여행은 꼭 필요하다고 역설한다. 하지만 당시의 현실은 그리 녹록하지 않았던 모양이다.

(1) 신혼여행까지 할 팔자가 됨니까. 결혼한 지 3일을 치르고 직업을 가지고 잇는 경성을 향하야 도라왓슴니다.

(2) 전부터 병환 중에 계시든 어머니께서 마침 우리 혼인날이 갓가워지자 일기(日氣) 몹시도 치워서 갑작이 병세가 위독 하얏슴으로 중지 하얏섯슴니다.

(3) 혼인한 그 이튿날부터 여전히 직무를 하여야만 될 우리 부부로서 여행할 여가가 어대잇서야지요.

(4) 신혼여행이요? 그건 구만 두엇슴니다. 원래 나는 넘우 시속에 흘느기를 실허함으로 단연히 중지 하얏습니다.

(5) 처음에는 신혼여행을 겸하야 학술을 연구하는 참고로 북경에 동행하랴 하얏스나 (중략) 나는 북경에 신부는 동경으로 서로 길 떠나게 되엇담니다.

(6) 신혼여행은 가지 못햇슴니다. 무슨 돈에, 어느 여가에 갈 수 잇겟슴닛가.

(7) 신혼여행은 물론 못갓슴니다. 못가게 된 이유야 더 물어보면 무엇 함니가. 돈 업는 타령만 자꾸 나오게!

위의 인용문은 1928년 『매일신보』에 연재되었던 「결혼내용공개-장차결혼할분들을위하야여섯가지의회답」에서 '신혼여행 어디로 갔는가'란 질문에 대해 답변한 내용을 정리한 것이다. 신혼여행의 실시여부를 묻는 질문에 7명 모두 신혼여행을 다녀오지 못했다고 대답한다. 신혼여행을 중지하게 된 이유는 직업상(1, 3), 어머니 병환(2), 시류를 따르기 싫어서(4), 학술적인 연구(5), 돈이 없어서(6, 7) 등으로 다양하다. 경제적 문제로 신혼여행을 다녀오지 못한 사람들의 경우, 여행을 갔다오지 못한 아쉬움이 짙게 배어있는 듯한 인상을 풍긴다. 그 밖의 이유로 신혼여행을 다녀오지 못한 사람들의 경우는 상대적으로 신혼여행의 실시여부에 그렇게 연연해하지 않는 모습을 보인다. 특히 (4) "시속에 흘느기를 실허" 신혼여행을 중지하였다는 사람은 혼인비용으로 다른 사람들보다 두 배에 가까운 2천 원 정도를 사용했으며, 그중에서 피로연 비용으로만 6백 원을 지출한다. 경제적으로 풍족한 가운데에서도 신혼여행의 필요성을 인식하지 못하고 있었다는 점에서 1920년대 당시의 신혼여행은 보편적인 현상은 아니었으며 필요에 의해 일부 사람들이 떠났던 것으로 보인다.

1930년대 신혼여행은 이전 시기보다 좀 더 활성화된다. 「결혼준비의 주의점 십이조」[50]에서 "식후에 즉시 신혼여행을 가게 되는 경우에는 그 필요한 물건들과 화장품 등을 미리 준비해 둘 것"을 당부한다. 1938년 『여성』의 「결혼일년생이동좌담회」를 보면, '신혼여행은?'이란 질문에 좌담회에 참석한 6명의 여성 중에서 4명이 신혼여행을 다녀왔다고 대답한다. 신혼여행지로는 '배천온천'이 2명, '온양온천'이 2명이었으며 여행기간은 3일이었다. 나머지 2명은 "신혼여행 갈 틈을 갓지 안었었"으므로, "혼인 첫날에 여행하는 것을 어른들이 찬성하시지 않"은 이유

---

50 「結婚準備의注意點十二條」, 『신가정』 2권 11호, 1932. 11, p.175.

로 신혼여행을 다녀오지 못했다. 1937년 7월 13일자 『동아일보』에는 신혼여행을 가지 못하게 한 아버지에게 음독자살로 맞선 아들의 이야기가 기사화되고 있다.

「여류예술가의 결혼비화」에서 1934년에 혼례식을 올린 조은경은 "경성호텔에서 초야를 지난 다음날 일은 봄 아츰 쌀쌀한 바람에 날니며 온양온천으로 신혼여행을 떠낫다."라고 하며, 1933년에 혼례식을 거행한 백신애는 "일광(日光)과 대판(大阪)으로 가섰다."라고 한다.

함대훈은 「신혼의 행복-나의 신혼생활의 일단면」[51]에서 자신이 혼인하게 된 과정을 기술하면서 "금년 이월십구일 해주서 결혼식이 있고 식이 끝난 뒤 처가댁을 정식으로 방문하고 인척댁엘 인사하러 다니고 밤 일곱시나 되어 자동차 대절로 백천온천"으로 갔다고 한다.

1920년대의 경우, 필요에 의해 일부 사람들이 신혼여행을 다녀왔다면 1930년대의 경우는 보다 많은 사람들이 신혼여행을 다녀오게 된다. 신혼여행지로 온천이 각광을 받게 되고, 경우에 따라서는 외국으로 여행을 다녀온다. 우리나라에서 온천이 신혼여행지로 각광을 받은 것은 일본의 영향 때문이다.[52] 신혼여행을 온천으로 가는 것은 숙박시설이 잘 갖추어져 있는 곳에서 휴식을 취하고자 하는 측면이 강하다. 신혼여행에서 무엇을 했는가에 대해 대부분의 응답자들이 "그저 쉬고 놀았다."라고 대답한다.[53] 박수해가 지적했듯이, 당시 신혼여행은 장래의 가정생활에 대한 계획과 고단한 시집살이에 위안이 될 만한 추억을 만드는 여행이었던 것이다.

---

51 咸大勳, 「靑年藝術家의婚姻譜, 新婚의幸福-나의新婚生活의一斷面」, 『삼천리』 12권 7호, 1940. 7, p.172.

52 다카하시 치하야 지음, 김순희 옮김, 『에도의 여행자들』, 효형출판, 2004, p.329.

53 박부진, 앞의 논문, p.223.

우리나라에서 일반적으로 신혼여행이 보편화된 것은 1970년대 이후이다. 1960년대까지는 혼례식을 마치면 남산을 한 바퀴 돌거나 가까운 곳에 가서 1박하는 정도가 신혼여행의 전부였다. 그러던 것이 1970년대 예식장 혼인이 일반화되면서 경주, 설악산, 제주도 등으로 신혼여행을 떠났으며, 최근에는 신혼여행을 국내보다 외국으로 떠나는 추세이다. 오늘날 혼례식을 마치고 짧은 신혼여행 기간 없이 곧바로 남편과 아내라는 결혼관계로 돌입하는 것은 생각할 수도 없는 일이 되었다.[54] 신혼여행이 혼례식의 마지막 절차로 인식되고 있다는 점에서 우리 혼인관행의 하나로 자리매김하게 되었다.

3. 결론

지금까지 일제강점기에 간행된 신문과 잡지에 수록된 택일과 궁합, 피로연, 신혼여행과 관련된 자료를 중심으로 혼례문화의 지속과 변용 양상을 살펴보았다.

택일은 혼인 날짜를 정하는 것으로, 혼인 준비의 복잡함이나 생리적인 현상 등의 이유로 신부 측에서 결정하는 것이 합리적이다. 그런데 1928년 『매일신보』 「결혼내용공개」에 의하면, 양가의 택일에 관한 이야기를 무시하고 자기 마음대로 혼인 날짜를 정하거나 아니면 종교적으로 의미 있는 날을 선택하였다. 이처럼 일제강점기에는 젊은 세대를 중심으로 전통적인 택일 방식을 탈피하고 자신들에게 의미를 부여할 수 있는 날을 잡아 혼례를 거행하였다. 하지만 기성세대의 경우는 택일

에 대한 믿음이 확고했음을 1933년 『동아일보』의 「택일이하죄?」를 통해 확인할 수 있었다. 신랑신부의 양가 부모들은 고부간의 갈등 원인을 잘못된 택일에서 찾고, 5년 동안 동거한 부부에게 새로운 날을 받아 다시 혼례식을 거행하였던 것이다.

일제강점기에 택일관습이 미신적인 행동으로 취급되어 많은 비판을 받았지만, '좋은 게 좋은 것'라는 일종의 기대심리를 누그러뜨릴 수는 없었던 모양이다. 길일이라고 하는 날짜에 혼례식을 거행하느라고 거리마다 북새통을 이뤘다는 내용을 『동아일보』와 『조광』 등을 통해 확인할 수 있었다. 그런데 특정한 날을 길일로 인식하는 것은 오늘날에도 마찬가지이다. 1992년 음력 12월 18일과 1994년 음력 3월 7일은 역술적으로 오복이 든 길일이라 하여 신랑신부가 한꺼번에 몰려 전국의 그 많은 예식장이 모자랐다고 한다. 과거에 비해 그 비중이 낮아졌을망정 오늘날에도 여전히 혼인관행의 하나로 택일이 존속하고 있는 것이다.

전통 사회에서는 궁합이 맞지 않으면 부부 사이에 불화가 생긴다거나 신부가 일찍 죽는다고 하여 혼사를 꺼려했다. 그런데 이러한 현상은 일제강점기에도 별반 다르지 않았다. 1936년 『조선중앙일보』의 「답답한 사정」에는 궁합이 맞지 않는다는 이유로 부모가 혼인을 반대한다는 기사가 수록되어 있다. 이 밖에 『동아일보』와 『매일신보』, 『신시대』 등에도 궁합이 맞지 않아 파혼하는 사례가 번번하게 등장하고 있다. 당시 지식인들은 궁합 보는 것을 미신시하여 폐지할 것을 주장하였지만 현실적으로 궁합 보는 전통적인 관행을 없애기에는 그들의 힘이 부쳤던 것이다. 민간신앙으로서 관습적으로 시행되어온 까닭에 궁합보는 것을 쉽사리 그만 둘 수는 없었다.

일제강점기의 신문과 잡지에 나타난 궁합 관련 자료를 보면, 대체로 여성들이 궁합에 대해 소극적인 자세를 취하고 있었다. 이것은 우리 사회의 혼인풍토에서 기인하는 것이다. 여성에게 있어서 혼인은 '출가외인', '시집귀신'이 되는 절차였다. 여성에게는 혼인한다는 것은 친정과의 단절을 의미하였다. 여기에 재혼을 죄악시했던 사회적 풍토로 말미암아 처음 맺어지는 인연은 그만큼 중요했던 것이다. 결국 개인과 집안의 안위를 위해 필연적으로 궁합을 볼 수밖에 없었다. 오늘날 혼인을 하는 데 있어 의식적으로는 궁합을 부정하지만 실제 혼인을 할 때는 궁합을 보는 경우가 많다고 한다. 궁합은 장래에 대한 불안감을 해소하는 방편으로 활용되고 있다.

택일과 궁합에 대해서 일제강점기의 신문과 잡지에서는 미신적 행동이라고 하면서 타파되어야 할 대상으로 꼽았다. 하지만 일제강점기간 내내 전통적인 관행에 따라 여전히 택일을 하고 궁합을 보았다. 택일과 궁합을 미신적 행동이라고 격하하였음에도 불구하고 혼인당사자의 행불행을 좌우한다는 믿음 때문에 쉽게 버릴 수가 없었던 것이다. 이것은 오늘날에도 마찬가지이다.

전통 혼례의 혼인잔치는 일제강점기에 일본에서 유입된 피로연으로 대체되었다. 이런 피로연이 언제부터 우리나라 혼인관행으로 자리하게 되었는지 그 정확한 시기는 알 수 없다. 다만 1920년대 중후반에『조선일보』와『동아일보』에 당시 피로연의 폐해를 논하는 기사와 사설이 등장하는 것으로 보아 1920년대에는 이미 보편화되었을 것이다. 이 시기의 일부 지식인들을 제외한 대다수의 사람들에게는 피로연에 대한 개념이 전무했다. 그래서 실생활에서 행해지던 피로연은 일본식 피로연과 거리가 멀었다. 일반인은 피로연을 혼인잔치의 별칭으로 이해하고, 신명나게 한바탕 잔치를 벌이는 의미로 받아들였던 것이다. 그래서 초대장을 받지 않았음에도 불구하고 하객으로 참석하여 피로연을 망치는 경우가 비일비재했다. 혼례에 초대받지 않은 사람들의 피로연 참석

은 신랑신부 양가에 경제적인 부담뿐만 아니라 혼인당사자에게 정신적
인 고통을 수반하게 되었다. 이러한 현실을 감안하여 초대장을 받지 않
은 사람들의 피로연 참석을 자제하자는 목소리가 높았으나 실제로는
제대로 지켜지지 않았다. 이것은 오늘날 결혼식 비용을 충당할 목적으
로 청첩장이 남발되고 있는 세태와 비교되는 것이다.

피로연을 허례허식으로 규정하고 이의 개선과 폐지를 주장하였음
에도 불구하고 피로연의 행태는 시간이 경과해도 변하지 않았다. 1940
년 〈전시결혼신체제독본〉에서 피로연은 가족과 근친자에 한하고 음
식도 간소하게 다과정도로 행할 것을 권고하였다. 그럼에도 불구하고
많은 사람들이 초대되고 거창하게 음식을 차려 대접하였다. 전시체제
임에도 불구하고 피로연은 이전처럼 호화롭게 거행되었던 것이다.

우리 사회에서 피로연이 과소비적인 경향으로 흐르는 것은 잔치를 성
대하게 거행하는 것을 미덕으로 생각하는 사회적 풍토 때문이다. 남의
눈을 의식하면서 살아갈 수밖에 없는, 체면을 중시하는 우리 사회에서
피로연을 검소하게 치른다는 것은 말처럼 쉬운 일이 아니었다.

신혼여행은 일본을 경유해서 받아들인 것으로 전통 혼례에는 없는
절차였다. 1914년 『신시대』의 「이즘청춘남녀들의 결혼청서」에서 신혼여
행을 떠나겠다는 사람보다 신혼여행도 무방하다고 하는 사람이 많은 것
으로 보아, 1910년대까지는 아직 신혼여행에 대한 개념이 정립되지 못했
음을 알 수 있다. 박수해는 「신혼여행의 필요」에서 "신혼여행은 시간과
여비가 불경제라 하여 간단히 반대"할 것이 아니라고 하면서 신혼여행
이 꼭 필요한 것임을 역설하였다. 그는 신혼여행을 무시하고 시가로 들
어가는 행동이 가정의 평화를 파괴하는 첫 번째 동기라고 한다. 새댁이
고된 시집살이에서 정신적으로 위안을 삼을 수 있는 것이 바로 신혼여
행임을 강조한 것이다.

1920년대의 신문과 잡지 자료를 종합해 보면, 당시의 신혼여행은 보편적인 현상은 아니며 필요에 의해 일부 사람들이 떠났던 것이다. 1930년대 오면 신혼여행이 좀 더 활성화하게 된다. 「결혼준비의 주의점 십이조」에 "식후에 즉시 신혼여행을 가게 되는 경우에는 그 필요한 물건과 화장품 등을 미리 준비해 둘 것"을 당부하고, 「경혼일년생이동좌담회」에 참석한 6명 중에서 4명이 신혼여행을 다녀왔다. 1930년대는 이전 시기에 비해 신혼여행을 갔다온 신랑신부의 수가 월등히 많아졌다. 그리고 1937년 7월 13일자 『동아일보』에는 신혼여행을 가지 못하게 한 아버지에게 음독자살로 맞선 아들의 이야기가 기사화되었다. 물론 우리나라에서 신혼여행이 보편화된 것은 1970년대 예식장 혼인이 일반화되면서부터였다. 오늘날 신혼여행은 혼례식의 마지막 절차로 인식되어 혼례식을 마치면 대부분의 신혼부부들이 신혼여행을 떠나고 있다. 신혼여행은 우리 혼인관행에서 하나의 절차로 자리매김하고 있는 것이다.

이 글은 일제강점기 혼례문화의 지속과 변용 양상을 '택일, 궁합, 피로연, 신혼여행'에 주안점을 두고 살펴본 것으로 혼례문화 전반에 걸친 변화 양상을 고찰하는 데까지는 이르지 못했다. 이것은 추후의 과제로 남긴다.

참고문헌

『동아일보』, 『매일신보』, 『조선일보』, 『별건곤』, 『삼천리』, 『신시대』

강재철, 『기러기 아범의 두루마기-한국의 통과의례와 상징』, 단국대학교 출판부, 2004.

강진구, 「궁합을 보는 결혼은 과연 행복한가?」, 『활천』 586호, 기독교대한성결교회 활천사, 2002.

구태훈, 『일본문화 이야기』, 재팬리서치21, 2012.

김　영, 『일본 문화의 이해』, 제이앤씨, 2006.

김경일, 『근대의 가족, 근대의 결혼』, 푸른역사, 2012.

김만태, 「한국 택일풍속의 전승양상과 특징」, 『정신문화연구』 32권 1호, 한국학중앙연구원, 2009년 봄호.

김명숙·김기남, 「결혼피로연 음식에 대한 충북지역 주민의 인식 및 만족도」, 『생활과학연구논총』 11권 1호, 충북대학교 생활과학연구소, 2007.

김명자, 「무슨 일이든 마음 놓고 하는 신성한 윤달」, 『민속소식』 제133호, 2006. 9.

김선령, 「일제강점기 이후 한국혼례양상에 관한 연구」, 원광대학교 동양학대학원 석사학위논문, 2011.

김태영·황혜경, 『일본 문화 이야기』, 보고사, 2010.

김홍철, 「한국 점복신앙에 관한 연구」, 『한국종교사연구』 3집, 한국종교사학회, 1995.

남　덕, 「궁합(宮合)의 역학적(易學的)측면과 동서양(東西洋)의 비교 검토」, 『제5회 한국 정신과학 학술대회 논문집』, 한국정신과학학회, 1996.

다카하시 치하야 지음, 김순희 옮김, 『에도의 여행자들』, 효형출판, 2004.

박부진, 「신혼여행의 문화사-새로운 통과의례의 시작과 현재」, 『한국문화인류학』 40-1, 한국문화인류학회, 2007.

______, 「첫날밤과 신혼여행의 문화분석」, 『인문과학연구논총』 25호, 명지대학교 인문과학연구소, 2003.

박정순, 「경기 지방과 영남 지방의 혼인현황에 관한 비교」, 『논문집』 13, 인천교육대학교, 1978.

박혜인, 「한국 전통혼례의 연속과 단절」, 『자본주의 시장 경제와 혼인』, 또 하나의 문화, 1991.

이광자, 「광복이후 우리나라 혼·제례의 변화에 관한 연구」, 『한국가족복지학』 4호, 한국가족사회복지학회, 1999.

이방원, 「일제하 미신에 대한 통제와 일상생활의 변화」, 『동양고전연구』 24집, 동양고전학회, 2006.

이영수, 「개화기에서 일제강점기까지 혼인유형과 혼례식의 변모양상」, 『아시아문화연구』 28집, 가천대학교 아시아문화연구소, 2012.

이이화, 『놀이와 풍속의 사회사』, 한길사, 2001.

이창일, 『정말 궁금한 우리 예절 53가지』, 예담, 2008.

임재해, 「민속문화와 외래문화가 만나는 다양한 실상과 그 포착」, 『민속문화가 외래문화를 만나다』, 집문당, 2003.

張圭植, 「일제하 미국유학생의 서구 근대체험과 미국문명 인식」, 『한국사연구』 133, 한국 사연구회, 2006.

최운식 외, 『한국 민속학 개론』, 민속원, 2004.

http://www.globalwindow.org

전통 상례의 변화를 통해 본 일제의 조선 인식

-일제강점기 신문, 잡지 기사를 중심으로-

염원희_단국대학교 동양학연구원 연구교수

1. 머리말

일제강점기는 전통적인 것들이 가장 큰 변화를 맞이했던 시기이다. 국제정치, 사회제도 및 종교사상의 격동과 혼란에 의한 '생활문화의 변동기'였으며,[1] 한국생활문화의 중요한 부분인 관혼상제(冠婚喪祭) 역시 변화의 과정을 밟았다. 이 글에서는 이 시기에 큰 변화를 맞이한 일생의례, 그중에서도 인간의 삶에서 마지막으로 통과하는 죽음의 관문인 상례(喪禮)가 신문과 잡지라는 대중매체를 통해 어떻게 다루어졌는지 살펴보고자 한다. 신문, 잡지의 기사는 상례에 대한 양상의 파악에 그치지 않고 기사의 문면을 통해 당대의 시각까지도 읽어낼 수 있어 더욱 흥미롭다.

일제강점기 상례 제도에 큰 영향을 준 것은 1912년 발포(發布)된 〈묘지, 화장장, 매장 및 화장 취체규칙(墓地, 火葬場, 埋葬 及 火葬 取締規則)〉이었다. 일제는 이 규칙을 통해 정책적으로 공동묘지와 화장장 제도를 도입하고자 하였다. 그런데 7년 후인 1919년에 다시 공동묘지는 물론 사설가족묘지를 함께 허가하는 방향으로 정책을 선회하게 된다. 이러한 정책변화의 배경에는 조상에 대한 한국인의 특별한 믿음이 존재한다. 한국인이 가진 조상에 대한 숭배의식은 일상의 삶에서 상례와 제례가 높은 비중을 차지하게 되는데 일조하였다. 한국인의 조상신 관념은 뿌리 깊은 의식이므로 식민 정부가 '근대화'라는 이름으로 간단히 변화시킬 수 없는 부분이었던 것이다. 이에 이 시기 상례의 문제는 조선의 전통 문화에 대한 일제의 시각을 확인하는 데 매우 유용한 주

---

* 이 글은 『語文論集』 52집, 중앙어문학회, 2012. 12에 게재되었던 것을 재수록하는 것임을 밝혀둔다.

1 장철수, 『한국의 관혼상제』, 집문당, 1995, p.91.

제라 할 수 있다.

상례를 비롯한 일생의례 전반에 대한 당대 신문기사의 논조는 다분히 허례허식에 초점이 맞추어져 있다. 허례허식이라는 맥락으로 '철폐되어야 할 것'이라는 의식이 강하였다. 그런데 일생의례 중에서도 상례에 대한 신문, 잡지의 논의는 허례허식은 물론 미신의 문제와도 관련이 있다. 근대화를 주장하는 일제의 논리는 미신의 문제와 겹쳐질 때 좀 더 그 타당성을 획득하였다고 볼 수 있을 것이다. 그런 까닭에 조선인의 상례에 대한 일제의 탄압은 허례허식과 미신이라는 나름의 타당한 근거를 내세우며 전개되어 왔다. 전통적 실생활과 연관된 일생의례로서의 상례는 사회의 구조적 변화에 따라 현실적 변화를 겪을 수밖에 없었을 것이다. 하지만 그것이 타율적 힘에 의해 의도적으로 이루어졌을 때는 문제가 발생할 수밖에 없다.

전통적인 것들은 근대화 과정을 거치면서 서로 팽팽하게 충돌하거나 위축되어 가는 변화를 겪어야 했다. 이 글은 일생의례 중 하나인 상례의 변화를 통해 조선의 전통사상에 대한 일제의 조선인식을 확인하고자 한다. 이를 위해 일제강점기 신문과 잡지에 게재된 상례 기사를 연구대상으로 하였다. 신문, 잡지와 같은 대중매체는 제국주의나 독재정권 아래에서는 문화적 다양성보다는 획일화를 조장하려는 경향을 지닌다.[2] 이러한 특성상 일제강점기의 신문, 잡지 기사도 일제의 대조선 정책과 맞물려 있었을 것이다. 그러므로 상례 문제를 다룬 일제강점기 신문, 잡지에 드러난 시각은 곧 일제의 조선인식과 깊은 관련이 있을 것으로 전제하고 이 글의 논의를 진행하고자 한다.

---

2 주영하, 「대중매체에 재현된 민속의 여러 가지 양상」, 『제28회 실천민속학회 전국학술대회 발표집 대중매체와 민속』, 실천민속학회, 2012. 2, p.5.

2. 일제강점기 상례 정책의 전개 과정

우리나라의 일생의례(평생의례)는 주로 혼례, 상례, 제례를 중심으로 당대의 지배적 종교이념에 의한 의례 체계를 강요하는 정책에 따라 변화된 것으로 보인다.[3] 특히 조선시대에 들어오면서 기존의 전통 신앙적 요소가 불교적 요소를 제거하고, 고려 말에 유입된 주자의 『가례(家禮)』를 중심으로 예교 정치를 폄에 따라 '관혼상제'라는 형태로 정착되어 현재까지 이어지고 있다. 이러한 관혼상제의 전통이 큰 변화를 맞이하게 된 것이 바로 일제강점기에 식민 정책이 시작되면서부터이다.

관혼상제 중에서도 상례가 변화하게 된 명백한 사건은 1912년 6월 조선총독부에서 〈묘지, 화장장, 매장 및 화장 취체규칙(墓地, 火葬場, 埋葬 及 火葬 取締規則)〉(이하 〈묘지규칙〉)을 발포(發布)한 것이다. 제1조에서 "묘지의 신설, 변경 또는 폐지는 경무부장(경성의 경우 총장, 이하 같다)의 허가를 받아야 한다."라고 하여, 묘지의 신설을 허가제로 규제하겠다고 하여 개인이 묘지를 만드는 것을 불허하였다. 특히 묘지를 경찰서가 관리하도록 규정하였던 것으로 보아, 당시 묘지는 위생행정의 대상이라기보다는 치안유지의 대상이었는데, 이러한 사정은 『시정연보』의 1910년분(分)부터 1917년분까지의 보고서에서 매년 '치안'의 장 속에 한 절로서 '묘지취제'가 기술되는 것을 보아도 알 수 있다.[4] 조선총독부에서 밝힌 〈묘지규칙〉의 발포 연유는 타인의 토지에 매장하거나 타인의 분묘를 발굴해서 자신의 무덤을 쓰는 범죄가 많다는 점, 묘에 대한 분쟁이나 소송이 끝이 없다는 점, 분묘가 산재하여 풍교 및 위생에 해가

---

3 장철수, 「평생의례와 정책」, 『비교민속학』 10집, 비교민속학회, 1993, p.60.

4 다카무라 료헤이, 「공동묘지를 통해 본 식민지 시대 서울-1910년대를 중심으로」, 『서울학연구』 15, 서울시립대학교 서울학연구소, 2000, p.141.

있는 것, 경작지를 소모시킨다는 점 등이었다.[5] 사체 처리의 문제는 위생의 문제와도 연결되어 비위생적인 사체처리를 방지한다는 차원에서 화장장의 필요성을 이야기하는 측면도 있었다.

〈묘지규칙〉의 요지는 화장장과 공동묘지를 추진하는 데 있었다. 우리나라에서 화장은 청동기 시대 이전부터 존재했고, 불교 유입과 함께 삼국과 고려시대에는 대표적 장법으로 존재하기도 했다. 그러나 조선시대의 유교식 상례 수용에 따른 숭유억불 정책으로 인해 화장장은 조선 후기가 되면 완전히 자취를 감추게 된다. 단지 전염병이나 특수한 죽음을 처리하는 방법으로만 존재했다.[6] 하지만 1800년대 말에 일본인이 한국에 거주하기 시작하면서 일본식 화장이 유입되기 시작한다. 1902년에는 고양군 한지면 신당리 수구문(水口門) 밖 송림에 우리나라에서는 최초인 일본식 화장장이 세워진다. 그 후 만리현 화장장(1907), 아현리 화장장(1911), 홍제동 화장장(1929), 벽제 화장장(1968) 등이 건립되면서 화장터에서 화장장으로 바뀌는 계기가 되지만, 이러한 일본식 화장법에 의한 화장터는 근대 한국 화장장의 모델이 되었다. 1912년 〈묘지규칙〉은 조선 성종 때 국법으로 폐지되었던 화장을 다시 도입하자는 것으로서, 이를 계기로 우리나라에 현대적인 화장장에 관한 제도가 처음으로 도입되었다는 의미를 갖는다.

그 다음으로 공동묘지의 경우, 〈묘지규칙〉으로 인해 우리나라 최초로 '공동묘지'라는 용어가 발생하였으며, 산 자의 공간과 죽은 자의 공간이 어느 정도 넘나들던 우리나라의 문화적 전통과는 달리 산 자의 공간과 죽은 자의 공간을 의도적, 정책적으로 분리하는 새로운 전통

---

5 조선총독부,『조선총독부시정연보(朝鮮總督府施政年報)』, 경성: 조선총독부, 1914.

6 김시덕,「현대 한국 상례문화의 변화」,『한국문화인류학』 40-2, 한국문화인류학회, 2007, p.325.

을 만들게 되었다.[7] 하지만 오랜 세월동안 사유묘지가 일반화된 우리나라에서 규칙의 제정 하나로 공동묘지 제도가 간단히 도입될 수는 없었다. 〈묘지규칙〉은 발포된 후 1913년 9월부터 동년 12월까지 순차적으로 시행되었으나, 이 규칙에서 정한 묘지의 신설 제한이나 누구든지 공동묘지만 사용하도록 한 제도는 조선 사람들의 관습과 크게 달랐다. 이에 1918년 1월과 3·1운동 후인 1919년 9월 두 번에 걸쳐 묘지규칙을 개정하여, 어느 정도의 사설묘지를 인정하기로 했다. 1918년 개정에서는 경무부장의 허락을 받아서 일족 및 합족의 분묘를 모아서 사설묘지를 만들수 있다는 규정으로 바뀌었다. 1919년에는 자기 소유의 땅에 조상이나 배우자의 묘가 있는 경우, 그 범위 내 또는 거기에 인접해서 사설묘지를 설치할 수 있게 되었다. 그리고 그 때 도지사에 대한 신고만 하면 되는 제도로 바꾸었다. 즉 허가제로부터 신고제로 바뀐 것이다.[8]

1930년대가 되면 중일전쟁을 배경으로 일제는 다시 한 번 대조선 정책에 변화를 가하는데, 그러한 맥락으로 등장한 것이 바로 1934년의 〈의례준칙(儀禮準則)〉이었다. 일제는 식민정책이라는 목적을 숨기고, 지나치게 형식적이고 번잡한 의례를 개선하여야 한다는 취지로 이를 제정 공포하였다. 조선후기 관혼상제에 관한 참고서격인 『사례편람(四禮便覽)』에서 규정한 상례의 절차가 대절차와 소절차로 구분되어 일목요연하게 상례의 실제적인 진행을 순조롭게 해주는 것과는 달리, '의례준칙'은 상례의 순차적인 진행을 위한 절차의 제시보다는 전통 상례에서 행해 왔던 항목 중 문제의 소지가 있는 항목 20개를 선정한 것으로 보인다.[9]

---

7 위의 논문, p.331.

8 다카무라 료헤이, 앞의 논문, p.159.

9 김시덕, 「가정의례준칙이 현행 상례에 미친 영향」, 『역사민속학』 12호, 한국역사민속학회, 2001, p.91.

해방 후에도 1969년과 1973년에 '가정의례준칙'이 공포되는데, 모두 1934년 의례준칙을 기본틀로 하고 있다. 특히 상례의 경우는 1934년 의례준칙과 그 내용에 큰 차이가 없어, 일제강점기의 의례준칙이 한국 사회의 상례문화에 큰 영향을 미쳤음을 부인할 수 없다. '의례준칙'을 위시하여 이후의 가정의례준칙의 공통된 특징은 상례절차의 간소화에 있다. 하지만 의례 절차에는 그 의례가 의도하는 목적이 실려 있어야 하고, 또한 의례 절차의 순차적인 진행과정을 통해 의례의 상징화 과정을 거치면서 의례의 당위성을 확보하여야 한다. 특히 전통상례의 경우 다소 복잡해 보이기는 하나 그 의례적 과정(Ritual Process)을 거치는 과정에서 시신의 영혼을 조상신으로 승화시키고, 공동체 구성원의 죽음이라는 절체절명의 위기를 극복하였음에도 불구하고 의례준칙은 이러한 과정을 무시함으로서 의례의 의미성을 상실하고 있다.[10]

3. 일제강점기 신문, 잡지에 나타난 상례 기사의 양상

이번 장에서는 일제강점기에 상례의 문제를 다룬 신문과 잡지 기사를 살펴 전통 상례의 변화와 이에 대한 당대의 시선이 어떠하였는지를 살펴본다. 신문은 지면의 제한으로 인해 사건 그 자체를 전달하는 측면이 강하나, 잡지의 경우 분량이 비교적 자유로워 상례를 종합적으로 다루면서 글쓴이의 견해가 좀 더 심도 깊게 드러났다.

---

10 위의 논문, pp.106~107.

1) 허례허식, 미신 또는 위생의 문제

상례는 산 사람이 아닌 죽은 사람을 위한 의례라는 점에서 조상에
대한 의식이 강한 한국인에게는 제례와 함께 상당히 중요한 의례로 생
각되어 왔다. 하지만 이 시기 신문의 어조는 한국인의 이러한 의식에
대해 강한 비판을 가하고 있다. 이 시기 일생의례에 대한 신문기사의
내용을 보면, 전반적으로 허례허식을 버리고 경제적인 측면에서 합리
적인 의례가 이루어져야 함을 주장하는 내용이 주류를 이룬다.

그 다음에는 喪祭에 關한 問題이다. 勿論 死는 人生의 重大事이다.
悲痛의 情도 잇슬 것이며 哀悼의 式도 잇슬 것이다. 그러나 禮는 情에
서 出하고 情은 天眞의 流蕗이다. 그러무로 情이 업는데 禮가 잇슬 수
업고 坐한 天眞의 流蕗가 아니면 眞情이라 할 수가 업슬 것이다. 情을
詐欺하고 禮를 巧飾하는 것은 도로혀 人類의 至情을 損傷캐 하는 것
이 아닌가. 그러면 喪祭에 關한 儀式도 (褊)人에 따라서 至情이 及하
는데까지 坐한 接遇가 許하는데까지 行할 것이며 盡할 것이다.[11]

위의 기사에서는 상례는 죽은 이에 대한 진심이 중요한 것이며, 형식
적인 면이나 경제적인 한계를 고려하지 않고 이루어지는 것은 잘못이라
고 지적한다. 이 기사 외에도 관혼상제의 사치를 막기 위해 의례에서 고
기와 술의 사용을 금한 사례도 있었다. 평북도청 경찰부 위생과에서는
"결혼식 때나 또는 제사 때에는 반드시 당국의 허가를 들 것 또는 도야
지 고기는 절대 사용치 못할 것 등의 새로운 고안을 발표"[12]하였다. 일생

---

11 「弊習陋慣부터 改革하자(三) 冠婚과 喪禮」, 『동아일보』, 1926. 9. 13.

12 「「冠婚喪祭儀式에는果實菓子만使用」, 飮食中毒豫防에 全力하는 平北道當局의 制限」,
『조선중앙일보』, 1935. 11. 15.

의례에서 고기 사용을 금하고 "위생상에 아무 해를 주지 않는" 과일과 과자만을 사용하도록 한 것이다. 또 평남강서군에서는 호별세등급(戶別稅等級)을 매겨 관혼상제 비용을 제한하였는데 특히 "이상 비용 중에는 술은 절대로 쓰지 못하게 하고"라 하여 역시 술을 금하고 있다.[13] 이처럼 이 시기 상례는 허례허식의 측면에서 비판의 대상이 되었다.

그런데 상례의 문제가 중요한 이유는 허례허식과 함께 '미신'의 문제와 결부되어 있기 때문이다. 한국에서 미신이라는 말이 쓰이기 시작한 것은 개항기 이후이다. 전근대사회에서 사용되었던 음사(陰祀)와 근대의 미신은 많은 차이를 가지고 있다. 음사란 거짓되고 망령된 귀신에게 지내는 잘못된 제사란 뜻이다. 이에 반해 근대적 용어인 미신은 기독교가 배타적인 태도로 질시하거나 또는 근대화에 역행하는 일련의 민간신앙이나 그 밖의 종교현상을 의미한다. 그러나 1920년대 언론의 칼럼이나 개인의 투고내용으로 미루어 볼 때 언론에 나타난 미신의 개념은 문명에 대한 반대 개념인 미개 자체나 또는 그 산물로 보는 시각이 더 강하다. 개화와 더불어 시작된 근대화의 바람은 일제의 지배 하에서도 여전히 지속되었고, 1920년대에 이르면 더욱 거세어졌다.

미신개념의 형성과 확산에 대해서는 여러 가지 요인이 지적된다. 일반적으로 조선 후기 및 한말에 보급되기 시작한 기독교의 타종교 및 한국전통문화에 대한 배타적인 태도와 일제의 식민주의 정책이 대표적인 요인이라고 할 수 있다. 그러나 이러한 요인 못지 않게 근대화를 향한 당시 한국 사회의 내재적 욕구도 중요한 힘으로 작용하였다. 주체적인 사회변화의 추구 및 그 과정 속에서 무속을 비롯한 민간신앙이나 그와 관련된 전통적인 생활문화는 한국사회의 낙후성과 비문명성의 상징인

---

13 「冠婚喪祭의 一切費用制限」, 『동아일보』, 1931. 10. 30.

동시에 근대화의 장애물이며, 따라서 가장 먼저 타개되어야 할 악습으로 여겨졌다. 다음의 두 기사는 이러한 당대의 인식을 드러내고 있다.

조선의 묘소(墓所) 아프로 남의 행상이 못 지나가개 하는 전래의 썩은 습관이 나흔 범행이 대구부하에 생기었다. 달성군성서면 신당동(城西元希)와 그의 친자三형제의 四부자가 협력하야 자긔 조상의 묘소 아프로 지나는 장사항렬을 못 지나게 하얏다 한다. 八일오전 十시경 동면갈산동(葛山洞) 윤모(尹模)의 상여가 동리 리곡동(梨谷洞) 장가의 조상 묘소 아프로 지나는 것은 고래의 습관상 조치 못하다 하야 시체 돈관까지 쌍에 썰어트리도록 야료를 해서 대구서의 취조를 밧는다고 한다.[14]

룡인군 고삼면(龍仁郡古三面) 김모(金某)가 지난 이일 그 부친의 장식을 지나고저 안성군삼죽면 남풍리(安城郡三竹面南楓里) 아프로 장식항렬을 지어가지고 지나다가 그 곳 문명윤(文明允) 외수인이 「장식항렬이 남풍리 압길로 지나가면 공동우물(共同井戸)을 지나가게 되는 바 동리에 전염병이 생긴다는 미신이 넷적부터 전해옴으로 동리에서 상사가 날 째도 이 우물을 지나가지 안는 습관인즛 장식항렬을 다른 길로 돌아가라」는 쯧으로 교섭하라 함을 보고 그 장식 항렬에 쌀하가는 사람이 곤봉을 들고 전긔 문명 윤외 여섯 명을 란타하야 회장쑨 등 이백 여명이 한 무덕이가 되어 큰 싸움이일어낫스나 남풍리에서는 그날 마츰 그 동리 사람의 장식에 회장하려가서 이 싸음을 말리는 사람조차 업섯섯 다전긔 일곱사람은 전부 오일내지이주일

이상의치료를 요하는 증상을 당하얏슴으로 피해자측에서는 상해 고소를 제긔하려고 그곳 공의를 청하야 진단서를 내이엇다 한다.[15]

위의 기사는 모두 상여(喪輿) 행렬에 대한 부정적 인식과 관련이 있다. 상여가 조상 묘소나 집 앞, 심지어 우물 앞으로 지나는 것조차도 좋지 않은 영향을 끼친다고 생각하였다. 이는 단순히 기피하는 차원이 아니라 상여 행렬로 인해 상해사건이 발생할 정도로 터부시하는 의식이 한국인들에게 뿌리깊게 자리잡고 있었음을 보여준다. 신문 기사에서는 이를 상례와 관련된 미신으로 규정하였고, 미신적 측면이 있는 조선의 상례는 한 민족의 전통이라기보다는 고쳐야 할 악습으로 취급되었다.

특히 두 번째 기사의 경우 기사 제목에서부터 '미신'이라는 용어를 사용하고 있으며, 내용에서도 "장식항렬이 남풍리 압길로 지나가면 공동우물(共同井戶)을 지나가게 되는 바 동리에 전염병이 생긴다는 미신"이라 하여 죽음에 대한 부정적 인식이 다분히 감염주술(感染呪術)을 바탕으로 전염병으로 표현되었는 바, 이러한 내용이 신문 기사로 소개되면 될수록 조선인의 우매함이 드러날 수밖에 없다. 상여 행렬에 대한 그릇된 인식 때문에 자신의 조상묘소 앞으로 그 행렬을 지나가지 못하게 한다거나, 상여가 동네 우물 앞을 지나가는 것을 막아 상을 당한 가족과 상해사건이 나는 등의 신문 기사는 상례가 가진 미신적인 측면을 단적으로 증명하는 사례이다. 이러한 폐해도 있으니 상례는 더더욱 간소화 되어야 할 의례로 거론될 수밖에 없었을 것이다.

게다가 미신이 원인이 되어 일어난 불미스러운 사건에 대해서는 객

---

15 「葬禮式 行列 沮止타가 數百群衆 亂鬪, 미신으로 일어난 싸움, 重經傷者는 七名」, 『동아일보』, 1930. 10. 9.

관성을 추구하는 신문기사임에도 불구하고 필자의 부정적인 견해가 분명하게 드러나는 문장이 반드시 실려 있었다. 기사를 시작하는 부분에 "충남례산군 신양면록운리(禮山郡新陽面鹿門里)에서는 지난 十월十九일 오전 九 시경에 목불인견의 비극이이러낫다."[16]거나 "조선의 묘소(墓所) 아프로 남의 행상이 못지나게하는 전래의 썩은 습관이 나흔범행이 대구부하에 생기엇다."[17]라 하여, 짧은 기사지만 필자의 부정적인 태도를 분명하게 드러내고 있다는 점은 시사하는 바가 크다.

그런데 비슷한 내용을 가진 위의 두 기사는 시기적으로도 1930년대 초반의 기사라는 점이 눈에 띤다. 1930년대는 일본에 전시체제가 형성되면서 매우 강력한 언론통제가 시행되었던 시기이고, 이로 인해 한국인이 발행하였던 『조선일보』, 『동아일보』 마저도 그 논조는 기존과 달리 변질되어 지배정책을 옹호하는 경향이 점차 노골화되었던 때이다.[18] 이러한 변화된 논조를 구체적으로 확인할 수 있는 기사가 『동아일보』의 「喪禮를 簡便히 하라」이다.

누구나 자손된者는 돌아간 그祖先의 靈을 慰安하고 십지안은者 잇스랴마는 그 慰安方式이 合理化한 것이라야 그 靈도 生存하여 있는 자기 子孫의 참된 待接에 안심하고 깃버할 것이다. 萬一 分數에넘치는 費用과 衛生에 害로운 일을 할 째에는 그 靈의 憂慮는 엄마나 하랴 // 그런데 鄕村邑內에서 喪輿를 運搬, 卽發弟할 째에 赤手의 無産者는 簡單히 채려가지고 오든 길도 共同墓地까지 가버리지만 돈량이

---

16 「葬禮가는 喪人 낫으로 亂刺」, 『동아일보』, 1931. 10. 21.

17 「喪輿行列妨害, 大邱서 取調中」, 『동아일보』, 1932. 9. 15.

18 성주현, 「1930년대 이후 한글신문의 구조적 변화와 기자들의 동향–『동아일보』와 『조선일보』를 중심으로」, 『한국민족운동사연구』 58, 한국민족운동사학회, 2009, p.154.

나 잇서서 相當한 準備가 되면 百○개의 輓章을 林列시키고 酒池肉
林에 泥醉鼓腹케 한 喪輿軍들로하여 ○○種의 (중략) 그 자손된 者는
그 祖先을 慰安하고 이만큼 世上에 내노하도 부쓰러움이 없다는 자
랑거리로 하는 일이겠지만 祖先이야 死後에 무엇을알랴 上下內外거
리에 송장내를 피우고 도라가는 꼴리 어찌 非衛生的이 아니랴[19]

상례는 일생의례 중에서도 죽은 사람을 위해 하는 행사인데, 죽은
이를 위해 많은 비용과 복잡한 절차를 거쳐 의례를 행하는 것은 비합
리적이라고 지적한다. 특히 "그 慰安方式이 合理化한 것이라야 그 靈
도 生存하여 있는 자기 子孫의 참된 待接에 안심하고 깃버할 것이다."
라는 표현은 조선인의 상례가 본질을 벗어나 있음을 지적하고 이를 계
도하고자 하는 의도를 드러낸 것이라 하겠다. 기사의 "祖先이야 死後
에 무엇을 알랴"라는 표현은 형식에 치우친 우매한 조선인들에 대한
한탄에 가깝다.

게다가 이 기사는 위생의 차원에서도 상례의 폐해를 지적하고 있다.
상여를 맨 행렬이 묘지로 가기 전에 마을을 동서남북으로 도는 행위에
대해 '송장내를 피우는 비위생적 행위'라 개탄한다는 대목이 있다. 상례
에 대한 비판이 이처럼 위생의 문제와 맞물려 있음도 중요하다. 위생과
의료의 문제는 일제강점기 식민권력이 가장 일상적으로 자신의 위용을
과시할 수 있는 장이었다. 그것은 제국의 시혜를 표현하는 문명적 지표
이면서 동시에 식민지 민중의 신체를 확실하게 틀어쥘 수 있는 통치의
영역이었기 때문이다.[20] 일제는 식민지 통치에 유리하게 경찰위생제도

---

19 「喪禮를 簡便히 하라」, 『동아일보』, 1932. 11. 4.
20 고미숙, 「대한매일신보를 통해 본 '병리가'의 담론적 배치」, 『한국의 근대와 근대경험(Ⅲ)-지
  식 개념의 수용과 변용』, 2005 한국문화연구원 봄 학술대회, 2005, p.29.

를 세우고 식민지보건정책을 실시하였다. 임신, 출산과 관련된 문제가 생명 탄생의 문제였다면, 상례는 인간 죽음의 문제로서 바로 이 위생의 영역에서도 주목하고 있었던 것이다. 다시 허례허식의 문제로 가보자.

> 그리고 출상삼일 만에 다시 祭禮하는 것이 잇는데 굿대는 扶助해든 一般弔客을 共同墓地에 請하되 小쌘르級에나 ○한 자들은 邑洞五舘妓生을 불러다노코 亂醉狂歌를 마음대로 한다. 이런 것은 結局 그 祖先을 慰勞함이아니오 도리혀 그 冗○와 謹愼 때문에 걱정을 시키는데 不過한다. 돈 만흔 것이 그러케 자랑하고 십거든 굶어죽을 지경에 싸진 무산대중에게 쌀 한 되씩이라도 논아주는 것이 그 先祖에 對한 慰安이 되고 人間本○에 맛는 일이 될 것이다. 農村振興을 부르짓는 當局으로서도 이러한 非衛生的이요 虛禮的인 儀式을 警戒할 일이 아닐싸 생각한다.[21]

상례의 일부로 손님들을 초대하여 술을 마시고 기생까지 불러서 대접하였다는 위 기사의 내용은 죽음에 맞닿아 있으면서도 하나의 축제로 치러졌던 우리나라 전통 상례의 한 단면을 보여준다. 하지만 이는 어디까지나 상례의 일부이거나 다소 예외적인 사례임에도 불구하고 비판의 대상이 되었음은 물론이다. 그 비용을 가난한 대중을 구제하는 데 사용하는 것이 훨씬 더 보람 있고 합리적인 일이라 언급하는 부분에서는 피지배민인 조선인에 대한 식민당국의 기본적인 입장이 드러난다. 이 시기 조선 대중은 어디까지나 계도해야 할 대상이었고, 그들의 전통 풍속에 대한 비판은 그러한 계도의 일단이었다. 특히 이 글이

---

21 「喪禮를 簡便히 하라」, 『동아일보』, 1932. 11. 4.

쓰인 1932년은 농촌진흥운동을 부르짖었던 시기이다. 위 인용문의 마지막 문장은 "農村振興을 부르짖는 當局으로서도"라는 표현은 1932년 식민정부가 조선농촌의 자력갱생을 도모하고자 농촌진흥운동[22]을 일으켰던 당시의 상황과 관련이 있다. 표면적으로는 농민이 궁핍에서 벗어나 자력갱생하는 것을 도모하였던 농촌진흥운동이 진행되었던 시기이므로 경제적으로 큰 낭비가 되는 의례는 바뀌어야만 했다. 이에 식민정부는 1934년 〈의례준칙(儀禮準則)〉을 발포하여 전통적인 관혼상제를 법적으로 바꾸고자 하였다.

〈의례준칙〉은 상복의 간소화와 상장(喪章)의 착용, 장일(葬日)의 제한과 상기(喪期)의 단축, 신주(神主)에서 지방(紙榜) 혹은 사진으로의 변화 등 전통적인 유교적 상제례의 형식을 변화시키고 간소화하는 방향을 구체화했다. 특히 3년→14일, 1년→10일, 9월→7일, 7월→7일, 5월→5일, 3월→5일로 바꾼 상기의 단축은 주목할 만하다.[23]

2) 식민지 지배에 있어 공동묘지의 필요성

2장에서 살펴본 바와 같이 공동묘지는 개인묘지와 가족묘지의 문화를 가진 조선인들에게는 상당히 받아들이기 어려운 부분이었으나, 일제는 식민지 초기부터 화장장과 함께 공동묘지의 설치를 정책적으로 강조하였다. 이에 부작용이 나타날 수밖에 없었다.

---

22 일제강점기 농촌진흥운동은 이전까지의 지주중심 농업정책에서 농민 중심정책으로의 전환을 표방한 것이었으나, 본질적으로는 치열해진 농민의 저항운동을 통제하고 침략전쟁을 뒷받침하기 위해 조선농촌을 재편성, 황국농민으로 갱생시키려는 식민지 파쇼정책의 하나였다.

23 장철수, 앞의 책, p.249.

북청군신창리경찰관주재소(北靑郡新昌里警察官駐在所)에서 묘디취톄를 가혹히 한다 함은 이미 보도하얏거니와 먼저 신창리 공동묘디를 됴사하야 오륙십명을 벌금과 구류에 처하고 그 후에 청해면경안대리(靑海面景安臺里) 공동묘디를 됴사하야 묘디규측 위반한 자를 만히 검거하야 사십 명에게 벌금과 구류에 처하야 지금 북청 경찰서에는 삼십여 명을 구류하고 계속 구류 중인대 그 내용을 들은 즉 청해면 경안대리 공동묘디는 촌락압에 잇고 쏘 대로변임으로 위생상과 안정상 조치 못하다 하야 거금 삼 년 전에 공동묘디를 근방에 잇는 산림에 이전키로하고 면사무소에 말하야 그 쌍을 면장과 경관까지 립회 조사 하얏스나 산림대장이 실시되지 안하야 수속상 소유권 보존 능귀를 어들 수 업어 산림대장이 실시되기를 고대하나 이미 면소와 주재소까지 조사한 것이니 그곳으로 이장하야도 무방한가 생각하고 만히 이장하얏는데 이째것 아모 소식이 없다가 즉금 졸디에 가혹히 취데하는 바 그중 몃사람은 거금 칠년 전에 이장한 것을 긔미년에 이장하얏다 한 즉 구타악형이 심함으로 매에 못 견듸여 삼년 전에 이장하얏다고 허위의 자복을 하야 억울한 형벌에 처하엿다는데 방금 농촌에 째를 일해 그 동리는 인심이 매우 흉흉하다더라.(북청)[24]

위의 기사는 〈묘지규칙〉이 시행된 이후, 그 폐해가 심각했음을 여실히 보여주는 기사이다. 〈묘지규칙〉이 발포되고 개정된 이후에도 꽤 오랫동안 이 규칙을 둘러싼 문제는 지속적으로 발생하였다. 이미 공동묘지 부지로 선정되는 것이 확실시되었던 땅이 "산림대장이 실시되지

---

24 「묘지 취체로 30여 명을 포류. 농지에 이와 같이 된 까닭에 폐농이 된다고 인심이 흉흉」, 『조선일보』, 1926. 5. 28.

안하야 수속상 소유권 보존능귀를 어들 수 업어” 공동묘지 지정이 늦어졌던 것이고, 이에 사람들은 “면소와 주재소까지 조사한 것이니 그곳으로 이장하야도 무방한가” 생각하여 이장하였다가 졸지에 묘지가 아닌 곳을 사용하였다고 형벌을 받은 사건이다. 타당한 사유로 이전하기로 한 공동묘지가 산림대장이 실시되지 않아 이전하지 못하여 미리 옮긴 자들에 대해 고문을 하여 거짓 증언까지 받아내고 그들을 형벌에 처하는 이해하기 힘든 상황까지 벌어진 것이다. 특히 산림대장이 실시되지 않아 공동묘지 선정이 3년이나 미뤄졌다는 대목에서는, 당시에 묘지를 둘러싼 모정의 갈등이 있었음을 추정할 수 있다. 기실 일제가 조선에서 묘지를 둘러싼 문제를 인식하기 시작한 것은 1909년에 식민지화의 기초 작업 가운데 하나인 토지 조사를 하면서부터였다.[25] 조선의 묘는 곳곳에 흩어져 있었기 때문에, 임업이나 농업뿐 아니라 철도를 건설하고 광산을 개발하며 일본의 군사 기지를 건설하는 등 토지와 관련있는 모든 사업과 충돌하였다. 일본정부가 공동묘지를 권장하는 이면에는 임업이나 농업, 철도건설, 광산개발 등 토지에 관련된 사업과 충돌하기 때문에 서울에 인접한 분묘를 모두 처리하려고 하는[26] 의도가 있었던 것이다.

이처럼 일제에게 있어 조선의 묘지는 중요한 문제였고, 이는 신문보다 잡지 기사를 통해 좀 더 명확히 드러난다. 일제의 유력인사들이 유

---

25 1909년에 발행된 『토지조사참고서(土地調査參考書)』는 조선시대 및 대한제국의 토지조사와 각 지방의 토지에 관한 관습을 조사한 보고서로, 여기에는 일반적인 조사 항목과 별도로 “묘지에 관한 관습 개요”가 13페이지에 걸쳐 서술되어 있다. 조선인이 묘를 아주 소중히 여긴다는 지적부터 시작하고, 묘자리의 선정을 풍수에 의하여 결정함으로써 생기는 갖가지 문제점, 금장의 범위, 묘지의 경계, 묘를 만드는 것에 의해서 생기는 권리 등에 대하여 자세히 기술하고 있다. 다카무라 료헤이(高村竜平), 앞의 논문, p.135.

26 위의 논문, p.137.

력 일본어 잡지에 공동묘지의 중요성을 피력하는 글을 게재하고 있기 때문이다.

신문 기사의 경우 지면이 제한되어 있어 본격적인 시각을 확인하기 어렵지만, 잡지 기사는 신문 기사와 달리 글을 쓴 필자가 명확히 드러나 있으며, 분량도 비교적 길어 서술 대상에 대해 매우 심층적으로 다루고 있다. 특히 이 글에서 다루는 잡지『조선(朝鮮)』과『조선급만주(朝鮮及滿洲)』는 조선총독부에서 발행하였거나 조선총독부의 지원을 받아 발간되었던 잡지로, 기사를 통해 일본정부의 대조선 정책을 엿볼 수 있어 흥미롭다.[27] 먼저 샤쿠오 순조가 발간하였던『조선급만주』(1914년까지는『조선(朝鮮)』)[28]는 통감부와 총독부의 정책과 관련된 문제에 대한 비평을 시도하여 정·재계 인사들의 담론을 싣고, 재조선 일본인들의 조선 이주에 필요한 다양한 정보를 제공하는 안내서 역할을 했다.[29] 이 잡지에 수록된 묘지와 관련된 글로 1910년 아사미 린타로(浅見倫太郎)가 쓴「조선분묘의 정리(朝鮮墳墓の整理)」가 있다. 이 글의 저자인 아사미 린타로는 당시 법관으로 경성에 와서 조선의 고서(古書) 자료를 수집하

---

27 이 글에서 다루는 상례에 대한 잡지 기사는 총 5편으로 모두 일본어 잡지인『조선』과『조선급만주』에 수록되어 있다. 자료를 선정하는 과정에서는 한국어와 일본어 잡지를 구분하지 않고 검색하였으나 한국어 잡지에서 본격적으로 상례의 문제를 다룬 기사는 찾지 못했다. 이에 이 글에서는 부득이 일본어 잡지에 수록된 상례 기사 중에서도 조선의 상례 문제를 종합적으로 다룬 두 편을 주 자료로 선정하여 논의를 진행하였다.

28 『조선급만주』는 한일병합 이전인 1908년 3월부터 1941년 1월까지 약 34년간 간행된 식민지 조선의 최장수 종합잡지이다. 본지의 편집 겸 발행인은『조선』일 때는 모리야마 미오(森山美夫)였으며,『조선급만주』로 개제한 후에는 샤쿠오 슌조(釈尾春芿)였으나, 발행 초기부터 주간은 기쿠치 겐조, 편집장은 샤쿠오였으며 편집방침이나 잡지의 성격에는 주필격인 샤쿠오의 의향이 많이 반영되었다. 본지는 1910년 도쿄에 지국을 설치하여 현지기자를 두는 등 "재한일본인의 여론형성과 함께 내지 일본인의 관심을 촉구할 목적"으로 "일본에서도 상당한 영향력을 끼쳤다."라고 한다. 유재진,「일본어 잡지『朝鮮』과『朝鮮及滿洲』의 조선인 기고가들」,『日本研究』제14집, 고려대학교 일본학연구센터, 2010, p.316.

29 최혜주,「잡지『朝鮮及滿洲』에 나타난 조선통치론과 만주 인식-1910년대 기사를 중심으로」,『한국민족운동사연구』62, 한국민족운동사학회, 2010, p.36.

였고 이를 모아 사후에 '아사미 문고'가 출간되기도 하는 등,[30] 우리나라의 전통 풍속과 학문에 조예가 있었던 인물이다. 이 기사는 총 네 부분으로 구성되어 '1. 머리말 2. 풍수설 3. 묘지의 관념 4. 산송(山訟)에 관한 구법(舊法)의 규정'의 순서로 논지를 전개하고 있다. 이 기사는 '조선반도를 여행하는 이들의 눈을 사로잡는 것'으로 "묘지가 겹겹이 싸고 있는 토지"를 거론하면서 시작한다.

> 길가 곳곳의 구릉은 붉게 벗겨지고 나무가 없으며 양지의 좋은 땅은 겹겹이 무덤이 차지하는 등 종래 반도인이 미개하여 풍속에 젖어 버린 것은 사회 상류층부터가 연골을 빼는 까다로운 예절에 사로잡혀 무덤과 같이 예로부터 전해지는 풍수설과 같은 미신에 빠져 경제적 이해도 생각지 않고 심하게는 ○○○ 투쟁의 원인이 되는 ○○보다도 심각한 것이다.[31]

이 기사에서는 조선의 묘지를 모시는 풍습이 미개한 것이며, 이는 풍수설과 미신에 빠져 이루어지는 것으로 분쟁의 원인이 되고 있다고 하였다. 또한 조선 묘지에도 일본과 같이 돌을 세우는 등 유사한 점이 있지만 이를 일본의 풍속과 동일하게 여겨서는 안 된다고 지적하고 있다. 이러한 서두에 이어 '2. 풍수설'에서는 조선의 풍수설은 중국의 영향을 받은 것이라는 입장에서 서술하였고, '3. 묘지의 관념'에서는 본격

---

30 현재 버클리대학 동아시아도서관에 있는 아사미문고는 일본의 아사미 린타로(1869~1943)가 20세기 초기에 한국에 와서 수집한 한국고서 컬렉션이다. 아사미는 자신이 수집한 이 책들을 가지고 일본으로 돌아가 미쯔이(三井)에 넘겼고, 미쯔이는 다시 1950년에 캘리포니아대학의 동아시아도사관측에 판매함으로써 미국으로 건너가게 된 것이다. 오용섭, 「버클리대학 아사미문고의 선본」, 『서지학보』 30, 한국서지학회, 2006, p.281.

31 浅見倫太郎, 「朝鮮墳墓の整理」, 『조선급만주』 제3권 제34호, 1910. 12. 5.

적으로 조선인의 묘지의 관념을 서술하고자 하였는데, 조선에는 "중국 류의 매장 풍습이 있는 정도의 문화를 유지하고 있다고 할 수 있겠다." 라고 하여 조선의 풍수는 이식된 문화 이상의 것이 아니라 폄하하면 서, 상당한 모순을 가지고 있다는 점을 다음과 같이 지적하였다.

비가 한번이라도 올라치면 평지를 찾아보기 어려울 정도로 시체를 노출한다. 충효의 예가 있으나 충효의 마음가짐이 없는 것이나 다름 없이 어린아이의 시체의 경우는 요절은 불효라 하여 그 례를 극히 박하며, 천연두에 의한 죽음은 포장하여 그를 나무 꼭대기에 두어 풍상과 ○○로 하여 일임하는 풍습이 있다. 어른의 장례에 있어 장 사 지내고 풍수를 따지는 것에 있어서는 시체의 유구안고를 기원하 기 보다는 오히려 자손, 곧 자신의 생존의 행운이달을 요행할 뿐으 로 시체를 이기적인 용도로 사용한다고 하는 사상은 실로 한인의 실 행도덕의 원리가 그 일본의 사상과 궤범, 취지와 다르다고 봐야할 것 이다. 곧 신유불의 종교 사상에 근거한다기보다는 어떤 종교엔가 소 속되어 혹은 단순히 문화미개한 풍속을 유지시키고 있다 하겠다.[32]

위 인용문에서 흥미로운 점은 조선인의 조상숭배의식의 본질이 조 상이 아닌 자손, 살아있는 사람들의 복을 기원하는 데 있는 것이라는 점을 들어 이기적인 것이고, 일본의 사상과는 전혀 다른 것으로 이해 해야 할 것이라고 했다는 점이다. 조상에 대한 이러한 태도는 "어떤 종 교엔가 소속되어 혹은 단순히 문화미개한 풍속"이라고 비판한다. '어떤 종교'라고 하는 것은 조선 고유의 민간신앙을 의미하는 것일 텐데, 이

---

32 浅見倫太郎, 위의 기사.

에 대해 '미개하다'고 말한다. 식민지의 문화를 폄하함으로써 조선인을 열등한 민족으로 보는 인종주의적 관점이 드러난 대목이라 하겠다. 또한 이러한 논의 뒤에는 묘지를 둘러싼 실제 사건을 예로 들어 논지의 타당성을 높이고자 하였다.

'4. 산송(山訟)에 관한 구법(舊法)의 규정'에서는 묘지에 관한 송사(訟事)인 산송을 자세히 다루고 있다. 이 글에서는 산송과 관련하여 묘지 제도에 관한 조선의 옛 법률의 문제점을 매우 자세히 지적하였다. 끝으로는 일본의 신법(新法)을 조선에 통용하기 위해 "미신에 기초하는 폐풍(弊風)을 일신(一新)해야 함에, 익숙하지 않은 방향으로 풍습을 바꾸는 것은 지난한 일이므로 폐풍의 일신은 천천히 보급"하여야 한다고 결론 맺고 있다. 「조선분묘의 정리」가 쓰여진 1910년은 국권피탈(國權被奪)이 이루어진 해였으므로 조선의 구법에 대한 분석을 통해 식민통치에 적절한 방향으로 여러 제도가 마련되어야 했을 것이다. 식민 통치를 시작하는 시점에서 법률의 개정은 상당히 중요한 일인데, 이 글을 쓴 아사미 린타로는 "강압적인 시행보다는 그것이 폐풍이라 해도 조선의 오랜 역사를 통해 형성된 풍습이므로 천천히 보급하여야 한다."는 의견을 개진하고 있다는 것이 주목된다. 식민지 정책을 펼침에 있어 회유의 방법도 필요함을 피력한 것인데, 식민지 초기 일본이 무단통치를 강행하였음은 알려진 사실이나 이에 비판적인 태도를 취했던 것이 『조선급만주』로,[33] 조선 통치에 있어 급선무인 '조선인 동화'를 강조하였다. 여러 기고가들이 동화의 중요성을 언급하는 글을 실었는데 특히 조선

---

33 최혜주, 앞의 논문, p.38. 물론 무단통치를 비판한 『조선급만주』의 태도는 당시 조선총독부 데라우치 총독의 무단통치가 재조선 일본인들의 이익을 보호하는 정책과 반대되는 사안이 있었고 이를 비판하는 측면이 강했다.

연구의 필요성을 강조하였던 점이 눈에 띤다.[34] 동화를 위해서는 조선의 역사와 민족성, 조선 사정에 대한 이해가 필요하다고 본 것이다.

이 글은 사설잡지인 『조선급만주』에 수록되었으나, 이어 살펴볼 조선총독부 관보인 『조선』에 수록된 묘지에 관한 글과 그 논조 면에서 상당히 유사하다. 조선총독부에서 간행하였던 『조선(朝鮮)』은 1920년부터 44년까지 발간되었던 일본어 잡지로, 조선총독부의 지배정책을 일반에게 주지시키고 정책의 기본 방향을 전달하는 목적을 지녔다.[35] 이 글에서 살펴볼 1939년 『조선』 제291호에 수록된 기사 「조선의 묘지문제(朝鮮の墓地問題)」를 보면, 조선의 묘지에 대한 조선총독부의 관심이 단순하지 않음을 알 수 있다. 이 글은 총 6개의 목차로 이루어져 있는데, '1. 묘지에 대한 관념의 시정(是正) 2. 묘지의 수급면적 3. 묘지의 수급면적의 증가 4. 묘지에 관한 범죄와 소송 5. 묘지에 관한 풍수설 6. 묘지 규칙의 연혁과 개정'이 그것이다.

먼저 '1. 묘지에 대한 관념의 시정(是正)'에서는 조선의 묘지제도가 미신의 문제와 맞물려 있음을 지적하고 있다. 이 미신은 풍교(風敎), 산업, 경제, 사회 각 방면에 큰 피해를 입히고 있다고 하였다. 또한 조선 사람들이 묘지를 두는 것은 '조상을 모신다'는 의미보다는 자손의 번영을 목적으로 하는 이익적 관념에 중점을 두고 있다고 지적한다. 그 뒤에는 실

---

34 위의 논문, pp.50~54. 이 논문에서는 '조선인 동화론'에 대해 이 잡지에 수록된 글의 내용은 첫째, 조선연구의 필요성, 둘째 일선동조론의 강조, 셋째 교육의 필요성으로 정리하고 있다.

35 황민호, 「일제하 조선총독부 기관지의 발행과 법률 관련 자료의 경향」, 『법사학 연구』 제31호, 한국법사학회, 2005, p.310. 조선총독부에서는 『조선총독부월보(朝鮮總督府月報)』(1911. 6~1915. 2), 『조선휘보(朝鮮彙報)』(1915~1920. 6)를 이름을 바꾸어 가면서 발행하다가 1920년 7월호부터 『조선』으로 개명해 발행하였다. 『조선』은 그 전신인 『조선총독부월보』, 『조선휘보』와는 달리, 민속 및 국학 전반에 관련한 연구 성과가 상당수 실려 있어 학계의 주목을 받아 왔다. 또한 각종 사회정책이나 법률제정에 대해 조선총독부의 입장을 밝히는 논설의 비중이 시간이 지날수록 높아졌던 것으로 보인다.

질적으로 1937년 통계 자료를 기준으로 당시의 공동묘지와 계출묘지(屆出墓地), 그리고 허가묘지로 구분하여 현황을 소개하였다. 그 뒤에는 일본과 조선의 묘지수와 면적을 비교하여[36] "인구 1명에 대한 묘지 면적은 내지는 약 1평에 해당하는데, 조선은 약 9평으로 내지의 9배에 달하는 것으로 조선의 묘지가 얼마나 막대한 면적을 차지하고 있는가를 알 수 있다."라고 하면서, "조선의 묘지는 지나치게 막대한 면적을 차지하고 있을 뿐 아니라, 해마다 눈에 띄게 증가하고 있으므로, 장래 조선의 산야는 묘지로 뒤덮여버린다고 말할 수 있겠다."라고 우려하고 있다.

그 외에도 조선인의 묘지와 관련된 문제점을 부각시키기 위해 '4. 묘지에 관한 범죄와 소송'을 다루고 있는데 이를 소개하면 다음과 같다.

묘지, 특히 사유묘지의 수가 비정상적일 정도로 많고, 또한 막대한 면적을 사용하고 있으며 게다가 매년 놀라울 정도로 증가해 온 사실은 위에서 서술했지만, 그보다 조부모나 부모가 사망했을 때 묘지의 선택에 소란을 떨거나, 시체를 옆에 두고 철야 논쟁을 벌이거나 결국은 풍수가에게 달려가 묘지의 방위나, 지형을 봐 달라고 의뢰하거나, 명문가나 부자의 경우 각지에 사람을 풀어서 소위 말하는 좋은 묘

---

36 이 잡지 기사에서 제시한 내용을 구체적으로 살펴보면 다음 표와 같다.
내지의 묘와 비교해보자. 쇼와 11년 말 현재의 경우,

	내지(일본)	조선
묘지수	97만 7840개	12만 6971개
동 면적	7043만 4100평	2억 899만 8044평
	2만 4149정보	6만 9666정보

이 비교에서 주의할 점은 1. 묘지 1개의 평균 면적은, 내지(일본)는 72평인데 비해, 조선은 1646평으로, 내지(일본)의 약 20배에 해당한다. 2. 조선인의 인구는 내지(일본)에 비해서 약 3분의 1에 해당함에도, 묘지 면적은 반대로 약 3배에 해당한다. 3. 인구 1명에 대한 묘지 면적은 내지는 약 1평에 해당하는데 조선은 약 9평이고, 내지(일본의)9배에 달하는 것으로, 조선의 묘지가 얼마나 막대한 면적을 차지하고 있는가를 알 수 있다.

자리를 찾게 한다. 그렇게 하기 위해 엄청난 노력과 우리로서는 상상도 할 수 없는 돈을 소비하게 되며, 땅도 돈도 없는 사람들은 사람의 이야기를 듣고 남몰래 장사를 지내거나 심한 경우 타인의 묘를 드러내고 자신의 가족의 시체를 대신 묻는다고 한다. 이에 따라 조선의 묘지에는 싸움 없는 곳이 없다고 할 정도로, 그를 위해 매년 묘지에 대한 범죄와 소송이 끊이지 않고 다수 보고된다.

이에 대한 예로서, 쇼와 12년 중의 묘지에 관한 범죄로 처벌된 수는 보자면, 징역 혹은 금고가 459건, 벌금 1204건, 구류가 12건, 과태료가 233건, 합계 1908건에 달하고 있으며, 이 외에도 처벌받지 않을 정도의 경미한 건수도 상당수 있다고 생각되므로 이를 더한다면 놀랍게도 2천 건 이상에 달하리라 생각된다.[37]

이처럼 구체적으로 묘지제도의 폐해를 예로 들어 조선의 전통상례에 문제점이 있음을 지적하고 있다. 죽은 조상의 묘를 잘 쓰기 위해 많은 돈을 들이고, 이것이 어려운 경우엔 타인의 무덤을 파헤치기도 하는 조선 사람들의 행동은 분명 비상식적이고 근대적이지 못한 모습이다. 이와 같은 예를 드는 것은 묘지 제도의 비합리성을 부각시켜 조선을 근대화 시켜야 한다는 논리를 펼치기 위한 것이다. 특히 이 글을 쓴 필자인 니시키 산케이(西龜三圭)는 당시 총독부 위생과장(總督府衛生課長)이었던 인물이다. 묘지는 식민지 통치에 있어 중요한 정책적 문제에 해당했다. 게다가 이 글이 수록된 『조선』이 관보적 성격을 띤 일본어 잡지임을 상기한다면, 이 글을 통해 다분히 식민정부의 대조선 정책을 확인할 수 있다.

---

37 西龜三圭, 「조선의 묘지문제」, 『조선』 제291호, 조선총독부, 1939. 8. 1.

'6. 묘지 규칙의 연혁과 개정'에서는 1912년 이래 〈묘지규칙〉에 대해 나열한 후 아래와 같이 언급한 것이 눈에 띈다.

그것이 전에 말한 바와 같이 다년간의 인습적 관념과는 맞지 않아 많은 분쟁을 일으켜, 현행 규칙과 같이 일정 조건이나 제한을 두고 사유묘지의 신설을 인정하도록 개정되었다. 곧, 바꿔 말하면 구규칙은 이상으로서는 나무랄 데 없지만 실제적으로 시행불가능한 일이었다는 것이다. (중략) 다시 말할 것도 없이 법령의 실행에 대해서는 그 시기와 방법에 신중한 고려를 기해야한다. 다년간 민중의 사이에서 깊게 자리 잡은 풍습을 교정하고자 하는 법령에 관해서는 특히 그러하다. 그렇지 않은 경우 가령 그 취지가 어떠하다 하더라도 너무 이상을 향해 달려갈 경우 현실의 사정을 살피지 않으면 그 목적을 달성할 수 없을뿐더러 오히려 여러 가지 폐해가 나타날 수 있다. 그렇다고 그를 방임하면 언제까지나 바뀌지 않으므로 먼저 교육지도에 따른 민중의 이해와 자각을 촉진시키고, 다음으로 적당한 시기를 살펴 법령을 실행, 그 외 적절한 방법을 병행해야하겠다.[38]

이 글은 1939년에 쓰인 글로 이전에 묘지문제를 다룬 것보다 식민지 통치기간의 묘지 정책을 살피고 이 문제와 관련하여 축적된 수치를 분석하여 식민통치에 있어 묘지 문제의 중요성과 그 방향을 제시한 글이다. 그런데 마지막 대목에서는 앞서 살펴본 1910년 「조선분묘의 정리(朝鮮墳墓の整理)」의 마지막 대목과 마찬가지로 회유의 자세가 필요함을 강조하고 있다. 일제의 식민정책은 무단통치와 함께 '동화'를 강조하는

---

38 위와 같음.

부분도 있었다.

니시키 산케이가 이 글을 쓴 시기는 1939년으로, 1930년대는 만주사변, 중일전쟁 등으로 인해 일제통치자 스스로 여러 변화를 보였던 때였다. 그는 조선에 뿌리 깊은 전통문화의 하나였던 묘지제도를 쉽게 바꿀 수 없음을 파악하였고 이를 현실적으로 실현가능한 규칙으로 변경하고자 하였다. 특히 위 인용문에서 "다시 말할 것도 없이 법령의 실행에 대해서는 그 시기와 방법에 신중한 고려를 기해야한다. 다년간 민중의 사이에서 깊게 자리잡은 풍습을 교정하고자 하는 법령에 관해서는 특히 그러하다."는 부분에 주목하지 않을 수 없다. 상례가 가진 전통성을 인정하고 회유의 방법이 동화에 더욱 효과적이라는 점을 반영한 것이다.

3) 화장장에 대한 거부감과 근대의식의 강조

일제강점기에는 화장이라는 장례방식이 정책적으로 적극적으로 권장되었다. 하지만 조선시대까지는 화장을 법으로 금하였으므로 화장 및 화장이 이루어지는 화장터에 대한 거부감이 있었다.

그에 반대하는 리유로는 십수 년 전에 화장장을 현재 곡정 협곡에 부고동 본원사가 경영하야 거주인에게만흔 불안을 끼치든 중 지난대정 구년 호역대류행시에 호역환자의 시체를 너흔관에 수십개를 밋처 다 태우지 못하고 곡정일우에 로적을 하야 그 시체에서 구덕이다 일어 관에서 나오는 등 그 광경을 당한 주민은 극도의 공포에 쫓겨 그 당시에 일대소동을 일으킨 사실은 아즉도 긔억에 남어잇고 (중략) 시대의 진화를 딸아 생활 개선의 일수단으로 화장장을 무연무취(無煙無臭)의 신식장치로 개축하는 것은 총독부 경부국의 의사에도 합치할 뿐 아니라 모든 과학이 발달된 금일에 죽은 사람을 태우는 대 무슨 늣김

이 잇스며 종래의 화장법에 비하면 훨신 진보된 것이니 사람과 사람의 불안을 완화식힐 필요가 잇지 아니하냐는 부윤의 애매하고 불친절한 답변에 각대표들은 화장장이던급 신화장장을 곡정에 설치하는 것을 절대 반대하야 이목뎍을 관철할 쑌이고 하등의 다른 사명은 업다는 더욱더욱 강경한 태도로 쌍방이 서로 양보치 아니함으로 문뎨가 과연 엇지나 해결될는지 파란은 점점 확대될 모양이더라.(부산)[39]

기사의 앞부분에서는 시체를 다루는 곳에서 생길 수 있는 불상사를 제시, 화장장이 건립되는 지역의 주민들이 갖는 거부감을 단적으로 표현하였고 뒤에서는 이에 따라 화장장 설치를 반대하는 모습이 그려지고 있다. 특히 화장을 '생활개선의 일수단', '신식장치', '과학이 발달된 금일에', '진보된 것' 등으로 표현한 부윤의 말은 당시에 화장이 새롭고 과학적인, 곧 근대적인 것으로 내세워졌음을 알 수 있다. 이 기사를 비롯하여 1920년대 『동아일보』와 『조선일보』에는 전국 각지에서 화장장 부지 선정 문제와 설치, 또는 이전(移轉) 문제와 관련된 기사가 다수 등장한다. 점차 조선인들의 화장에 대한 수요가 증가했던 것도 사실이나, 죽음에 대한 터부 의식을 배경으로 여전히 화장이라는 장례법에 대해 부정적인 시각이 있었고 이에 화장장 설치 문제는 1920년대 내내 논란이 계속된다.

통영군 통영면정량리(統營群統營面貞梁里)예 잇는 화장장 부근은 수백호의 인가가 잇스며 점점 인가가 늘어 가며 통영에 오죽하나 뿐인 운

---

39 「火葬場 설치 반대운동 점 격렬. 과거 경험에 의하여 기어허 설치반대를 관철코자 활동, 부산부 욕정주민 등」, 『조선일보』, 1926. 8. 31.

동장은 그에 써러지기 이십 간 이내에 잇서서 스천수만의 대중(大衆)이 모히어 운동은 장려하는 오늘이라 그 자리에 자조 모이게 되며 고성(固城)으로 통하는 이동 도로가 잇서 매일사조차 자동차(自動車)의 래왕도 잇서 수만흔 통행인이 잇는데 화장장으로부터 간간히 나오는 연귀와 내암새는 바람세대로 수업는 사람의 코를 찌름으로 위생에 적지 안은 해를 입게 되는 중 날로 늘어가는 일인의 주민은 죽음도차 연만허점으로 화장장의 사용도 자조잇슴으로 부근인민은 물론이오 래왕하는 사람들까지 하로밤비 그것을 옴기여 「우리에게 즉은일인의 악한냄새까지 괴롭게 말어달라고」 불평의소리가 자못놉다더라.(통영)[40]

통영에 일본인의 화장터가 있었는데, 화장 문화에 익숙하지 않은 당시 사람들이 화장장에서 시체를 태우는 냄새가 주는 불쾌감과 비위생성, 그리고 죽은 일본인의 시체 태우는 냄새까지 맡고 싶지 않다는 기사이다. 통영에 인가가 늘어가는 추세인데, 사람들이 사는 곳 가까이에 화장장이 있어 옮겨달라는 위와 같은 기사에도 불구하고, 화장장에 관한 규칙은 1927년에 더욱 완화되기에 이른다. 종래에는 화장장을 인가주변에 두지 않아야 한다고 제한하는 항목이 있었는데, 최근에는 화장장의 위생설비가 진보하여 도지사의 재량으로 그 제한에 크게 구애치 않고 화장장을 설치할 수 있다는 점을 〈묘지규칙〉에 첨가하여 바로 시행하겠다는 것이다.[41] 이는 화장장 건립을 더욱 활성화하겠다는 것인데, 이러한 개정이 이루어진 것은 1927년으로 20년대 후반에 화장장은 보다 증가하는 추세에 있었음을 알 수 있다.

---

40 「화장장을 이전하라－죽은 일인의 내음까지 남을 괴롭게 하지 말라고」, 『조선일보』, 1924. 11. 23.

41 「火葬場 규칙 개정」, 『조선일보』, 1927. 4. 3.

실제로 1920년대 후반 이후 서울에서는 화장자 수가 많이 늘어난다. 전체 사망자수에 대한 화장자수의 비율은 1931년 0.34%로 전체 1%도 되지 않았지만, 이후에도 1933년 0.67%, 1936년 0.76%로 지속적으로 증가하였다.[42] 이러한 증가에는 경제적인 이유가 작용하였던 것으로 보인다. 화장은 부유층보다 전통 장례를 치르기에 경제적으로 부담이 컸던 서민층에서 주로 이용하였던 것으로 보인다. 화장장은 보다 합리적이고 발전된 사고의 산물로 근대화의 한 면으로 일제에 의해 권장되었지만, 실상 일본에서도 1930년대가 되어서야 비로소 화장의 비율이 매장의 비율을 넘어섰으며, 1940년대 일본의 화장률은 55.7%였다.[43] 화장을 보편화하는 데는 일본도 많은 시간이 걸렸다.

4. 조선인 계도(啓導)를 위한 일제의 대조선 정책

3장에서 다룬 신문, 잡지 기사를 보면 상례에 대해 먼저 허례허식의 측면에서 비판하고 있음을 알 수 있다. 상례는 한결같이 허례허식의 측면에서 배척되는 기사가 실렸고, 그렇기 때문에 의례의 많은 부분들이 간소화되어야 한다고 강조하고 있다. 하지만 우리나라의 전통 상례는 조상의 은혜를 밝히는 데 그 의의가 있는 것이며, 상례와 제례는 조선숭배(祖先崇拜)라는 유교 규범을 유지하는 것을 기능을 하였다. 우리의 상례가 가진 본래적 의미는 외면하고, 단순히 의례과정의 다단함을 허례허식으로 치부하는 것은 본질에서 벗어난 비판이다.

---

42 다카무라 료헤이, 앞의 논문, pp.160~161의 설명과 표 참조.
43 김시덕, 앞의 논문, p.326.

또한 일생의례 중에서도 상례 관련 내용이 특히 흥미로운 이유는 상례가 미신과 위생의 문제라고 하는, 당시 식민정부가 규제하고자 했던 여러 항목과 두루 관련이 있는 의례였다는 점이다. 죽음에 대한 인식이 상례가 이루어지는 일련의 과정에 부정적인 인식을 생기게 하였고 이것이 조선인들에게 금기로 나타났던 것을, 일제는 상례가 미신과 관련이 있다고 본 것이다. 신문 기사에서 특정 사건을 소개하여 상례가 가진 미신적 측면을 강조했듯이, 잡지 기사에서도 묘지에 대한 범죄와 소송을 소개하여 타인의 묘를 들어내고 자기 가족의 시체를 대신 묻는 등의 비상식적 행위가 공공연히 일어나는 폐해를 들어 법 개정의 필요성을 강조하고 있다.

상례는 죽은 이의 시체를 처리하는 과정이라는 점에서 위생의 차원에서도 다뤄졌다. 〈묘지규칙〉이 제정된 초반에는 위생의 문제로 강조되지 않았으나 20~30년대 신문기사에서 언급되었던 전통 상례의 '비위생적' 문제와, 1939년에 조선총독부 위생과장인 니시키 산케이가 상례와 관련한 묘지의 문제를 다룬 글을 『조선』에 게재한 것을 봐도 그러하다.

이렇게 일제는 신문기사를 이용하여 상례에 관한 허례허식의 문제를 지적하고, 비위생적이라 하였고, 관련 사건을 통해 미신을 바탕으로 한 상례가 어떤 폐해를 낳을 수 있는지 부각시켰다. 조선의 전통 상례의 가치를 폄하하고, 그 본질을 훼손하고자 한 일제의 의도를 엿볼수 있다. 이는 일제강점기 향토오락과 진흥책이 진정한 의미의 향토오락의 보존 내지 발전과는 거리가 먼, 어디까지나 농촌자력갱생을 독려하고 노동생산성을 극대화하기 위한 수단으로만 활용되었던 것과 동일한 맥락이라 하겠다. 이처럼 일제강점기에 한국인의 전통적 일생의례는 '미신철폐'와 '생활의례의 간소화'라는 미명하에 타율적으로 말살되는 과정을 겪었다. 상례는 관습적인 측면이 강하여 이러한 영향이 보다 컸던 것으로 보인다.

묘지의 문제로 건너가 보자. 「조선분묘의 정리」를 보면, 묘지의 문제를 다루는 태도에 대해 다음과 같이 언급하였다.

무릇 말과 풍속이 다른 한 나라 한 지방의 주민의 관습을 관찰하는 것은 상당히 세심한 주의를 요하며 인심을 안정시킨 뒤에 무언가를 관찰해야 한다. 한 나라, 한 지방의 관찰과 그에 대해 칭하는 것은 그 땅에서 일반적으로 옳다고 할 수 있는 행위를 중심으로 한 것으로, 성문화 되어 있건 그렇지 않건 간에, 깊숙이 사람들의 마음의 근본으로 자리 잡아 외면 형식으로 나타나는 정당함과 선량함뿐만 아니라, 결코 악덕비행적인 것이어서는 안 되는 것으로,[44]

이 글은 국권피탈이 이루어진 직후인 1910년 12월에 조선총독부의 판사와 고등법원 판사로 활동했던 아사미 린타로라는 인물의 글이다. 일제강점기 초기의 글로 이 시기 식민정부의 기본입장이 무단정치였음에도 불구, 상례 문제에 접근하는 방식이 상당히 이색적이다. 다른 민족을 지배하기 위해서는, 특히 그 분야가 그 민족의 고유문화에 해당하는 것일 경우 강압적인 강요보다 먼저 '관찰'을 통해 그 민족의 사상을 이해하면서 접근해야 한다는 것이다. 이러한 태도는 실제 「조선분묘의 정리」 전반에 깔려 있어서 아사미는 상례에 관한 법률을 제언하기 위해 조선의 풍수설과 상례에 관한 구법(舊法)을 분석하였다. 한편으로는 묘지와 관련된 실제 사건을 나열하면서 상당한 폐해가 있음을 지적, 지금의 법이 개정되어야 함을 피력하고 있다.

---

44 浅見倫太郎, 앞의 기사.

　　조선의 상례 문제에 대한 이러한 태도는 30년의 간극을 가진 「조선의 묘지 문제」에서도 유사하다. 앞서 살펴보았듯이 1939년 「조선의 묘지 문제」는 총독부 위생과장이었던 니시키 산케이가 쓴 글이다. 이 두 개의 글은 첫째, 묘지를 둘러싼 사건을 소개하면서 잘못된 관념이 조선 사회에 독으로 작용하고 있다는 점을 부각하여 법 개정의 필요성을 이야기하는 방향으로 논지를 전개하고 있다는 점에서 공통적이다. 둘째, 오랜 세월 한 민족이 쌓아온 문화적 전통이 있음을 인정하고 이를 변화시키기 위해서는 먼저 조선인의 사상을 이해해야 할 필요성을 인식하고 있었다. 셋째, 조선인의 조상숭배가 사실은 자손의 번영을 목적으로 하는 이기적 관념으로 고쳐져야 할 것이라고 하여, 조선의 전통에 문제점이 있음을 지적하였다. 넷째, 조선의 묘지 문제에 대해 이해하기 위한 시도로 풍수설을 다루고 있으나, 풍수설은 조선 고유의 문화가 아닌 중국의 영향 하에 형성된 것으로 실제적으로 조선의 것은 거의 없다는 견해를 동일하게 피력했다는 점이다. 「조선의 묘지 문제」에서는 '5. 묘지에 관한 풍수설'이라는 항목을 통해 그 역사적 배경을 탐색하여 나름대로 묘지문제의 근본원인을 고민한다. 또한 풍수설에 대해 중국의 미신이 "은 멸망 당시 그 왕족이었던 기자가 조선으로 도망하여 평양을 도읍으로 삼은 이래 중국의 풍습은 점차 조선으로 소개되어, 문물제도는 모조리 중국화 되기에 이르렀으며"라 하여 조선의 문화가 고유의 것이라기보다는 중국의 영향으로 형성되었다는 것을 다소 장황하게 서술하고 있다. 이는 이 두 기사 외에 다른 기사에서도 마찬가지여서 「중국과 조선의 국상의례비교(支那と朝鮮との国喪儀禮比較)」[45]에서도 "조선도 중국에 근거해 의식을 만들어 왔는데, 그중에

45　尹喜永, 「支那と朝鮮との国喪儀禮比較」, 『조선급만주』 제19권 제141호, 1919. 3. 1.

서도 주 및 당시대를 본뜬 것이다."라 하여 조선의 문화는 중국에 그 원류가 있음을 강조한다. 이 글의 경우 일인이 아닌 조선인 윤희영(尹喜永)이 쓴 글로 날짜가 1919년 3월 1일이라는 점이 흥미롭다. 조선의 전통은 중국문화에 그 원류가 있다고 매도함으로써 조선 문화의 전통을 부정하여 지배의 당위성을 부각시키고 있다고 하겠다.

1910년 「조선분묘의 정리」와 1939년 「조선의 묘지 문제」에서 보이는 이러한 시각은 동시대의 민속학자였던 무라야마 지준(村山智順)이 『조선의 풍수』에서 보였던 태도와 다르지 않다. 무라야마 지준은 1919년부터 1941년까지 조선총독부의 촉탁으로 조선의 민간신앙과 향토신사를 조사 정리하였다. 1919년은 3·1운동으로 식민정부의 정책이 무단통치에서 문화통치로 바뀐 시기로 관변적인 조선구관조사가 본격적으로 이루어졌다. 무라야마는 『조선의 풍수』를 통해 조선의 귀신신앙과 혈족중심의 사회성, 가장중심 가족제도 등이 조선의 묘지 풍수의 배경이 되었다고 하였다.

무라야마가 조선인의 정신세계의 본질을 '의타주의'로 본 것이나,[46] 조선인을 '소극적 운명론자'로 본 것과 같이[47] 식민정부의 조선인 인식은 이러한 인식을 기반으로 하고 있는 것으로 보인다. 조선민중은 자력갱생적 기력의 왕성함이 결여되어 있기 때문에 전통의 힘에 속박되어 운명관, 숙명관의 인생관에서 해방되지 못하였으며, 과학적인 지식의 보급이 아직 이루어지지 않았기 때문에 생활현상에 대해 올바른 비판을 할 수 있는 상식적 판단력이 부족하다는 것이다. 그리하여 조선

---

46 남근우, 「일본인의 '조선민속학'과 식민주의」, 『'조선민속학'과 식민주의』, 동국대학교 출판부, 2008, p.124.

47 김희영, 「무라야마 지준(村山智順)의 조선인식: 조선총독부 조사 자료를 중심으로」, 『일본문화학보』 제43집, 한국일본문화학회, 2009, p.333.

의 민중은 자신의 운명을 자신의 힘으로 개척해 나가려 하지 않고 다만 축귀로 귀신의 재앙을 없애고 행복하게 살겠다는 소극적인 삶을 살고 있으며, 그러한 소극적 생활유지 욕구가 귀신의 활동을 더욱 성하게 하고 무격을 찾는 원인이 되고 있다고 보았다. 조선민중은 전염병이나 온갖 재앙이 전부 귀신의 소행이라서 인간의 힘으로는 어찌할 수 없다고 생각하는 운명론자이며, 합리적이고 과학적인 사고로 자력 해결을 하지 못하고 주술로써 귀신의 힘을 좌우할 수 있는 무격에게 의지하는 '소극적' 방법을 취한다는 것이다.[48]

『조선의 풍수』 외에도 무라야마의 민간신앙 4부작에서는 조선 정체사관에 입각한 타율적 조선인상의 창출로 시종일관한다고 하였다. 이러한 타자화의 담론 공간으로부터 본디 자력갱생이 불가능한 '운명환자'들을 치유하고, '전통'의 속박에서 도저히 헤어날 수 없는 조선인을 해방시켜야 할 정책적 제언들이 등장하게 되었다.[49] 이러한 논리는 조선의 풍속 전체에 적용되었던 것으로 보인다. 아사미 린타로의『조선분묘의 연구』나 니시키 산케이의『조선 묘지의 연구』의 논리도 이와 다르지 않다. 조선 묘지제도의 배경이 되는 풍수설의 전통이 결국 중국의 것이며, 조선인의 비뚤어진 조상숭배 관념 등을 통해 조선에는 진정한 전통이 없다는 결론으로 결국 조선인은 타율적으로 변화되어야 할 당위성이 형성되는 것이다. 조선총독부의 식민지정책에 철저하게 복무한 무라야마의 민속학을 남근우는 '관방민속학'이라 하였다.[50] 아사미 린타로나 니시키 산케이 역시 무라야마 지준의 '관방민속학(官方民俗學)'

---

48 위의 논문, pp.333~334.
49 남근우, 앞의 책, p.128.
50 위의 책, p.132.

적 입장에서 크게 벗어나지 않은 것으로 보인다.

　잡지 기사뿐만 아니라 1930년 이후의 신문기사 역시 전쟁으로 수세에 몰린 식민정부의 강요에 의해 그 기사의 내용이 변질되어 조선총독부에서 간행했던 『매일신보』의 논지와 다르지 않았다. 이 글에서 주로 다루고 있는 『동아일보』와 『조선일보』는 3·1운동 이후 지배정책이 문화정치로 전환되면서 제한적으로 언론의 자유가 용인되었기에 창간된 신문으로 민족운동의 한 축을 담당하였다. 그러나 1930년대 전시체제 형성으로 강력한 언론통제가 시작되면서 지배정책을 옹호하게 되었던 것이다.

5. 맺음말

　대중매체는 제국주의나 독재정권 아래에서는 문화적 다양성보다는 획일화를 조장하려는 경향을 지닌다. 하나의 단일한 국민만들기가 전통 문화란 주제를 통해 신문, 잡지와 같은 대중매체를 통해 책동되었다는 맥락에서 상례 기사에 드러난 일제의 시각을 짚어보았다.

　신문의 경우 『동아일보』와 『조선일보』 등 한국인이 설립한 신문에 게재된 기사를 살폈고, 잡지의 경우 조선총독부 관보인 『조선』과 총독부의 지원을 받은 사설잡지인 『조선급만주』 등 일본어 잡지를 중심으로 살펴보았다. 이러한 신문과 잡지가 가진 성격의 차이에도 불구하고 각각에 게재된 상례 일반에 대한 기사와 묘지, 화장장 관련 기사는 그 태도에서 크게 다르지 않았다. 특히 일제는 조선인의 사상과 생활을 이해하는 듯한 차원에서 묘지에 대한 문제를 다루고자 하였으나, 묘지를 포함한 조선의 상례 문제에 대한 식민 정부의 태도는 우매한 조선인을 위해 계도해야 할 문제 중 하나로 결론지었다는 것을 잡지 기사를

통해 알 수 있었다. 결국 일제강점기의 신문, 잡지에서는 조선의 상례를
허례허식과 미신, 위생의 문제로 치부하여 다분히 전통 상례의 가치를
폄하하고자 했던 의도를 엿볼 수 있었다. 또한 이것이 좀 더 심화되어
상례의 문제를 통해 '의타주의(依他主義)'에 젖은 조선인을 계도해야할
식민 정부의 당위성을 부각하고자 하였음을 확인할 수 있었다.

참고문헌

자료

『동아일보』,『조선일보』,『조선(朝鮮)』,『조선급만주(朝鮮及滿洲)』

저서 및 논문

고미숙,「대한매일신보를 통해 본 '병리가'의 담론적 배치」,『한국의 근대와 근대경험(Ⅲ)-지식 개념의 수용과 변용』, 2005 한국문화연구원 봄 학술대회, 2005.

김시덕,「가정의례준칙이 현행 상례에 미친 영향」,『역사민속학』제12호, 한국역사민속학회, 2001. 6.

______,「韓國의 埋葬文化와 火葬文化」,『역사민속학』제16호, 한국역사민속학회, 2003. 6.

______,「현대 한국 상례문화의 변화」,『한국문화인류학』40-2, 한국문화인류학회, 2007.

김희영,「무라야마 지준(村山智順)의 조선인식: 조선총독부 조사 자료를 중심으로」,『일본문화학보』제43집, 한국일본문화학회, 2009.

남근우,「일본인의 '조선민속학'과 식민주의」,『'조선민속학'과 식민주의』, 동국대학교 출판부, 2008.

다카무라 료헤이,「공동묘지를 통해서 본 식민지시대 서울: 1910년대를 중심으로」,『서울학연구』15, 서울시립대학교 서울학연구소, 2000.

박광현,「1910년대『조선』(『조선급만주』)의 문예면과 "식민 문단"의 형성」,『비교문학』52, 한국비교문학회, 2010.

박태호,『장례의 역사』, 서해문집, 2006.

성주현,「1930년대 이후 한글신문의 구조적 변화와 기자들의 동향-『동아일보』와『조선일보』를 중심으로」,『한국민족운동사연구』58, 한국민족운동사학회, 2009.

오용섭,「버클리대학 아사미문고의 선본」,『서지학보』30, 한국서지학회, 2006.

유재진,「일본어 잡지『조선(朝鮮)』과『조선급만주(朝鮮及滿洲)』의 조선인 기고가들」,『일본연구』14, 고려대학교 일본학연구센터, 2010.

윤소영,「일본어잡지『朝鮮及滿洲』에 나타난 1910년대 경성」,『지방사와 지방문화』9, 역사문화학회, 2006.

장철수,「평생의례와 정책」,『비교민속학』10집, 비교민속학회, 1993.

______,『한국의 관혼상제(한국 인류학 총서 5)』, 집문당, 1997.

주영하,「대중매체에 재현된 민속의 여러 가지 양상」,『제28회 실천민속학회 전국학술대회 발표집 대중매체와 민속』, 실천민속학회, 2012. 2.

최혜주,「잡지『朝鮮及滿洲』에 나타난 조선통치론과 만주 인식」,『한국민족운동사연구』

62, 한국민족운동사학회, 2010.

황민호, 「일제하 조선총독부 기관지의 발행과 법률 관련 자료의 경향」, 『법사학 연구』 제31
　　호, 한국법사학회, 2005.

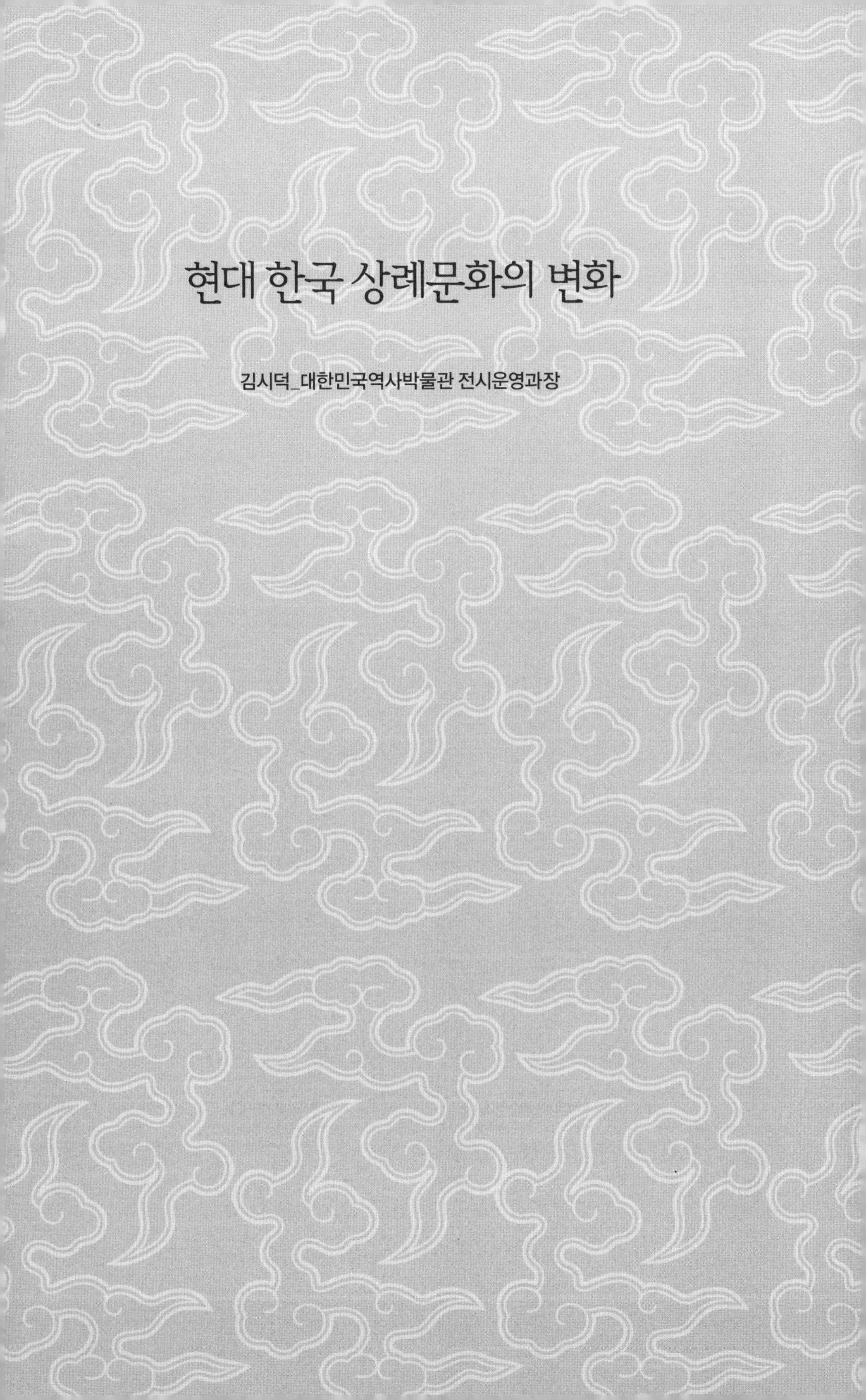

현대 한국 상례문화의 변화

김시덕_대한민국역사박물관 전시운영과장

1. 머리말

문화가 끊임없이 변화한다는 속성은 굳이 문화변동론을 거론하지 않더라도 이미 잘 알려져 있다. 이러한 변화는 문화의 축적되는 속성을 위해 필수적인 것으로서 문화는 변화를 통해 그 전통을 지속시킨다고 해도 과언이 아니다. 한 번 획득된 습관(習慣)은 변화(變化)의 연속, 끊임없는 운동(運動) 속에서 존재한다는 라베송의 주장[1] 역시 변화가 지속을 전제로 하고 있음을 말해 준다.

여기서 말하는 습관이란 넓은 의미로 보면 항상적(恒常的)인 존재의 수단이며 제 시기의 계기를 통해 나타나 보이는 존재자(存在者)의 상태라고 한다. 반면 협의의 습관이란 습관을 낳을 수 있는 해당 변화의 결과로서 나타난 것 자체라고 한다. 그런데, 획득된 습관은 변화의 원인이 되는 변화를 일으켜서 존속하게 된다. 습관을 만들어 낸 변화가 오래 지속되면 될수록, 반복되면 될수록 그에 따른 습관은 그 힘이 점점 강해진다. 따라서 습관이란 연속과 반복에 의해 생기는 변화를 향하여 가는 소질(素質)이기도 하다. 따라서 변화를 수용하지 못하면 습관도 수용하지 못한다고 한다.[2]

이 습관론(習慣論)에서 이야기하는 드러나 보이는 존재자인 '습관'을 하나의 문화요소로 치환하여 생각해 볼 수 있다. 그렇다면 문화 역시 변화를 수용하지 못하면 그 문화적 전통을 지속시키지 못한다고 할 수 있다. 이러한 변화는 혁신(Innovation)으로부터 유발되기도 하지만, 문

---

* 이 글은 『한국문화인류학』 40-2, 한국문화인류학회, 2007에 게재되었던 것을 재수록하는 것임을 밝혀둔다.

1 ヴェッソン(Ravaisson, Jean-Gaspard-Félix Lachè)著, 野田又夫訳, 『習慣論』, 東京: 岩波書店, 2002.

2 위의 책, pp.7~9.

화접변으로 발생하기도 한다. 현대 도시공간의 문화는 이러한 두 가지 요소를 통해 변화되고 있음은 주지의 사실이다.

한국의 상례문화는 이미 삼국시대부터 중국과 인접해 있었던 관계로 중국과의 문화접변(acculturation)을 통해 유교식이 상당 부분 유입되어 있었다. 하지만, 삼국 및 고려를 거치면서 불교의 영향으로 유교식 상례는 겉으로 드러나지는 않았다. 그러나 고려 말에 『가례 (家禮)』가 유입되고, 조선조가 유교를 지배이데올로기로 삼으면서 상황은 달라진다. 조선조는 '가례'가 규정한 관혼상제(冠婚喪祭)를 의례의 일반적 규정으로 삼으면서 한국 의례문화의 전통을 유교식으로 정착시키기에 이르렀다.

국가의 정책적인 유교장려와 함께 16세기를 접어들면서 성리학자(性理學者)들의 유교식 의례 연구는 17세기의 예송(禮訟)을 불러일으킬 정도로 수준이 높았고,[3] 실학자들의[4] 실천주의에 입각한 의례연구는 유교식 상례를 문화적 전통으로 정착시키기에 이르렀다.[5] 따라서 한국 상례의 문화적 전통은 유교식이라고 할 수 있다.[6] 이러한 유교식 상례는 관혼상제 중에서 변화의 폭이 가장 좁다는 기존의 학설을[7] 무색하게 할 정도로 변화의 소용돌이에 휘말리고 있다. 이러한 변화는 개항기와 일본 식민지기가 그 기점이 되고 있고, 현대의 「가정의례준칙」과 정부의 화장

---

3 이언적(李彦迪, 1491~1553)의 『봉선잡의 奉先雜儀』, 이이(李珥, 1536~1584)의 『제의초(祭儀鈔)』(1577), 김성일(金成一, 1538~1593))의 『상례고증(喪禮考證)』, 신의경(申義慶, 1557~1648)의 『상례비요(喪禮備要)』(1648), 李縡(陶菴, 1680~1746)의 『사례편람(四禮便覽)』(1844) 등이 그중의 하나다.

4 대표적인 학자로서 이익(李瀷, 1681~1763)과 정약용(丁若鏞, 1762~1836)이 대표적이다.

5 한민족의 상례문화에는 불교식, 민간신앙, 고유문화적 요소, 유교식 등 다양한 문화요소가 복합되어 있지만, 그중에서도 유교식 상례가 그 근간을 이루고 있기 때문에 유교식 상례를 문화적 전통으로 상정하였다.

6 김시덕d, 「한국 유교식 상례의 연구」, 고려대학교 대학원 박사논문, 2007, p.86

7 왜냐하면 죽음을 다루는 엄숙한 의례이기 때문에 사회문화적 환경 변화에 비교적 민감하지 않다고 보았기 때문이다.

장려 정책, 장묘정책이 변화의 속도에 박차를 가하고 있다.

변화의 첫째 모습은 장법(葬法)으로 매장(埋葬)에서 화장(火葬)으로 변화되었다는 것이다. 사실 유교식 상례의 경우 시신을 가지런하게 모시는 것을 매우 중요시하여 시신을 깨끗이 씻겨 수의를 입히는 습(襲)을 하고, 다시 염포(斂布)로 싸서 여러 묶음으로 묶는 소렴(小斂)을 하며, 소렴한 시신을 관에 넣고 진공상태가 될 정도로 많은 옷으로 보공(補空)을 하는 대렴(大斂)을 하여 매장을 하는 것이다. 이러한 의미에서 화장은 이미 유교식 상례의 범주를 벗어날 정도의 큰 변화이다. 둘째는 「가정의례준칙」으로 인한 의례의 간소화이다. 셋째는 개인의 독자적인 묘소(墓所)와 문중 단위의 묘지(墓地)에서 공동묘지(共同墓地) 혹은 공원묘지(公園墓地)로 죽음 공간이 변화되었다는 것이다. 넷째는 의례장소로서 장례식장의 등장이 변화의 한 요소가 될 것이다.

이 글은 바로 이러한 한국 상례문화의 변화에 초점을 맞추었다. 왜냐하면 이미 현대 한국의 상례문화의 지속되는 측면에 관해서는 다른 기회에 발표를 하였기 때문이다.[8] 따라서 이 글의 궁극적인 목적은 이들 네 요소의 구체적인 사례들을 통해 한국 상례가 현대 사회에서 어떠한 모습으로 변화되었는가를 분석하는 것이다. 궁극적으로 전통적인 모습과 의미(意味)가 어떤 모습의 변화된 외형(外形)으로 존재하는가에 관심이 집중되어 있다는 것이다.[9] 그러므로 이 글에서는 변화된, 혹은 변화되는 현

---

8 변화는 지속을 전제로 하기 때문에 변화와 지속을 함께 다루어야 하지만, 논의의 편의상 다른 지면을 통해 지속되는 측면을 다룬 바(김시덕c, 「도시 장례식장에서 지속되는 상례의 문화적 전통」, 『실천민속학연구』 9, 2007, pp.107~135)가 있다.

9 편무영은 이러한 상황을 전통(A)에 새로운 모습들(B)이 만나 운동을 하면 상황에 따라 A+B=A가 될 수도 있고, B가 될 수도 있으며, AB가 공존하거나 아니면 새로운 모습(C)으로 존재할 수도 있다고 주장한 바가 있다(편무영, 「종교와 민속-이론과 실천의 방법적 고찰」, 『종교와 조상제사』, 서울: 민속원, 2005, p.17).

상에 주목하여 변화된 모습의 형상을 구체적으로 밝히려고 한다.

2. 반매장과 친화장: 장법의 변화

최근 화장률(火葬率)은 가히 "폭발적 증가"라고 해도 과언이라 할 수 없을 것이다. 2006년도 보건복지부의 공식적인 발표에 의하면 2001년 전국 평균 38.3%이던 화장률이 2005년에는 52.6%로 증가하였고, 부산시에서는 74.8%로 우리나라에서는 가장 높은 비율이다. 이러한 추세로 간다면 2010년에는 70%를 상회할 것으로 보건복지부에서는 추이를 예측하고 있다.[10] 이러한 추세를 증명이라도 하듯 2006년도 갤럽조사에 의하면 화장 선호도 역시 77.8%에 달하고 있어[11] 이제 한국의 상례문화에 있어 화장이 대표적 장법으로 자리 잡을 추세다. 이러한 화장의 급격한 증가는 아마도 1980년대부터 시작된 국토의 효율적 이용을 위해 화장을 장려하는 정부의 정책과 NGO의 화장장려 운동이 큰 역할을 하였던 것으로 보인다.[12]

한국의 장법 문화사에서 매장은 고대로부터 지속적으로 행해져 왔으나, 조선시대에 성리학적 이데올로기에 따라 유교식 상례를 받아들이면서 우리나라 상례의 문화적 전통으로 자리 잡게 되었다. 그러나 화

---

10 보건복지부 보도자료, 「05년 화장률 52.6%로 화장중심의 장묘문화 시대 도래」, 2006. 10. 2(석간). 추세에 부응하듯 2011년도 전국화장률이 71.1%로 증가하였다(보건복지부 보도자료, 「2011년 화장률, 처음으로 70% 넘어」, 2012. 9. 27). 이 논문 발표(2007) 이후 화장률 등 장사 관련 통계가 바뀐 내용에 대해서는 해당 부분에 각주로 최근 통계현황을 추가하여 이해의 편의를 도모하였다.

11 이형웅 기자, 「국민 77.8% 화장(火葬) 선호」, 『FuneralNEWS』, 2006. 3. 14.

12 대표적인 NGO로는 "묘지강산을 금수강산으로"라는 캐치프레이를 내건 (사)한국장묘문화개혁범국민협의회, 그리고 생활문화개혁범국민협의회가 있다.

장은 그 이전부터 한반도에서 행해졌음에도 단절의 반복을 거듭하여 왔다. 우리나라의 화장은 이미 청동기 시대 이전부터 존재했었고,[13] 불교 유입과 함께 삼국과 고려시대에는 대표적 장법으로 존재하기도 했었다. 그러나 이러한 화장도 조선시대의 유교식 상례 수용에 따른 숭유억불 정책으로 조선 후기가 되면 완전히 자취를 감추게 된다. 단지 전염병이나 특수한 죽음을 처리하는 방법으로만 존재했었다.

1880년경 일본인이 한국에 거주하기 시작하고, 경성에 일본공사관이 설치되면서 일본식 화장이 유입되기 시작한다. 이들은 1896년 그들 방식의 생활을 위해 「거류민규칙(居留民規則)」, 「위생규칙」을 만들기도 하고, 죽음의 처리를 위해 화장장 건립을 시도한다. 이에 따라 1902년 고양군 한지면 신당리 수구문(水口門) 밖 송림에[14] 우리나라에서는 최초인 일본식 화장장이 세워진다. '신당동 화장장'이라 불렸던 이 화장장은 아주 기본적인 시설만 갖춘 초보적인 시설이었다.[15] 이 화장장은 일본영사관에서 한성부윤과 교섭하여 수구문 밖에 70여 평의 땅을 빌리고 거류민들의 기부금을 모아서 건립한 것으로 되어 있다.[16] 그러나 초기약 20년 동안 일본인들은 화장장이 없어 양화진이나 한강 제방에 모여 노천화장(露天火葬)을 하였다고 한다.[17] 그 후 만리현 화장장(1907), 아현리 화장장(1911), 홍제동 화장장(1929), 벽제화장장(1968) 등이 건립되면서

---

13 강인구, 『한반도의 고분』, 서울: 아르케, 2000; 김시덕, 「화장문화 변천의 역사적 의미」, 『산골문화-그 새로운 접근을 위한 연구』, ㈜한국장묘문화개혁범국민협의회, 2004; 박태호, 「한국 고대의 화장문화에 대한 고찰-고고학적 발굴조사 결과를 중심으로」, 『장례문화연구』 2, 2004 참조.

14 현재의 서울특별시 중구 광희동과 신당동이 접한 곳으로 추정된다.

15 박태호, 『서울시 장묘시설 100년사』, 서울: ㈜한국장묘문화개혁범국민협의회, 2003, pp.62~67.

16 당시 화장장 건립 기부금 모금을 위해 취지문을 돌렸었다(京城府, 『京城府史』 2, 경성: 경성부, 1936, p.691).

17 위와 같음.

화장터에서 화장장으로 바뀌는 계기가 되지만,[18] 이러한 일본식 화장법에 의한 화장터는 근대 한국 화장장의 모델이 되었고, "높은 굴뚝에 냄새와 검은 연기가 나는 곳"으로 인식하게 만든 원인이 되었다.[19]

매장과 달리 화장은 복장제(複葬制)이기 때문에 화장 후 유골을 처리하기 위한 봉안시설(奉安施設)을[20] 요구한다. 따라서 1900년대 초의 갈월리·신당리·아현리·홍제동 묘지, 1927년 신당리·아현리 묘지 등 일제강점기 묘지는 대부분이 납골묘였을 가능성이 높다. 왜냐하면 일본의 보편화된 석탑형 묘가 묘석(墓石) 기단에 유골을 안치하는 납골함이 설치된 납골묘(納骨墓)이기 때문이다. 그리고 거류민단을 이루는 일본인들은 이국땅인 조선에다 시신을 매장하기보다 필요하다면 언제라도 일본으로 옮겨가기 쉬운 화장 후 납골 방식을 선호했으리라는 것은 쉽게 짐작이 가기 때문이다.[21] 참고로 일본에서도 1930년대가 되어서야 비로소 화장의 비율이 매장의 비율을 넘어섰으며[22] 1940년대 일본의 화장률은 55.7%였다.[23]

1955년 7월 3일자 「서울특별시 묘지 및 장재장 사용료 징수 조례」의 '납골당 사용료' 규정,[24] 1970년 5평 규모의 봉안당(명칭 불분명), 1961

---

18 박태호, 앞의 책, 2003, pp.62~67.

19 박태호, 앞의 책, 2003, pp.189~190.

20 산업자원부기술표준원 제정 표준규격 규격 번호 2005-0269호(2005. 05. 25) "봉안당 서비스-용어"(KSA0968-1)에서 납골이란 용어의 혐오스러움을 피하기 위해 '봉안(奉安)'이라는 용어를 표준용어로 채택함에 따라 이 글에서도 특수한 경우를 제외하고는 이 용어를 따른다.

21 高村竜平, 「공동묘지를 통해 본 식민지시대 서울-1910년대를 중심으로」, 서울: 『서울학연구』 15호, 2000, pp.131~132.

22 森謙二, 「葬送と社会集団」, 新谷尚紀編, 『死後の環境』, 東京: 昭和堂, 1999, pp.141~144.

23 鯖田豊之, 『火葬の文化』, 東京: 新潮社, 1990, p.72.

24 서울특별시사편찬위원회, 『서울 600년사』 5, 서울: 서울특별시, 1983, p.566.

년과 2000년의 납골시설 규정은[25] 정부가 지속적으로 화장에 개입하고 있었음을 나타낸다.[26] 이후 1986년 벽제 화장장의 납골당, 1995년에 완공된 '봉안당'(奉安堂, 제1납골당), 1992년의 '가족형납골묘'(家族型納骨墓) 개발, 1999년의 용미리 '추모의 집'(제2납골당), 2002년의 '왕릉식납골당'(제3납골당) 등 서울시의 지속적인 화장·봉안시설 확충으로 2005년 현재 봉안당의 수는 사설을 합해 무려 188개소에[27] 이른다. 이는 정부차원에서 전폭적으로 화장과 봉안을 장려하였기 때문이다. 이와 함께 1997년과 1999년 보건복지부에서 행한 납골시설 설치 융자지원은[28] 화장을 한 후에는 반드시 봉안을 하도록 국가가 개입하여 강제적으로 수용하게 만든 대표적인 예가 된다.

1986년에 창립된 준 국가 기구격인 토지행정관련 사단법인체인 한국토지행정학회는 보건복지부의 지원을 받아 장묘정책에 대한 공청회, 세미나 등을 열어 매장과 호화분묘를 반대하였고, 1994년에는 '불법·호화·무연분묘 방지 범시민 운동본부'를 설립하여[29] 반매장의 국가정책을 유도하고 보건복지부의 대변자 역할을 하였다. 이 단체의 문제는 상례문화의 전통을 전문가를 통해 연구 검토하지 않고, 화장을 한 후에는 반드시 봉안을 해야 한다는 일본식 유골 처리 방법을 무비판

---

25 「매장 등 및 묘지 등에 관한 법률」[제정 1961. 12. 5 법률 제799호 보건사회부]; 「장사 등에 관한 법률」[전문개정 2000. 1. 12 법률 제6158호 보건복지부].

26 김명희의 논문(「매장에서 화장으로: 죽음의 처리에 대한 국가의 개입」, 서울대학교 대학원 석사 논문, 2003) 참조.

27 보건복지부 보도자료, 「'05년 화장률 52.6%로 화장중심의 장묘문화 시대 도래」, 2006. 10. 2(석간). 2011년이 되면 봉안당 수는 355개소로 늘어난다(보건복지부 보도자료, 「2011년 화장률, 처음으로 70% 넘어」, 2012. 9. 27).

28 보건복지부, 「사설납골당 설치자금 융자지침('97년 기준)」, 『한국장묘』 3, 1997, pp.169~179; 보건복지부 가정복지과, 「99사설납골시설·장례식장 설치자금 융자지원 안내」, 『한국장묘』 4, 1997, pp.295~298.

29 김명희, 앞의 논문, 2003, p.60.

적으로 도입하도록 유도하였다는 것이다. 이와 함께 1990년대 후반 '묘지강산을 금수강산으로', '묘지공화국 해결' 등의 캐치프레이를 내 건 NGO들의 계몽과[30] 화장 후 봉안 일변도의 정책 제안은[31] 매장 혹은 화장이라는 이원론이 아니라 군사독재시절 국가목표가 '반공(反共)'이었던 것처럼 '반매장(反埋葬)'이 장묘개혁의 목표가 되어 버렸다. 뿐만 아니라 국토의 효율적 이용이라는 단순논리는 '매장은 악(惡)이요 화장은 선(善)'이라는 선악논리까지 나오게 만들었다.[32]

화장을 한 후 봉안을 하는 방식이 국민들에게 거부감 없이 능동적으로 수용될 수 있었던 것은 역시 조상숭배의 문화적 전통을 훼손하지 않았기 때문이다. 그리고 기존의 묘가 넓은 면적에 잔디로 조성되었기에 벌초, 관리 등의 불편한 점이 많았다면 봉안묘는 공원묘지에 있고, 석비 형태로 되어 있어 관리 등이 편리하였기 때문에 봉안묘가 큰 거부감 없이 받아들여지게 되었던 것으로 보인다. 더구나 새로이 건립되는 봉안당은 호텔을 능가하는 시설이어서 관리의 어려움이 없다는 이점도 있었다.

일제강점기의 화장은 식민정책의 강제라는 강력한 힘에 의한 수동적인 수용이었다. 그러나 80년대부터 본격화된 화장장려 정책과 자발적 운동이 사회적 우연으로 개입하면서 화장과 봉안을 능동적으로 수용하게 된다. 이러한 현상은 매장이라는 전통에 대해 화장과 봉안이라는 신전통(新傳統)이 만나 통합되는 과정에서 문화적 전통으로 지속되어 온 조상숭배가 게재하여 현존재(現存在)에 이른 것이라고 할 수 있다. 다시 말하면 지금까지는 조상숭배를 위한 매개체인 무덤을 보존하여야 하므로 화장

---

30 김시덕, 「현대 도시공간의 상장례 문화」, 『한국민속학』 41, 2005, p.51~94.

31 대표적인 것으로 김태복의 글(「한국납골제도 활성화를 위한 정책적 방안」, 『납골제도 활성화방안 세미나집』, 1994, 4~18)이 있다.

32 김기덕, 「한국의 埋葬文化와 火葬文化」, 『역사민속학』 16, 2003, p.104.

은 거부되거나 수동적으로 수용되어 왔다. 그러나 현재에는 화장을 하더라도 화장유골을 보존하는 봉안묘, 봉안당이라는 새로운 형태의 매개체에 의해 화장을 능동적으로 수용하게 된 것이라고 할 수 있다.[33]

화장 후 봉안이라는 등식은 이제 산골(散骨)을 포함하는 자연장(自然葬)으로 통칭되는 수목장(樹木葬)으로 변화되고 있다. 자연장은 이미 스위스나 독일에서 긍정적으로 수용되고 있고, 일본에서도 적극적으로 도입하는 방법이다.[34] 자연장의 등장은 화장을 한 후 봉안을 하려고 사용하는 과다한 석재와 콘크리트로 인해 발생하는 환경오염문제 등의 병폐를 막기 위한 새로운 장법이다. 특히 「장사 등에 관한 법률」에서 자연장을 법적으로 인정함으로써 자연장이 상당수 행해질 것으로 보인다.

현대 한국 상례문화에서 매장의 전통은 화장으로 바뀌었고, 화장 후 봉안을 하는 형태가 대부분이었으나, 2006년 이후 이러한 등식은 의미를 상실하게 된다. 즉 조선시대의 유교식 상례에 따라 강조되었던 매장은 일본의 식민지 정책에 따라 강제되고, 현대의 경제 지상주의에 따라 국토의 효율적 이용이라는 명목이 역동적으로 작용하여 봉안을 전제로 하는 화장으로 바뀌게 된다. 그러나 화장 후 봉안이라는 문제점이 노출되면서 다시 서구나 일본으로부터 유입된 화장 후 유골을 나무 아래에 매장하는 수목장(樹木葬)을 뛰어 넘어 자연장이라는 새로운 형태의 화장으로 진행되고 있다.[35] 이러한 현상은 조선시대 매장의 전통은 물론 봉안을 전제로 하는 화장 역시 고정되어 있는 것이 아니라

---

33 이러한 원리는 종교민속에서도 나타나는데, 이에 대해서는 편무영의 연구가 참고가 된다(편무영, 앞의 논문, 2005, 참조).

34 (사)LG상록재단, 2006 참조.

35 2011년에는 이미 359개소의 자연장지가 설치된다(보건복지부 보도자료, 「2011년 화장률, 처음으로 70% 넘어」, 2012. 9. 27).

변화의 과정에 놓여 있음을 말해준다.

3. 삶의 공간과 죽음 공간의 분리: 새로운 공동묘지의 등장

죽음과 공간의 문제는 시신을 처리하는 장소의 문제로써 인간이 죽음을 인식하는 태도와 밀접하게 관련되어 있다. 프랑스의 경우 18세기가 되면 죽음에 대한 인식이 바뀌면서 교회에 있었던 오래된 묘지를 폐쇄하고, 이를 시 외곽으로 이전시키면서 산자의 공간과 죽은 자의 공간이 분리된다.[36] 일본의 경우 전통적인 촌락공동묘지나 사원묘지가 공동묘지로 분리된 것은 메이지 6년(1874) 10월 23일 태정관시달 제355호 「묘지의 설치 및 확장 제한에 관한 건」으로 시작되었는데, 아오야마묘지(靑山墓地)가 그 처음이다.[37] 일본의 공영묘지(公營墓地), 공원묘지, 영원(靈園) 등이 이 규정에 의해 만들어진 전형적인 묘지들이다. 이러한 사례들은 삶의 공간과 죽음의 공간을 의도적으로 분리하였을 뿐만 아니라 묘지공간을 국가와 지방자치단체가 정책적으로 관리하게 되었음을 말한다.

우리나라에서는 전통적으로 삶의 공간과 죽음의 공간이 물리적으로 확연히 분리되어 있지는 않았으나 근대화와 더불어 본격적으로 분리가 시작되었다.[38] 뿐만 아니라 우리나라에서는 죽음의 공간을 제도

---

36 아리에스 저, 이종민 역, 『죽음의 역사』, 서울: 동문선, 1999, p.63.

37 槇村久子, 「近代日本墓地の成立と現代的展開」, 『公開国際シンポジウム-21世紀における墓制の行方』, 東北大学文学部宗教学研究室, 1999, p.44.

38 한경구·박경립, 「한국인의 죽음의 공간에 대한 건축인류학적 고찰」, 송현 이광규 교수 정

적으로 관리하지도 않았다. 고분군이 종종 발굴되는 것을 볼 때 묘지 공간이 삶의 공간과 어느 정도 분리되었다고도 할 수 있다. 그러나 조선시대 매장의 전통에서는 문중묘(門中墓) 외에는 그러한 예를 찾아보기 힘든다. 그리고 조선시대 한양의 경우 성내 매장 금지와 성저십리(城底十里) 내의 매장금지령이 있었다.[39] 이는 한양의 성곽 동서남북의 외곽 10리 내 지역에는 묘를 쓸 수 없도록 규정한 것이다. 그 목적은 묘지의 제한과 관리를 위한 것이라기보다는 한성의 풍수적인 지기(地氣) 훼손을 방지하기 위한 것이었다고[40] 할 수 있다. 따라서 우리나라에서는 전통적으로 죽음의 공간과 백성의 죽음에 대해 국가가 개입하지 않았음을 말해 준다.

한양이 도시로서의 면모를 갖추어감에 따라 한양 주변에도 서민들의 묘가 자연스럽게 생기기 시작한다. 현종 때 조정에서 모화관(慕華館) 뒤에 묻혀 있는 무연고 묘 6천969구를 동서남의 외곽에 매장하여 주었고,[41] 정조 때에는 금위영과 어영청에서 성 밖의 민전을 매입하여 곤궁한 백성들로 하여금 장사지낼 수 있도록 하였다는[42] 기사가 이를 증명한다. 이러한 묘들의 집합은 자연스런 집단묘지를 형성하였을 것이고, 이것이 '북망산(北邙山)' 혹은 '무주공산(無主空山)'이라고 칭해졌던 것으로 보인다.[43] 무주공산이란 사실상 국유림이지만 국가에서 이를 관리

년기념논총 간행위원회, 『한국인류학의 성과와 전망』, 서울: 집문당, 1998, p.788.

39 황현 저, 김준 역, 『완역 매천야록』, 서울: 교문사, 1994, p.833; 원영환, 『조선시대 한성부 연구』, 춘천: 강원대학교 출판부, 1990, pp.153~154.

40 한동환, 「조선시대 한양금산의 범위와 기능에 관한 연구」, 서울대학교 지리학과 석사논문, 1992, pp.25~26.

41 『朝鮮王朝實錄』, "顯宗 19卷, 12年(1671) 9月 30日 戊寅"조.

42 『朝鮮王朝實錄』, "正祖 51卷 23年(1799, 己未) 1月 29日 戊子"조.

43 일본인들은 이러한 묘지를 무주공산 혹은 북망산이라고 불렀고(村山智順 저, 최길성 역, 『조선의 풍수』, 서울: 민음사, 1990, pp.309~310), 高村竜平는 집장지(集葬地)라고 하였다(高村竜平,

하지 않았다. 따라서 주인이 없어 보이고 관리되지도 않았기 때문에 백성들은 비용을 들이지 않고 사용할 수 있는 땅 정도로 해석하였던 것이다. 그러나 무주공산 혹은 북망산천이라 칭해진 묘지는 집단묘지라고 하더라도 공동묘지처럼 계획적으로 구획되어 밀집되어 있었다기보다는 산을 중심으로 분묘의 빈도가 다른 지역보다 높았던 것으로 보는 것이 타당할 것이다.[44]

그러나 조선총독부는 다음과 같은 이유로 서울에 인접한 분묘를 모두 처리하려고 하였다. 즉, 임업이나 농업, 철도건설, 광산개발 등 토지에 관련된 사업과 충돌하기 때문에 처리하여야 한다는 것이었다.[45] 1903년 남대문 정차장 건설 예정지에 있었던 1,600여기의 분묘로 인한 한·일 정부간의 분쟁이 대표적인 예라고 할 수 있다.[46] 이처럼 식민정책을 펴는 데에 장애가 되는 분묘를 처리하기 위해 조선총독부에서는 1912년 6월 「묘지, 화장장, 매장 및 화장단속규칙(墓地, 火葬場, 埋葬及火葬取締規則)」[부령 제123호](이하 「묘지규칙」)을 발포한다. 이 규칙의 발포 연유는 타인의 토지에 매장하거나 타인의 분묘를 발굴해서 자신의 무덤을 쓰는 범죄가 많다는 점, 묘에 대한 분쟁이나 소송이 끝이 없다는 점, 분묘가 산재하여 풍교 및 위생에 해가 있는 것, 경작지를 소모시킨다는 점 등이었다.[47]

사실 「묘지규칙」으로 인해 우리나라 최초로 '공동묘지(共同墓地)'라

앞의 논문, 2000, p.133).

44 은평 뉴타운에서 2007년 6월 발견된 환관(宦官)의 무덤군(群) 역시 이와 같은 것이다(김태식 기자, 「은평뉴타운 예정지는 조선시대 공동묘지」, 『연합뉴스』, 2007. 6. 21).

45 高村竜平, 앞의 논문, 2000, p.137.

46 이러한 다양한 사례에 대해서는 高村竜平가 조사한 내용이 참고가 된다(高村竜平, 위의 논문, 2000, pp.137~138 참조).

47 조선총독부, 『朝鮮總督府施政年報』, 경성: 조선총독부, 1914, p.92.

는 용어가 발생하였으며, 산자의 공간과 죽은 자의 공간이 어느 정도 넘나들던 우리나라의 문화적 전통과는 달리 산자의 공간과 죽은 자의 공간을 의도적, 정책적으로 분리하는 새로운 전통을 만들게 되었다. 그리고 「묘지규칙」 제1조에 "경찰서가 묘지를 관리하도록 한" 것, 제2조의 "행정기관만이 묘지를 조성할 수 있다."라는 규정은 국가가 묘지를 장악하여 관리한다는 것이다. 이는 한 마디로 민간 풍습에 대한 국가 권력의 폭력적 개입이라고[48] 할 수 있다. 뿐만 아니라 개인의 죽음과 죽음 공간에 대해 국가가 적극적으로 개입하게 되는 계기가 되었다.

이러한 제도는 당시 한국인의 관습과는 전혀 다른 것이었고, 식민당국도 그 시행에 어려움을 겪고 있었다. 예를 들면 정상적인 죽음의 경우 봉분을 만들지만, 아이의 죽음은 애기총이라고 하여 별도의 장소에 봉분을 만들지 않고 매장하는 관습 등이 있었음에도 불구하고 모든 죽음은 공동묘지에 매장하도록 강제함으로써 상당한 반발과 거부감을 샀을 것이라는 짐작은 어렵지 않다. 예를 들면 낮에는 일본 순사들의 눈 때문에 공동묘지에 매장을 하고, 밤에는 자신의 선산으로 몰래 이장하는 진풍경이 있었던 것이다. 뿐만 아니라 묘지가 과세의 대상이 된다는 소문 역시 공동묘지에 대한 거부감의 표출이었을 것으로 보인다.[49] 이에 따라 1918년 1월과 1919년 9월 2차례에 걸쳐 「묘지규칙」을 개정하여 조선의 관습에 부합하는 사설묘지를 일정 부분 인정하기도 하였다. 그러나 이 「묘지규칙」에 따른 공동묘지 매장이 강요됨에 따라 풍수지리적 명당을 찾는 등의 자유로웠던 1인 1묘의 개인묘지 선택권을 상실하게 된 것은 분명한 일이다.

---

48 한경구·박경립, 앞의 논문, 1998, p.793.
49 高村竜平, 앞의 논문, 2000, p.158.

광복 후 반일 감정이 겹쳐 공동묘지를 기피하게 되면서 도시 혹은 마을마다 조성되었던 공동묘지는 그 기능을 상실하고 흉물로 방치되게 된다. 그러나 서울은 도시라는 특성상 1913년 묘지규칙 시행에 따라 신설된 공동묘지는 숭인면 미아리를 비롯하여 19개소였고, 그중에서 한성부 관할 공동묘지는 1914년 현재 신당리묘지를 비롯하여 5개소였다.[50] 1936년 한성부의 확장에 따라 한성부 관리 공동묘지는 17개소로 정비되었다. 그 후 해방 후의 혼란기를 거쳐 1963년 서울시에서 관리하는 공동묘지는 7개소로 정비되었으며,[51] 2005년 12월 현재 전국의 공·사설 묘지는 418개소에 이른다.[52]

우리나라 공동묘지가 식민지 지배원리에서 시작되었다 할지라도 이후 공동묘지가 지속적으로 설치 관리되고 있다는 것은 죽음과 묘지에 대한 인식에 변화가 일어났다는 것을 말한다. 이는 광복 후 수립된 새로운 개념의 국가관에 의한 것으로, 묘지를 '보건'과 '위생'의 차원에서 취급하게 된 결과이다. 뿐만 아니라 도시로의 인구유입은[53] 도시의 확장을 불러왔고, 이에 따른 유입 인구의 묘지 난을 해결하기 위해 공적으로 관리되는 공공의 묘지를 요구하게 되었던 것이다. 이에 따라 국가에서는 국민의 보건위생과 관리상의 편의, 국토의 효율적 이용을 위해 집단묘지를 조성하여 제공하였고, 민은 이를 능동적으로 수용하게 되었던 것으로 보인다.

이로써 도시라는 '삶의 공간'에서는 시민의 주검을 처리하는 묘지라

---

50 박태호, 앞의 책, 2003, p.40.

51 위의 책, p.54.

52 보건복지부 보도자료, 2006. 10. 2(석간). 2011년이 되면 463개소로 늘어난다(보건복지부, 『2012 보건복지 통계연보』 58, 서울: 보건복지부, 2012. 11).

53 조관연, 「한국 장례문화의 변화: 두 종합병원 영안실을 중심으로」, 『국제한국학회지』 2, 1997, pp.193~199.

는 '죽음의 공간'이 확연하게 구분되기에 이르렀던 것으로 보인다. 그러므로 국가 혹은 지자체에서는 공공묘지를 관리해야 하는 책무를 지게 되었고, 도시의 발달로 인해 그 속에 살고 있는 시민들은 공동묘지를 이용하지 않을 수 없게 되면서 자연적으로 삶의 공간과 죽음의 공간이 분리되었던 것으로 보인다. 또한 개별적이고 풍수지리적인 원리에 입각하여 조성되고, 혈연적 관련성이 강했던 분묘가 풍수지리적인 원칙이 배제되고 혈연적인 연관이 전혀 없는 모르는 사람들의 분묘가 뒤섞인 공동묘지 문화로 우리의 묘지문화가 변화된 것이라고 할 수 있다.

4. 집단의 죽음과 개인의 죽음: 장례식장의 등장

필립 아리에스는 죽음의 성격을 구분하면서 시대에 따라 종(種)의 집단적 죽음, 자신의 죽음, 타인의 죽음으로 구분하였다.[54] 이러한 구분은 묘지와 관련된 것이었다. 그러나 죽음의 의례적인 측면을 보면 집단의 죽음과 개인의 죽음이라는 구분도 상례문화의 중요한 변화의 한 측면으로 이론화 될 수 있다.

장례식장(葬禮式葬)은 상례를 치르는 데 필요한 시설과 상례용품 등 각종 장례서비스를 제공하는 시설이다. 장례식장은 도시화라는 현대사회의 구조적 특성의 하나로 죽음을 대면한 사람들이 인간으로서 존엄성을 유지하며 사회적으로 의미 있는 상례의식과 상례방법을 요구함으로써 나타난 현상이라고 할 수 있다.[55] 이러한 측면에서 장례식장

313

은 혼인예식장과 함께 대표적인 도시화의 산물이라고 해도 과언이 아니다.

고려시대는 화장이 절정을 이루었던 시기였다. 이에 따라 상례문화역시 화장을 중심으로 규정되고 발달되었다. 고려시대 상례문화의 특징은 운명하면 집이나 사찰에 일정기간 빈소를 마련하였다가 좋은 날을 받아 산록이나 사찰 주변의 화장지에서 화장을 한 후 다시 유골을 수습하여 일정기간 사찰에 권안(權安)한 후 길일을 택하여 유골을 석곽(石槨)에 넣어 매장하는 절차로 되어 있다. 사찰에 고인의 유골을 권안함에 따라 스님의 주관으로 고인의 극락왕생을 기원하는 공양을 행하기에 편리하고, 화장 또한 불교식이었기 때문에 화장유골을 사찰에 임시 봉안하는 것은 화장의 장례 절차상 당연한 순서였을 것이다.[56] 이렇게 볼 때 고려시대의 사찰은 일본의 사찰처럼 장례식장의 기능을 했을 것으로 보인다. 따라서 현대 장례식장의 전통은 고려의 사찰에 맞닿아 있다고 할 것이다.[57]

일본에서는 사찰이 화장을 비롯한 장례(葬禮)를 주관하기 때문에 이를 '장례불교'라고도 한다. 이러한 현상은 막부가 민중을 감시하기 위해 하나의 마을을 관장하는 말사(末寺)를 지정함으로써 나타나게 되었다. 이 말사는 민중들에게 기독교도가 아니라는 증명서인 데라우케(寺請)를 발급하는 단나사(檀那寺)의 역할을 하면서 사찰이 개인을 감시하게 되었다. 이후 이 사찰과 개인은 신도 관계를 형성하는 단가제도(檀家制度)로 발달하게 되었다. 단나사는 신도 관계에 있는 개인 집안의 일(관혼상제, 일년 운세 등)을 봐주고 받는 기부금으로 운영되면서 장제불교

화(葬祭佛敎化)의 길을 걷게 되었던 것이다. 따라서 이러한 사찰을 보다이지(菩提寺) 혹은 소시키지(葬式寺)라고 부르게 되었던 것이다.[58] 그러나현대 일본의 장례식장은 불교와 관련 없이 사업체의 하나로 운영되고있어 불교식이라 하더라도 사찰의 승려가 와서 독경을 해 주는 정도로바뀌어 있다.

현대 장례식장의 맹아는 1934년의 「의례준칙」에서 의례를 행하는장소로 공회당(公會堂)을 지정함으로써 싹텄다고 할 수 있다. 이는 「의례준칙」으로 인해 생사관 및 생활공간 관념의 변화가 생기고, 이에 따라 도시형 혼례와 상례가 본격적으로 등장하게 되는 계기를 마련하게되면서 예식장과 장의사가[59] 나타나기 시작하였던 것이다.[60] 이러한 장의사가 곧바로 병원장례식장으로 흡수된 것처럼 간주되기도[61] 하지만재고의 여지가 있다. 현대의 장례식장은 도시화에 따른 거주공간의 협소, 핵가족화, 사회전반의 편의주의의 확산에 따라 가정 이외의 장례장소를 필요로 함으로서 등장한 것이다. 이는 장례장소가 가정에서 집이외의 별도의 장소로 옮겨가고 있음을 말한다.[62]

2005년도 갤럽의 조사에 의하면 상가나 장례식 참석 경험자(1,377명)에게 "최근 참석한 장례식 장소가 어떤 곳이었는지"를 질문한 결과, '병

---

58 圭室文雄, 『葬式と檀家』, 東京: 吉川弘文館, 1999, p.68.

59 장의사는 일본 장의사(葬儀社)의 영향으로 보인다. 한편 일본에서 소기샤(葬儀社)가 등장하는 시기는 대체로 메이지기(明治期) 이후로 보는 것이 일반적이다(倉石あつ子外編, 『人生儀礼事典』, 東京: 小学館, 2000, p.216).

60 장철수, 『한국의 관혼상제』, 서울: 집문당, 1996, p.89.

61 송현동, 「현대 한국 장례의 변화와 그 사회적 의미」, 『종교연구』 32, 2003, pp.300~301.

62 이필도(「葬禮서비스산업의 현황과 발전방안」, 『한국장례문화학회지』 창간호, 2002, pp.83~84); 송현동(앞의 논문, 2003, pp.289~314); 박정석(「도시지역의 장례공간과 장례방식에 대한 사례연구-광주시 지역을 중심으로」, 『비교민속학』 25, 2003, pp.565~589) 역시 주거공간의 협소, 공동주택의 일반화를 장례식장이 등장하게 된 배경의 하나로 들고 있다.

원 영안실'이라는 응답이 68.8%로 가장 많았으며 그 다음은 '전문 장례식장'(20.7%), '집'(6.9%), 성당, 교회, 절 등의 '종교기관'(3.6%)의 순으로 나타났다. 이를 1994년과 2001년 한국갤럽의 조사결과와 비교해 보면, '집'에서 장례를 치르는 경우는 1994년 72.2%에서 2001년 34.6%, 2005년 6.9%로 감소하였고, '병원 영안실'에서 장례를 치르는 경우는 1994년 22.6%에서 2001년 53.9%로, 2005년 68.8%로 점점 늘어나고 있다. '전문 장례식장'은 2001년 5.6%에서 2005년 20.7%로 증가하여 지난 10년 동안 장례 장소의 변화가 두드러졌다. 한편, '이상적인 장례식 장소'에 대한 질문에 전체 응답자(1,506명)의 42.7%는 '전문 장례식장'을, 42.1%는 '병원 영안실'을 꼽았다. 특히 '전문 장례식장'에 대한 선호도는 2001년의 2배에 달해 향후 실질적인 수요 증가가 예상된다.[63]

한편, 유럽이나 미국의 인텔리들 사이에서는 시신을 자신의 집 주변에 두는 것을 지나칠 정도로 혐오스럽게 생각하고 있었다. 따라서 미국에서는 '중립적 장소'로서의 장례식장, 즉 죽은 자들을 접대하는 숙련되고 전문화된 일종의 장례식장 지배인에게 시신을 안치하게 하는 것을 창안하게 되었다고 한다.[64]

상업적인 면도 있었지만, 국가의 끊임없는 특혜에 가까운 지원도 장례식장 발전에 한 몫을 하였다.[65] 이미 1969년 관공서 등의 각종 회관, 공회당 등을 가정의례의 장소로 제공하게 함으로서[66] 가정의례가 집

---

63 이형웅 기자, 앞의 기사, 2006. 3. 14.

64 아리에스 저, 이종민 역, 앞의 책, 1999, p.228.

65 김명희, 앞의 논문, 2003; 송현동, 앞의 논문, 2003, pp.302~303.

66 「가정의례준칙의 보급 및 실천 강화」[제정 1969. 5. 3 국무총리훈령 제77회], "4. 공공시설물 이용편의 제공"

에서 공공의 장소로 이동되고 있었다. 1973년부터[67] 의례식장업과 도구 등의 대여업이 하나의 업종으로 인정되었고, 장례식장의 규격을 시행규칙으로[68] 제시함으로서 장례식장의 공식화를 촉진한다. 그리고 1993년 장례식장업이 신고제로[69] 바뀌고, 기존 영안실의 장례식장 활용 허가,[70] 1996년부터 시행한 정부의 장례식장 융자사업은 장례식장의 상업화를 촉진하여 2004년 11월 현재 596개소로 증가하게 된다.[71]

이와 함께 의료시설의 발달과 의료보험제도의 확대, 병원에서의 사망비율 증가를 장례식장 등장의 배경으로 보기도 한다.[72] 즉 병원 이용률 증가에 따라 병원에서의 사망비율이 늘어나고 이것은 자연적으로 영안실에서 장례를 치르게 하였다는 것이다.[73] 그 외에 보건 위생적 수요에 따른 것으로 보기도 한다.[74]

그러나 장례식장의 등장을 가능하게 한 가장 중요한 요인은 죽음에 대한 인식이 바뀌었다는 것이다. 이것이 장례식장의 능동적 수용을[75] 가능하게 했던 것으로 보인다. 즉, 조선시대에서는, 한 개인의 죽음은 지연 혹은 혈연공동체 성원의 죽음으로써 씨족 혹은 지연 공동체라는 집단의 죽음으로 간주되었다. 따라서 성원의 죽음은 집단 내 모든 성

---

67 「가정의례준칙에 관한 법률」[전문개정 1973. 3. 13 법률 제2604호 보건사회부], 제5조.

68 「가정의례에 관한 법률 시행규칙」[제정 1973. 5. 17 보건사회부령 411호], 제2조 시설기준.

69 「가정의례에 관한 법률」[전문개정 1993. 12. 27 법률 제4637호 보건사회부], 제5조.

70 「가정의례에 관한 법률」[전문개정 1993. 12. 27 법률 제4637호 보건사회부], 부칙 ③(靈安室에 관한 經過措置).

71 장례식장의 등장, 증가추이와 변화에 대해서는 김시덕의 글(「현대 도시공간의 상장례 문화」, 『한국민속학』 41, pp.65~72) 참조.

72 박정석, 앞의 논문, 2003, p.570.

73 이현송·이필도, 『장의제도의 현황과 발전방향』, 서울: 한국보건사회연구원, 1995, p.27.

74 산업자원부, 앞의 책, 2002, p.20.

75 라베송, 앞의 책, 2002, p.43.

원들의 관심사로 처리될 수밖에 없었다. 그러나 현대 도시의 주거환경은 집단적인 생활이 불가능하므로 개인의 죽음은 집단의 죽음이 아니라 그야 말로 개인 그 자신의 죽음 혹은 타인의 죽음이기[76] 때문에 특수한 경우를 제외하고는 공동체의 관심 밖에 존재하게 된다.[77] 따라서 개인의 죽음은 개인이 처리해야 하는 일로 치부되었고, 이로 인해 전문적으로 상례를 대행해 주는 장례식장을 요구하게 되었던 것이다. 다시 말하면, 개인의 죽음을 처리하기 위한 필요성에 따라 장례식장을 능동적으로 수용한 결과라고 할 수 있다. 장례식장의 등장에 따라 장례지도사, 제사음식 대행업체 등 장례식장과 관련된 다양한 협력업체인 의례 대행업체와 직업이 등장하게 된다.

한국표준산업분류에 의하면, 장례서비스는 기타 공공, 수리 및 개인서비스업 내에 기타서비스업(93)으로 장의 및 묘지관리업(9392)으로 다시 장례식장 및 장의업(93921), 묘지 및 화장업(93922)으로 구분하고 있다. 그리고 한국표준직업분류에 의하면, 서비스 종사자(4), 대인서비스 관련 종사자(41), 장의 및 관련 서비스 종사자(414), 장의 및 관련 서비스 종사자(4140) 아래에 장의사(41401)와 기타 장의 및 관련 서비스 종사원(41409)으로 구분하고 있다.[78] 이는 장례를 다루는 업종이 하나의 직업군으로 등장하게 되었음을 말해준다. 따라서 기존의 염사를 천시하는 민속이 장례지도사라는 명실상부한 새로운 직업군의 민속으로 대두되었다는 것을 의미하고, 이는 새로운 직업군의 등장에 따라 새로운 민속의 탄생을 예고하고 있다. 따라서 이들에 대한 전문적인 조사와 연

---

76 아리에스 저, 이종민 역, 앞의 책, 1999, p.52.

77 물론 가톨릭 성당이나 기독교 교회의 봉사대와 같은 특수한 경우는 예외이다.

78 http://www.sousai-director.jp

구는 새로운 연구 테마로 등장하게 될 것으로 보인다.

　의례장소의 변화, 즉 집에서 장례식장으로 상례 장소가 변화되면서 전통적인 죽음관에도 상당한 변화가 생기게 되었다. 대표적인 것으로서 '객사(客死)'를 들 수 있다. 유교식 상례에 의하면 정상적인 죽음은 반드시 자식들이 지켜보는 가운데 집에서 운명하도록 규정되어 있었다. 『사례편람』의 「상례」조 첫머리에 등장하는 "질병 천거정침(疾病 遷居正寢)"이라는 구절이 이를 잘 나타내 주는 말이다. 이에 따라 집 밖에서 죽음을 맞이하게 되면 객사라고 하여 시신을 집안에 들이지 않고 행랑채에 모실 정도로 금기시 하였다. 얼마 전까지만 해도 병원에서 운명할 기미가 보이면 산소 호흡기를 달고라도 집으로 급히 옮겨야 했던 이유가 여기에 있었던 것이다.

　그러나 교통의 발달, 의료 서비스의 발달 등으로 인해 현대사회에서는 집에서 운명하는 일이 거의 없다. 오히려 집에서 운명할 기미가 보이면 급히 병원으로 옮기는 일이 일반화 되어 있어 이제는 "질병 천거병원(疾病 遷居病院)"이 오히려 자연스러운 현상으로 인식되기에 이른 것이다.

　따라서 장례식장은 전통적으로 집안에서 운명하는 '정상적인 죽음'과 집이 아닌 곳에서 운명하는 객사라는 '비정상적인 죽음'으로 이원화 되어 있는 죽음 처리관을 하나로 통합시키는 역할을 하였다. 어쩌면 현대사회의 환경에서 피할 수 없는 다수의 객사를 정상화하기 위해 장례식장을 요구하였거나 아니면 장례식장이 객사를 정상적인 것으로 인식시켰을 수도 있다.

5. 상례절차의 간소화: 가정의례준칙의 강제

상례 변화의 의례 부분은 신전통(新傳統)으로서 가정의례준칙[79]의 영향이 컸던 것으로 보인다.[80] 이러한 가정의례준칙은 조선총독부 식민정책의 하나로 시행된 '의례준칙(儀禮準則)'(1934)을 그 기원으로 하는데, 광복 후에도 근대화와 간소화라는 미명 아래 몇 차례 개정을 거쳐 1999년 8월 '건전가정의례준칙'으로 개명하여 현재에 이르고 있다.

유교식 전통상례는 신주를 모시는 것을 전제로 하고 있는데, 그 절차는 대략 19개의 대절차로 구성되어 있고, 그 아래에는 수많은 소절차가 있어 의례의 상징화 과정이 복잡하게 얽혀 있다. 일반적으로 신주를 모시는 경우 초종(初終), 습(襲), 소렴(小斂), 대렴(大斂), 성복(成服), 조상(弔喪), 문상(聞喪), 치장(治葬), 천구(遷柩), 발인(發靷), 급묘(及墓), 반곡(反哭), 우제(虞祭), 졸곡(卒哭), 부제(祔祭), 소상(小祥), 대상(大祥), 담제(禫祭), 길제(吉祭)의 19개 절차로 되어 있다.[81] 그러나 신주를 모시지 않는 경우에는 신주를 모시는 데 필요한 의례의 상당부분이 생략되고, 당시의 상황에 따라 절차를 생략하거나 통합함으로써 11개 정도로 실행된다.

전통적인 상례의 의례적 과정(Ritual Process) 중에서 가정의례준칙에 의해 변화된 것은 의례의 상징성을 담고 있는 의미가 아니라 형식에 불과한 외형이다. 가정의례 준칙으로 인해 발생한 외형상의 변화 중 가장 두드러지는 것은 역시 의례절차의 간소화로써 소절차에 해당하는 부

---

79 전경수, 「관혼상제의 전통 만들기: 동아세아 유교문화와 주변문화론의 적실성」, 『역사민속학』 19, 2004, p.69.

80 가정의례준칙의 변화과정과 변화된 내용, 그의 영향 등에 대해서는 김시덕의 글(「가정의례준칙이 현행 상례에 미친 영향」, 『역사민속학』 12, 2001) 참조.

81 장철수는 문상(聞喪)은 절차가 아니라 병렬적으로 등장하는 것이기 때문에 절차로 다루지 않아서 상례의 대절차는 18개로 제시하고 있다(장철수, 『한국 전통사회의 관혼상제』, 성남: 한국정신문화연구원, 1984, p.90).

분들이 많다. 예를 들면 초혼, 속굉, 설치철족(楔齒綴足), 반함(飯含), 금식, 문상(聞喪), 천구(遷柩), 조전(祖奠), 부제, 소상, 대상, 담제, 길제 등이다. 또한 습과 소렴, 대렴은 '염습'으로 통합되기도 한다. 이와 함께 용어의 변화가 발생한 부분도 있는데, 발상·상제·영결식·위령제 등 새로 등장한 절차와 용어도 있고, 설치철족·담제·길제 등 사라진 용어도 있으며, 임종과 같이 용어 본래의 뜻이 변화된 것도 있다. 절차가 사라진 것으로는 죽음의 확인 과정과 조상신의 승화과정이다. 전자는 의료 서비스에 위임되었고, 후자는 신주(神主)를 모시지 않은 결과이다. 그러나 이러한 외형상의 변화와는 달리 그 내부에 함의되어 있는 의미는 상당부분 그대로 지속되는 경우도 있다.[82]

무리한 의례절차의 간소화는 의례절차의 진행과정에 함의되어 있는 의례의 상징화 과정을 방해하여 의례의 당위성 확보를 못하게 한다. 특히 전통 유교식 상례의 경우 영혼을 조상신으로 승화시키고, 공동체 구성원의 위기극복 과정이 상례의 순차적 진행과정에서 상징화 되어 있으나 가정의례준칙에서는 이를 무시함으로서 의례의 의미성을 상실하고 외형적 형식만 강조하는 꼴이 되었다. 이로 인해 현행 장례가 시신처리만을 위한 '시신처리의례'로 기능을 축소할 수밖에 없는 결과를 낳게 되었다.[83]

1973년 「가정의례준칙」에서 강제된 3일장 역시 외형적 변화의 하나이다. 이로 인해 공동체 성원의 죽음으로 인한 공동체 와해의 위기를 극복하고, 상주들의 일상생활 복귀, 조상신의 승화 등의 중요한 의례적 의미와 상징이 담긴 상례(喪禮)는 상실되고 '시신을 황급히 감추는 일

---

82 김시덕, 앞의 논문, 2001; 김시덕b, 앞의 논문, 2005.
83 김시덕, 앞의 논문, 2001, pp.106~107.

(事)'이 '예(禮)'로 둔갑한 '장례(葬禮)'만이 남게 되었다. 그러나 이러한 불합리는 처음엔 강제에 의해 수동적으로 수용되었지만 현대 도시생활 환경은 이를 능동적으로 수용할 수밖에 없게 만들었다.

상복(喪服)을 입는 방법인 오복제도(五服制度)가 비록 중국으로부터 유입되었다 할지라도, 기해예송(己亥禮訟, 1659)과 갑인예송(甲寅禮訟, 1674)처럼 정치적 대립이 될 정도로 발달된 것은 우리나라에서였다. 그러나 이러한 전통에도 불구하고 의례준칙(1934)에서 전통적인 굴건제복을 폐지하고 리본과 완장 착용을 강요하였다. 이에 따라 상복제도는 거의 해체되는 것처럼 보인다. 이 중에서 리본과는 달리 완장은 능동적으로 수용되어 요즘 장례식장에서는 완장에 있는 줄의 숫자에 따라 고인과의 친소관계(親疎關係)를 구분하기도 한다. 또한 가정의례준칙(1973)에서 규정한 여성의 검은색 상복의 경우 흰색 광목으로 만든 전통 지향형의 상복보다 선호하는 경향 역시 능동적 수용이라고 할 수 있다. 즉, 외형적 변화를 통해 그 본래의 의미를 지속시킨다고 할 수 있겠다.

가정의례준칙은 국가의 강제 유포에도 불구하고 민(民)은 이를 선택적으로 수용한다. 현재 서울 시내에 있는 대부분의 장례식장에서는 건전가정의례준칙(1999)의 상례절차를 모델로 제시하고 있지만 이들이 행하는 상례절차는 전혀 다른 형태의 의례 절차로 진행되는 사례가 이를 증명한다. 이는 유교식 상례의 절차에 현대적으로 필요한 부분을 가감하여 전통적인 요소를 지속시키면서도 변화를 능동적으로 수용하는 것으로 해석할 수 있다. 다시 말하면 전통이라고 할 수 있는 유교식 상례가 「가정의례준칙」으로 인해 간소화 되었지만, 민은 이를 역동적으로 수용하여 장례식장 중심의 새로운 의례전통을 창조하였다는 것이다. 이는 유교식 상례 절차를 중심으로 현대 사회에 맞게 수정하고, 또 필요한 부분을 덧보태어[84] 현대 사회의 요구에 맞춰 능동적으로 변화를 수용한 것이라고 할 수 있다. 이처럼 상례문화는 유교식 상례로, 혹은 가정의례준칙으로 고정되는 것이 아니라 계속적인 운동을 통해 끊임없이 변화하고 있고, 이는 능동적 수용을 통해 원래의 의미가 전승되고 있음을 알 수 있다.

6. 맺는 말

현대 한국의 상례문화는 상당히 복잡하면서도 빠르게 변화하고 있다. 그러한 변화 중에서 장법, 묘지, 장례식장, 상례의 의례적 측면의 변화를 중심으로 살펴보았다. 프랑스의 사상가 라베송이 주장하는 것처럼 습관이 존재하기 위해서는 끊임없는 변화, 즉 지속과 변화의 상호 역동성이 전제된다는 습관론이라는 이론적 시각을 토대로 구체적 분석을 시도하였다. 따라서 변화된 모습 하나 하나에 집착하기보다는 전체적인 흐름을 파악하려고 노력하였다.

현대 상례문화는 매장에서 화장으로 바뀌는 장법의 변화가 무엇보다 큰 이슈였다. 봉안을 전제로 하는 일본식 화장의 도입은 외형상 우리의 조상숭배 전통을 실천할 수 있는 것처럼 인식되어 능동적으로 수용되었다. 그러나 이러한 봉안형의 화장도 이제는 수목장으로 그 자리를 내주는 변화무쌍의 과정에 있다. 그리고 묘지 등에 관한 법률로 인해 전통적으로 친화적이었던 삶의 공간과 죽음의 공간은 공동묘지의

---

84 대표적인 것이 유교식 상례 절차를 따르고 있거나, 유교식 상례절차로 소개하고 있으면서도 반드시 불교식 상례의 절차 중의 하나인 '사십구재(四十九齋)'를 중요한 절차로 삽입하여 소개하는 예가 그것이다.

등장으로 인해 완전히 별도의 공간으로 분리되는 변화를 발생시켰다. 그러나 도시화라는 상황의 변화는 국가가 도시민의 묏자리를 마련해 주어야 하는 모습으로 발전되어 공동묘지가 보건복지부 노인정책의 중요한 분야를 차지하게 하고, 도시민들은 능동적으로 이 공공묘지를 수용하고 있다. 따라서 풍수지리적인 원리에 입각한 1인1묘의 묘지선 택권은 상실되고, 삶의 공간과 철저하게 격리된 공동묘지 형태인 공원 묘지를 이용할 수밖에 없는 문화로 변화되고 있다.

장례식장의 등장은 도시생활에 맞춘 단순한 의례장소의 변화로 볼 수도 있다. 그러나 이는 전통적으로 한 개인의 죽음이 마을을 중심으로 한 집단의 죽음으로 처리되던 전통이 현대 사회에서 개인의 죽음은 그 집안에서만 처리해야 하는 개인의 죽음으로 변화되었음을 말해 준다. 삶의 환경이 집단적이 아니라 개인화 되어 있고, 이로 인해 누군가가 의례를 대행해 주는 형태로 변화되었음을 말한다. 따라서 장례식장은 죽음에 대한 인식에 상당한 영향을 미쳤음을 알 수 있다.

「가정의례준칙」으로 인한 의례의 간소화는 단순히 의례과정의 아이템을 간략화 한 것만이 아니라 의례과정이 가지고 있는 상징과 의미를 송두리째 무시하는 결과를 가져왔다. 전통적인 의례는 의례의 세부적인 절차의 형식보다는 의례의 상징성에 의미를 두었지만, 가정의례준칙에서 규정한 상례의 절차와 과정은 의례의 상징성보다는 형식에 의미를 두고 있는 것처럼 보인다. 문화는 강제에 의해 형성되는 것이 아니라 사회적 요구에 따라 형성되듯 장례식장 역시 강제에 의한 「가정의례준칙」을 그대로 수용하지 않고 유교식 상례를 변형한 새로운 형태의 상례로 변화되어 가고 있다고 할 수 있다.

현대 한국의 상례문화는 전통적인 모습이 변화되는 만큼 지속되는 부분도 많다. 예를 들면 화장을 하더라도 습과 염은 반드시 전통적 방식에 따라 하든가, 신문이나 유·무선통신을 이용하더라도 반드시 부고(訃告)를 보낸다. 그리고 현대 장례식장에서 상례를 치르더라도 반드시 상식(上食)과 조석전(朝夕奠)을 올리고 이해를 하든 못하든 전통적인 방식에 따라 축문을 읽는다. 또한 발인을 위한 견전을 올리고, 화장을 하든 매장을 하든 장지에서 돌아오면 반드시 삼우제를 지내는 전통은 여전히 지속되고 있다.

그러나 이러한 상황은 변화와 지속이라는 명제를 명확히 구분하지 못하게 하는 원인이 되고 있다. 다시 말하면 변화와 지속되는 항목들을 명확히 구분하여 제시하지 못하게 한다는 것이다. 예를 들면 ‘검은 양복에 두건만 쓰는 간이 상복’이라는 형태는 외형적으로 변화된 모습이라고 할 수 있지만, 그 내면에는 간소화라는 외형적 변화를 통해 상복을 입는 문화적 전통을 지속한다고 할 수 있다. 그리고 부고 역시 이와 같은 원리가 가능하고, e-mail 형식으로 바뀌었더라도 감사편지를 보내는 전통은 여전히 지속되고 있다. 헌화를 하더라도 반드시 분향(焚香)을 하고 절을 해야 하는 관습의 지속, 매장에서 화장으로 장법이 바뀌어가고 있지만 봉안묘, 봉안당이라는 외형적 변화를 수용하는 것은 역시 조상숭배의 전통을 지속하기 위한 것이라고 할 수 있다. 따라서 변화는 지속을 전제로 한다고 할 수 있다.

이러한 지속과 변화의 역동적인 상호작용은 상례의 전 항목을 대상으로 분석해야 그 실체를 밝힐 수 있을 것으로 보인다. 전통적인 의례 절차가 어떠한 원리에 의해 변화되고, 이 변화를 통해 어떻게 그 알기를 지속하는가에 대한 구체적인 분석은 남겨 둘 수밖에 없는 앞으로의 과제이다.

참고문헌

강인구, 『한반도의 고분』, 서울: 아르케, 2000.

京城府, 『京城府史』 2, 경성: 경성부, 1936.

高村竜平, 「공동묘지를 통해 본 식민지시대 서울-1910년대를 중심으로」, 『서울학연구』 15
호, 2000.

김기덕, 「한국의 埋葬文化와 火葬文化」, 『역사민속학』 16, 2003.

김명희, 「매장에서 화장으로: 죽음의 처리에 대한 국가의 개입」, 서울대학교 인류학과 석사
논문, 2003.

김시덕, 「가정의례준칙이 현행 상례에 미친 영향」, 『역사민속학』 12, 2001.

______, 「화장문화 변천의 역사적 의미」, 『산골문화-그 새로운 접근을 위한 연구』, ㈜한국
장묘문화개혁범국민협의회, 2004.

김시덕a, 「장례식장의 등장과 한국 상장례문화의 변화」, 한일종교연구포럼(편), 『종교와 의례』
(한일종교연구포럼제3회국제학술대회 발표요지), 2005.

김시덕b, 「현대 도시공간의 상장례 문화」, 『한국민속학』 41, 2005.

김시덕c, 「도시 장례식장에서 지속되는 상례의 문화적 전통」, 『실천민속학연구』 9, 2007.

김시덕d, 「한국 유교식 상례의 연구」, 고려대학교 대학원 박사논문, 2007.

김태복, 「한국납골제도 활성화를 위한 정책적 방안」, 『납골제도 활성화방안 세미나집』, 한
국토지행정학회, 1994.

박정석, 「도시지역의 장례공간과 장례방식에 대한 사례연구-광주시 지역을 중심으로」, 『비
교민속학』 25, 2003.

박태호, 「한국 고대의 화장문화에 대한 고찰-고고학적 발굴조사 결과를 중심으로」, 『장례문
화연구』 2, 2004.

______, 『서울시 장묘시설 100년사』, 서울: ㈜한국장묘문화개혁범국민협의회, 2003.

보건복지부 가정복지과, 「'99사설납골시설·장례식장 설치자금 융자지원 안내」, 『한국장
묘』 4, 1997.

보건복지부, 「사설납골당 설치자금 융자지침('97년 기준)」, 『한국장묘』 3, 1997.

보건복지부, 『2012 보건복지 통계연보』 58, 서울: 보건복지부, 2012. 11.

㈜LG상록재단, 『수목장의 과제와 방법』, ㈜LG상록재단, 2006.

산업자원부, 『葬禮서비스 표준화 연구』, 과천·성남: 산업자원부 기술표준원·서울보건대학,
2002.

서울특별시사편찬위원회, 『서울六百年史』 5, 서울: 서울특별시, 1983.

송현동, 「현대 한국 장례의 변화와 그 사회적 의미」, 『종교연구』 32, 2003.

아리에스 저, 이종민 역,『죽음의 역사』, 서울: 동문선, 1999.

원영환,『조선시대 한성부 연구』, 춘천: 강원대학교 출판부, 1990.

이필도,「葬禮서비스산업의 현황과 발전방안」,『한국장례문화학회지』창간호, 2002.

이현송·이필도,『장의제도의 현황과 발전방향』, 서울: 한국보건사회연구원, 1995.

장철수,『한국 전통사회의 관혼상제』, 성남: 한국정신문화연구원, 1984.

______,『한국의 관혼상제』, 서울: 집문당, 1996.

전경수,「관혼상제의 전통 만들기: 동아세아 유교문화와 주변문화론의 적실성」,『역사민속
　　　학』19, 2004.

정길자,「高麗時代 火葬에 대한 고찰」,『부산사학』7, 1983.

조관연,「한국 장례문화의 변화: 두 종합병원 영안실을 중심으로」,『국제한국학회지』2,
　　　1997.

조선총독부,『朝鮮總督府施政年報』, 경성: 조선총독부, 1914.

村山智順 저, 최길성 역,『조선의 풍수』, 서울: 민음사, 1992.

편무영,「종교와 민속-이론과 실천의 방법적 고찰」,『종교와 조상제사』, 서울: 민속원, 2005.

한경구·박경립,「한국인의 죽음의 공간에 대한 건축인류학적 고찰」, 송현 이광규 교수 정년
　　　기념논총 간행위원회,『한국인류학의 성과와 전망』, 서울: 집문당, 1998.

한동환,「조선시대 한양금산의 범위와 기능에 관한 연구」, 서울대학교 지리학과 석사논문,
　　　1992.

황현 저, 김준 역,『완역 매천야록』, 서울: 교문사, 1994.

倉石あつ子外編,『人生儀礼事典』, 東京: 小学館, 2000.

圭室文雄,『葬式と檀家』, 東京: 吉川弘文館, 1999.

鯖田豊之,『火葬の文化』, 東京: 新潮社, 1990.

森謙二,「葬送と社会集団」, 新谷尚紀編,『死後の環境』, 東京: 昭和堂, 1999.

ラヴェッソン(Ravaisson, Jean-Gaspard-Fèlix Lachè)著, 野田又夫訳,『習慣論』, 東京: 岩波書
　　　店, 2002.

槇村久子,「近代日本墓地の成立と現代的展開」,『公開国際シンポジウム-21世紀における
　　　墓制の行方』, 東北大学文学部宗教学研究室, 1999.

자료

『四禮便覽』,『세계일보』,『연합뉴스』,『朝鮮王朝實錄』,『FuneralNEWS』

「가정의례에관한법률」[전문개정 1993. 12. 27 법률 제4637호 보건사회부]

「가정의례에관한법률시행규칙」[제정 1973. 5. 17 보건사회부령 411호]

「가정의례준칙에관한법률」[전문개정 1973. 3. 13 법률 제2604호 보건사회부]

「가정의례준칙의보급및실천강화」[제정 1969. 5. 3 국무총리훈령 제77호]

「매장등및묘지등에관한법률」[제정 1961. 12. 5 법률 제799호 보건사회부]

「장사등에관한법률」[전문개정 2000. 1. 12 법률 제6158호 보건복지부]

KS 규격「봉안당 서비스-용어」(KSA0968-1), 산업자원부 기술표준원, 2005-0269호(2005. 05.
25)

보건복지부 보도자료, 「'05년 화장률 52.6%로 화장중심의 장묘문화 시대 도래」, 2006. 10.
2(석간).

보건복지부 보도자료, 「2011년 화장률, 처음으로 70% 넘어」, 2012. 9. 27.